W0022202

Hermann Vinke

Fritz Hartnagel

Der Freund von Sophie Scholl

Hermann Vinke

Fritz Hartnagel

Der Freund von Sophie Scholl

Arche

Umschlag: Max Bartholl, Frankfurt a. M.
Umschlagfotos: Siehe Bildnachweis, S. 266
Satz: Gaby Michel, Hamburg
Druck und Bindung: Clausen & Bosse, Leck
Printed in Germany
ISBN 3-7160-2341-8

Inhalt

Februar 1943

»Verwerfen Sie jetzt nicht das Leben.«

1943–1945

»Der gemeinsame Schmerz um Sophie und Hans hat uns zusammengebracht.«

1945–2001

»Ich glaube, Politik war sein eigentlicher Lebensinhalt.«

Fritz Hartnagel, Sophie und Elisabeth Scholl

Einleitung

Der in Jahrzehnten wild gewachsene Weinstock umklammert die Fassade des Wohnhauses der Familie Hartnagel im Osten Stuttgarts, als gelte es, das Gemäuer zusammenzuhalten. Amseln nisten im dichten Strauchwerk zwischen den armdicken Ästen. Äußerlich hat sich an dem Haus, das an einer ruhigen Wohnstraße unweit der Uhlandshöhe liegt, wenig verändert. Der Metallzaun, der einen kleinen Vorgarten mit Blumen und Sträuchern vom Bürgersteig trennt, die Haustür aus solidem Holz, die Klingel mit dem Namensschild »Fritz Hartnagel« – alles ist noch so, wie ich es von meinem ersten Besuch im Jahr 1979 in Erinnerung habe. Elisabeth Hartnagel öffnet die Tür, und die Begrüßung ist sehr herzlich, obwohl wir uns seit über zwei Jahrzehnten nicht gesehen haben. Die 83jährige wohnt allein in dem Haus. Sie ist die letzte Überlebende der fünf Geschwister Scholl. Ihre Schwester Sophie, die Widerstandskämpferin, war eng befreundet mit Fritz Hartnagel, dem Hauptmann der Wehrmacht im Zweiten Weltkrieg. Hartnagel ist nach einer schweren Krankheit am 29. April 2001 verstorben.

Es dauert nicht lange, dann sitzen Elisabeth Hartnagel und ich an einem großen runden Tisch, auf dem Stapel von Briefen sowie Fotos, amtliche Papiere und Bücher ausgebreitet sind. Aus einem Brief, den Fritz Hartnagel ihr 1944 geschrieben hat, liest Elisabeth Hartnagel einen Abschnitt vor:

»Morgen sind es acht Jahre, daß ich Soldat bin. Ob sie wohl ganz spurlos an mir vorübergegangen sind? Da mußt Du mithelfen, diese Spuren bei mir auszutilgen. Sei bitte ganz unbarmherzig, wie es Sophie manchmal sein konnte, um mich auf den richtigen Weg zu bringen. Und dafür bin ich ihr so dankbar. Wo wäre ich heute, wenn Sophie sich von mir hätte leiten lassen. Und ich schäme mich nicht, daß es ein junges Mädchen war, das mich fast vollkommen gewendet hat.«[1]

Unbarmherzig war Fritz Hartnagel vor allem gegen sich selbst. Seine »Wendung« von einem jungen Mann, der mit Begeisterung den Beruf des Soldaten ergriff, zum Gegner des NS-Regimes vollzog er hart und konsequent. Der Schmerz über den Verlust von Sophie ließ ihn lange nicht los, und vielleicht hat er ihn nie ganz überwunden. Jedenfalls zeigte er bis 1945 bei jeder Gelegenheit, auf welcher Seite er stand.

Wie wenige hohe Offiziere zog Hartnagel nach 1945 radikale Konsequenzen aus dem Weltkriegsdesaster. Von Anfang an stellte er sich öffentlich gegen die Wiederbewaffnung der Bundesrepublik Deutschland. Ein Pazifist aus politischer Überzeugung, aus eigener bitterer Erfahrung mit Krieg und Diktatur – das war Fritz Hartnagel.

Seine Entwicklung vom begeisterten Soldaten zum Gegner des NS-Regimes wird in den Briefen deutlich, die er bis Februar 1943 mit Sophie Scholl und danach mit Elisabeth Scholl, seiner späteren Ehefrau, wechselte. Was Sophie Scholl dachte, fühlte und niederschrieb, gehört zu den wichtigsten Zeugnissen aus dem deutschen Widerstand. Ihre Briefe und Tagebuchaufzeichnungen bildeten die Grundlage für mein 1980 erschienenes Buch *Das kurze Leben der Sophie Scholl.* Die Briefe von Fritz Hartnagel an Sophie galten dagegen lange Zeit als verschollen. »Ich habe sie während des Krieges vor den Bombenangriffen in Sicherheit gebracht. Als wir nach dem Krieg eine eigene Wohnung hatten, kamen die Briefe zu uns.«[2] So der Bericht von Elisabeth Hartnagel.

Fast sechzig Jahre lagen die Briefe bei Hartnagel zu Hause in der Schublade. Nicht einmal seine Frau kannte den Inhalt, auch nicht ihre vier Söhne Thomas, Jörg, Klaus und Martin. Fritz Hartnagel hatte entschieden, die Briefe nicht aus der Hand zu geben. Als ich ihn und seine Frau 1979 aufsuchte, um sie über Sophie Scholl zu befragen, spürte ich seine Zurückhaltung. Er wandte sich dagegen, aus Sophie eine Heilige zu machen, sie auf den Denkmalssockel zu heben. Sophie sei wie andere Mädchen gewesen, sagte er damals, »ein heiteres Mädchen, aber zugleich mit einem ernsten Hintergrund«[3].

Zwei Jahre nach seinem Tod im April 2001 entschloß sich Elisabeth Hartnagel, einen Teil dieser zeithistorisch wichtigen Dokumente für Studienzwecke zur Verfügung zu stellen. Sie hatte mit ihrem Mann während seiner Krankheit über die Briefe gesprochen. Vor allem die Söhne drängten sie, das Bild ihres Vaters gewissermaßen zu vervollständigen, denn dieser sei nicht ein »Anhängsel von Sophie« gewesen, wie einer ihrer Söhne meinte. So erschienen im Februar 2003 in vielen deutschen Tageszeitungen einzelne Ausschnitte jener Briefe, die Fritz Hartnagel aus Stalingrad an Sophie Scholl geschrieben hat.

In einem weiteren Schritt entschloß sich Elisabeth Hartnagel in Absprache mit ihren Söhnen Anfang März 2003, mir für dieses Buch die gesamte Korrespondenz ihres Mannes zur Verfügung zu stellen – ein Vertrauensbeweis, für den ich sehr dankbar bin. Es sind Hunderte von Briefen, die erlauben, die NS-Gegnerschaft Hartnagels neben den Widerstand von Sophie Scholl zu stellen, ohne diesen zu schmälern. Fritz Hartnagel dürfte diesen Widerstand stärker, als bislang angenommen wurde, beeinflußt haben. Durch seine Briefe besaß Sophie Scholl Informationen aus erster Hand über den Fortgang des Krieges. Nach der Hinrichtung von Sophie Scholl hat Fritz Hartnagel versucht, nach ihrem Vermächtnis zu leben. Zugleich ermöglichen seine Briefe einen neuen Blick auf Sophie Scholl.

Für das vorliegende Buch wurde der Briefwechsel zwischen Sophie Scholl und Fritz Hartnagel inhaltlich ausgewertet und in kurzen Ausschnitten zitiert. Die Briefausgabe erscheint im Herbst 2005 im S. Fischer Verlag, Frankfurt, herausgegeben von Thomas Hartnagel.

Neben den Briefen bilden die Gespräche, die ich 2003 und 2004 mit Elisabeth Hartnagel in Stuttgart sowie mit ihren Söhnen und einzelnen politischen Weggefährten von Fritz Hartnagel geführt habe, zusammen mit weiteren Recherchen die Grundlage dieses Buches. Elisabeth Hartnagel ergänzt den bisherigen Kenntnisstand über die »Weiße Rose« durch neue Details und Interpretationen. Ausführlich berichtet sie über die zehn Tage, die sie kurz vor der Zerschlagung der Widerstandsgruppe mit ihren Geschwistern Hans und Sophie in München verbracht hat, ferner über die weiteren Kriegsjahre und den von Hunger und Entbehrung bestimmten Neuanfang 1945 in Ulm.

Bereitwillig geht Elisabeth Hartnagel auch auf die Frage ein, ob es für sie nicht schwierig gewesen sei, daß Fritz Hartnagel sich von seiner ermordeten Freundin innerlich nur sehr schwer lösen konnte, wie die Briefe zeigen: »Das war für mich nie ein Problem. Ich wußte, wie sehr mein Mann an der Sophie hing. Es war ja unser gemeinsamer Schmerz. Außerdem war es nicht so, daß wir uns Knall auf Fall ineinander verliebt hätten. Der gemeinsame Schmerz um Sophie und Hans hat uns zusammengebracht und bildete erst die Grundlage unserer Freundschaft, aus der dann Liebe wurde.«[4]

Bremen, im Februar 2005 *Hermann Vinke*

1937–1939

»Kannst Du es denn ertragen,
wenn ich Dir so viel schreibe?«
Sophie Scholl

Das Auto, Marke »Wanderer«, mit dem
Fritz Hartnagel, die Geschwister Scholl
und ihre Freunde Ausflüge
auf die Schwäbische Alb unternahmen.

1

Der Fähnrich und die Schülerin

Am runden Tisch im Wohnzimmer ihres Hauses in Stuttgart weist Elisabeth Hartnagel auf ein Foto, das ihre Schwester Sophie mit kurzen Haaren zeigt. »Ich glaube«, sagt sie, »Fritz hat sich zuerst in ihre Frisur verliebt. Er mochte kurze, glatte Haare. Er hatte vorher eine Freundin mit einer ganz ähnlichen Frisur. Es war nicht so, daß er sich viel um die Sophie bemühen mußte. Denn Fritz war ein begehrter Tänzer in Ulm.«

Beim Tanzen lernten die beiden sich im Winter 1937 kennen: Sophie Scholl, 16 Jahre alt, Schülerin der Mädchen-Oberrealschule in Ulm, und Fritz Hartnagel, vier Jahre älter, angehender Offizier der Wehrmacht. Zu dem Tanzvergnügen hatte ihn Sophie Scholl im Auftrag ihrer Schulfreundin Anneliese Kammerer eingeladen:

»Die Anneliese geniert sich, deshalb schreibt die Sophie (in der Schule). Hiermit schickt Dir die Anneliese eine Einladungskarte. Du kannst doch? Jetzt fehlt aber der Liesl [Elisabeth] und mir noch ein Mann (kein Ehemann). Wenn Du jemand Nettes kennst, kannst Du ihn von der Anneliese aus gern einladen. Andernfalls würden wir auch ohne Männer auskommen.«[5] Diese Zeilen enden ironischerweise »Mit deutschem Gruß (Herzl. Gruß)«.

»Fritz Hartnagel sah sehr gut aus«, erinnerte sich später Sophie Scholls Schwester Inge. »Er hatte eine sportliche, nicht sehr große Figur. Seine Gesichtszüge waren eher ernst, was die großen dunklen Augen eher noch verstärkten. Die Mädchen meiner Klasse wetteiferten darum, ihn als Tanzpartner zu gewinnen. Er selber wirkte zurückhaltend, fast ein wenig verschlossen.«[6]

Nach einem vorgezogenen Abitur hatte sich Fritz Hartnagel im Frühjahr 1936 freiwillig für eine Offizierslaufbahn gemeldet. Er wollte Pilot werden oder eine andere Aufgabe bei der Luftwaffe übernehmen. Im Herbst 1937 schloß Hartnagel seine Ausbildung als Fähnrich an der Kriegsschule in Potsdam ab und war seit November 1937 in Augsburg stationiert, wo er bereits Rekruten ausbildete.

»Ursprünglich war er mit Begeisterung Soldat«, sagt Elisabeth Hartnagel. »Er hat das anfangs als seine Berufung gesehen.«[7] In der Wehrmacht sah Hartnagel einen Garanten für die Tugenden, die er mit dem Soldatentum verband: Ritterlichkeit, Tapferkeit und ein Stück Abenteuer. Diese idealistische Vorstellung hatte mit der Wirklichkeit jedoch wenig zu tun. Als Adolf Hitler am 30. Januar 1933 das Amt des Reichskanzlers antrat, wartete die Führung der »Reichswehr«, die später in »Wehrmacht« umbenannt wurde, zunächst ab. Sie spielte auf Zeit, bis sie ihre Rolle im Dritten Reich und schließlich im Krieg fand: Die Wehrmacht wurde zum wichtigsten Instrument der Eroberungspolitik Hitlers.

Fritz Hartnagel kam aus einem Elternhaus, in dem die bestehenden politischen Verhältnisse kaum diskutiert, geschweige denn kritisiert wurden. Sein Vater Friedrich Hartnagel (1879–1957) stammte aus bescheidenen Verhältnissen und brachte es durch Geschick und Fleiß im Laufe der Zeit zu einem gewissen Wohlstand. Er wurde in dem Dorf Hummelsweiler bei Crailsheim geboren und arbeitete in einer Fabrik und zeitweise bei der Post, bevor er eingezogen und während des Ersten Weltkrieges an verschiedenen Frontabschnitten eingesetzt wurde. Nach dem Krieg reiste er als Handelsvertreter von Dorf zu Dorf, um den Bauern Schmierstoffe für Fahrzeuge und Maschinen zu verkaufen. Dann stieg er selber in die Herstellung von Ölen und Fetten ein und organisierte von Ulm aus seinen eigenen Großhandel. In der zweiten Hälfte der 1920er Jahre, als die Weltwirtschaftskrise Unternehmen massenhaft in die Pleite trieb, konnte Friedrich Hartnagel sich über Wasser halten und seiner Familie ein Auskommen sichern.

Wie ihr Mann kam auch Barbara Hartnagel, geborene Strobl (1878–1945), aus einfachen dörflichen Verhältnissen, und zwar aus Grimmelfingen südwestlich von Ulm. Bevor sie Friedrich Hartnagel heiratete, war sie Hausgehilfin. Vier Kinder entstammten der Ehe: Emmi (1905–1987), Willi (geb. 1912) und Friedl (geb. 1913). Fritz Hartnagel, der jüngste, wurde am 4. Februar 1917 geboren. Die Mutter versorgte die Familie, pflegte den großen Garten und widmete sich ansonsten dem Gemeindeleben der Adventisten in Ulm, einer protestantischen Freikirche.

Daß ein junger Mann aus Ulm sich für eine Offizierslaufbahn entschied, bedeutete in den 1930er Jahren nichts Außergewöhnliches. Denn die Stadt am Übergang vom Alpenvorland zur Schwäbischen Alb wurde in ihrer langen Geschichte vor allem vom Militär geprägt, das Aufstieg und Ansehen verhieß. Ulm entwickelte sich zu einer bedeutenden Festung mit immer neuen Anlagen und Bastionen, darunter das »Fort Oberer Kuhberg«, das zwischen 1848 und 1857 errichtet und Anfang des 20. Jahrhunderts verstärkt wurde. Von 1933 bis 1935 diente das Fort als Konzentrationslager für das Land Württemberg.[8]

Für die Nationalsozialisten stand die Bedeutung der Garnison Ulm außer Frage. Ulm galt als schwäbische Hochburg der »Bewegung«, in der die NSDAP schon vor 1933 bessere Wahlergebnisse erzielte als landesweit in Württemberg. Nach der »Machtergreifung« vereinnahmte der Nationalsozialismus die Stadt noch hemmungsloser als andere Städte. Schauplätze pompöser Aufzüge und Gedenkfeiern waren der Saalbau, die Max-

Eyth-Halle und vor allem der Münsterplatz. Bei einem dieser unzähligen Spektakel trat am 13. März 1935 der in Heidenheim geborene damalige Oberst Erwin Rommel auf, um der Schlacht von Isonzo im Ersten Weltkrieg (1917) zu gedenken. Vor den Ulmer Standort-Offizieren und den Führern des HJ-Banners würdigte Rommel den »Führer«, der das Vermächtnis des verlorenen Krieges zur stolzen Tat für Deutschland eingelöst habe. Die wirtschaftliche Bedeutung Ulms wurde unterstrichen durch einen Rüstungsbetrieb, der schon vor 1933 enge Kontakte zur NSDAP pflegte: die Ulmer Magirus AG an der Blaubeurerstraße. Das *Ulmer Tagblatt* berichtete am 30. August 1933, die Magirus AG habe der Schwarzwälder SS in Trossingen (bei Schwenningen) eine Feldküche geschenkt und unterstütze schon seit Jahren die NSDAP und ihre Unterorganisationen in Ulm.

Die Kontakte zahlten sich aus. Der Fahrzeughersteller Magirus verbuchte zahlreiche Aufträge direkt von der Partei. Durch die Konstruktion von Spezialfahrzeugen wirkte das Unternehmen zum Beispiel an der Außendarstellung der NSDAP mit, indem es den »Reichsautozug Deutschland« entwickelte. Es handelte sich um eine Karawane von 80 Fahrzeugen, die mit modernsten technisch-elektronischen Anlagen ausgerüstet waren und der Beschallung und Übertragung von Massenveranstaltungen dienten.

Im Zuge der Kriegsvorbereitungen wurde Magirus 1935/1936 mit der Kölner Klöckner-Humboldt-Deutz-AG fusioniert. 1939, nach Kriegsbeginn, stieg das Ulmer Unternehmen verstärkt in die Herstellung von Omnibussen und militärischen Spezialfahrzeugen ein. Der »Raupenschlepper Ost« und das von KZ-Häftlingen gebaute Ein-Mann-U-Boot »Biber« trugen ebenfalls zum Aufstieg von Magirus bei. Über 10000 »Fremdarbeiter« und Kriegsgefangene mußten von 1939 bis 1945 im Gebiet von Ulm Zwangsarbeit leisten.

Was in Ulm geschah, beschäftigte Sophie Scholl zunächst weniger. Für sie waren die geselligen Treffen erst einmal wichtiger. Wenn Sophie tanzte, vergaß sie ihre Umgebung und stellte sich ganz auf ihren Partner ein. So dürfte es auch an jenem Sonntagnachmittag Ende November/Anfang Dezember 1937 gewesen sein, als sie Fritz Hartnagel kennenlernte. Ihre älteste Schwester Inge war dabei: »Ich sehe Sophie in der engen Wohnung der Freundin mit Fritz tanzen... Sophie war im Gegensatz zu mir eine ausgezeichnete Tänzerin. Sie tanzte mit großer Hingabe, konzentriert und sehr still. Sie ließ sich von der Musik forttragen...«[9]

In dem Gespräch, das ich 1979 mit Fritz Hartnagel führte, erinnerte er sich genau an diese Begegnung: »Sophies Freundin besaß ein Grammophon, und es waren noch mehr junge Leute da. Wir tanzten alle Tänze, die damals üblich waren: Foxtrott, Slowfox, Walzer und English-Waltz. Ich hatte Sophie schon vorher gelegentlich gesehen. Aber an diesem Nachmittag lernten wir uns erstmals näher kennen.«[10] Nach ihrer ersten Begegnung trafen die beiden sich häufig in Ulm – meistens im Kreis der übrigen Geschwister Scholl und deren Freunde.

Sophie Scholl war unternehmungslustig, sie plante schon Wochen im voraus und schloß Fritz Hartnagel einfach mit ein. »Bilde Dir bitte nichts ein, wenn wir Dir schon wieder schreiben, aber es ist todlangweilig, und wir müssen Dir auch was auftragen...«[11] So beginnt ihr Brief vom 29. November 1937, der wiederum während des Unterrichts unter der Schulbank entstand. Sophie, Elisabeth und Anneliese Kammerer wollten nach Weihnachten einige Tage in einer Skihütte am Schindelberg unweit von Oberstaufen im Allgäu verbringen, und Fritz sollte – so war ihre Überlegung – sie dort anmelden und wie zufällig mit Freunden vorbeikommen, ohne daß die Eltern davon erfuhren.

Von Anfang an ließ Fritz Hartnagel sich von Sophies spontanen Ideen nur allzu gern begeistern. An seinen dienstfreien Wochenenden boten solche gemeinsamen Unternehmungen eine willkommene Abwechslung vom Alltag in der Augsburger Kaserne. Sie machten Skiausflüge und Wanderungen auf die Schwäbische Alb und Fahrten mit dem väterlichen Wagen. Das Auto, Marke »Wanderer«, stand Fritz zur freien Verfügung. »Das war ein sehr schönes Fahrzeug, sehr groß, mit Trittbrett. Neun Personen hatten darin Platz. Mein Vater fuhr den ›Wanderer‹ ein- oder zweimal. Dann hatte er einen Unfall und faßte den Wagen nicht mehr an. Ich brauchte das Auto also nur aus der Garage zu holen.«[12]

Die Familie Scholl war für Fritz Hartnagel eine Art Gegenwelt, die er so nicht kannte. Dort wurde viel diskutiert, die Beschäftigung mit Literatur, Musik und der Natur gehörte selbstverständlich zum Alltag. Vor allem Robert Scholl, der Vater, setzte sich leidenschaftlich mit den politischen Geschehnissen auseinander. Er war eine beeindruckende Erscheinung: groß von Statur, Zigarre rauchend und mit Schnurrbart – eine natürliche Autorität.

Robert Scholl (1891–1973) stammte aus dem Mainhardter Wald, einer ärmlichen Gegend in Nordwürttemberg. Wegen seiner Begabung hatte er durch die Unterstützung eines evangelischen Pfarrers eine höhere Schule besuchen können. Im Ersten Weltkrieg gehörte er zu den wenigen Pazifisten, die sich von der allgemeinen Kriegsbegeisterung nicht anstecken ließen. Er diente in einer Sanitätskompanie, wo er seine spätere Frau, die Diakonissenschwester Magdalene Müller (1881–1958), kennenlernte.

In Forchtenberg am Kocher war Robert Scholl Bürgermeister, ein Amt, das er vorher schon in Ingersheim an der Jagst ausgeübt hatte. Hier wurde auch am 9. Mai 1921 Sophie Scholl geboren. In Forchtenberg verbrachte sie im Kreis ihrer Geschwister – Inge (1917–1998), Hans (1918–1943), Elisabeth (geb. 1920) und Werner (1922–1944) – ihre ersten sieben Lebensjahre. Das Städtchen lag inmitten von Weinbergen und dichten Mischwäldern. Im Kocher lernte Sophie schwimmen.

Zusammen mit seiner Frau verstand es Robert Scholl, den Kindern in den 1920er Jahren, in einer von Arbeitslosigkeit, Inflation und politischer Gewalt geprägten Zeit, eine Insel der Geborgenheit zu schaffen. Bis 1930 konnte er sich als Bürgermeister halten, dann wählten ihn die Einwohner ab. Sie fühlten sich durch seine fortschrittlichen Ideen in ihrer Ruhe gestört. Die siebenköpfige Familie zog nach Ludwigsburg, wo Robert Scholl ein neues Zuhause einrichtete und als Syndikus der Malerinnung für Württemberg tätig war.

Ludwigsburg war jedoch nur eine Zwischenstation für zwei Jahre. 1932 folgte der Umzug nach Ulm, in die Stadt an der Donau, die sich im Vergleich zu Forchtenberg fast großstädtisch zeigte. Dort kaufte Robert Scholl sich in ein Treuhandbüro ein, zahlte seine Partner mit Hilfe eines Kredits aus und machte sich als Steuer- und Wirtschaftsberater schließlich selbständig. Die dafür erforderliche Prüfung legte er in Stuttgart zusammen mit Eugen Grimminger ab, der später ein enger Freund und Weggefährte der Familie Scholl wurde. Robert Scholl mietete zunächst eine Wohnung an der Olgastraße, die während der NS-Zeit um einen Straßenzug erweitert und in »Adolf-Hitler-Ring« umbenannt wurde.

»Am Ulmer Münsterplatz bekamen wir im Herbst 1939 eine schöne große Wohnung, die im Laufe der Zeit zu einem beliebten Treffpunkt für alle möglichen Freunde und Bekannte wurde«, berichtet Elisabeth Hartnagel im Gespräch.[13] Einer der Freunde, die regelmäßig die Familie Scholl aufsuchten, war nun auch der Fähnrich Fritz Hartnagel. Die geräumige Wohnung im dritten Stock am Münsterplatz mit der Hausnummer 33 wurde für ihn zu einem zweiten Zuhause. Bald hielt er sich hier öfter auf als in seinem Elternhaus an der Böfinger Straße in Ulm.

»Ich erfuhr über die Familie Scholl, vor allem über Robert Scholl, einiges von dem, was sich im Dritten Reich hinter den Kulissen tat«, berichtete Hartnagel 1979. »Das waren Informationen, die man nicht der Presse oder dem Rundfunk entnehmen konnte, etwa über die Konzentrationslager, über Leute, die in Schutzhaft genommen wurden, und später auch über die Judenverfolgung. Als Steuerberater hatte Robert Scholl häufig mit Juden zu tun. Dadurch wußte er Bescheid.«[14]

Eine Episode über Robert Scholls Umgang mit Juden hat Fred Einstein in einem Brief an Jörg Hartnagel, einen der vier Söhne von Fritz Hartnagel, geschildert.[15] Fred Einstein war mit seinen jüdischen Eltern Irene und Arthur Einstein von Ulm in die USA emigriert, nachdem sie ihr ganzes Hab und Gut aufgegeben hatten.

Die Einsteins, entfernte Verwandte von Albert Einstein, hatten über der Familie Scholl in der Olgastraße gewohnt, mußten dann jedoch in die Breitestraße umziehen. Am Abend des 9. November 1938, als die organisierte Gewaltserie gegen Juden und jüdische Einrichtungen ihren makabren Höhepunkt erreichte, suchte Robert Scholl die ehemaligen Nachbarn auf, um sich nach ihrem Wohlergehen zu erkundigen. Ängstlich fragte Irene Einstein an der Tür, wer Einlaß wollte. Scholl antwortete: »Frau Einstein, ein Mensch kommt zu Ihnen.«

Als Fritz Hartnagel und Sophie Scholl sich im Winter 1937 kennenlernten, saß das nationalsozialistische Regime längst fest im Sattel. Hitler verfügte über alle diktatorischen Vollmachten, um Gegner zum Schweigen zu bringen. Deutschland war mit einem Netz von Konzentrationslagern überzogen. Die Ausgrenzung und Verfolgung von Juden nahm immer brutalere Formen an. Auch die Kriegsvorbereitungen liefen inzwischen auf Hochtouren. Die deutsche Industrie verzeichnete mit dem Bau von Kanonen, Panzern und Flugzeugen einen rasanten Aufschwung. Der künstliche Boom verfehlte nicht seine Wirkung. Ein Großteil der Bevölkerung war mittlerweile mit dem NS-Regime einverstanden.

Die allgemeine Zustimmung reichte Hitler allerdings nicht. Für seine Kriegspläne brauchte er insbesondere die Jugend. So unternahm die NS-Führung alles, junge Menschen an sich zu binden. »Jugend wird von Jugend geführt«, lautete die Devise der Hitlerjugend (HJ). Sie sollte den Eindruck erwecken, als könnten Jugendliche eigenverantwortlich handeln. In Wirklichkeit aber bedeutete Hitlerjugend: Sport, Drill und totale Hingabe an den NS-Staat bis zur Bereitschaft, das eigene Leben zu opfern. Neben der Massenorganisation der HJ war kein Platz mehr für andere Jugendgruppen; sie wurden verboten. So auch die »Bündische Jugend«, die mit ihrer Weltoffenheit und der Hinwendung zu Natur und Umwelt seit der Jahrhundertwende einen erheblichen Einfluß auf junge Menschen ausgeübt hatte.

Fritz Hartnagel war 1933 der Hitlerjugend beigetreten. Seit 1929 hatte er ebenso wie Werner Scholl begeistert in der »Bündischen Jugend« mitgemacht. 1933 wurde das Heim der Ulmer Gruppe geschlossen, ihre Bücher beschlagnahmt. Nach dem erzwungenen Eintritt in die HJ wollten die Jugendlichen ihre Aktivitäten fortsetzen und den Einfluß der NSDAP so gering wie möglich halten.

»Wir machten weiterhin gemeinsame Fahrten und trafen uns heimlich in meinem elterlichen Gartenhaus. Ich selbst nahm die Verbindung auf zu einem im Saargebiet (damals noch nicht zum Reich gehörend) noch bestehenden Jugendbund *die trucht* und nahm Weihnachten 1933 an einem illegalen Skilager dieses Bundes in Gehlberg teil... Während dieser Zeit fand in der Gefolgschaft kein politischer Schulungsabend, kein Exerzieren, keine militärische Ausbildung und ähnliches statt.«[16]

Mit Hilfe eines Informationsblattes, das *U-Boot* genannt wurde, versuchte die Gruppe, den Kontakt zu anderen verbotenen Jugendverbänden in Deutschland zu halten. Unverblümt wurde darin Kritik an der NSDAP geübt, die an einer Stelle als »spießiger Kriegsveteranenverein« bezeichnet wurde. Hartnagel selbst nannte die Partei in einer anderen Ausgabe »ein jämmerliches Gebilde«.

Die Annahme, unter dem NS-Regime eine unabhängige Jugendarbeit fortsetzen zu können, erwies sich jedoch als Illusion. Es dauerte nicht lange, bis ein Exemplar des *U-Bootes* der Ulmer Gestapo in die Hände fiel. Einige Jugendliche mußten Haussuchungen über sich ergehen lassen und wurden von der Gestapo vernommen. Fritz Hartnagel blieb unbehelligt. Nach der Polizeiaktion legte er 1935 aus Protest seinen Posten als Jugendführer nieder und verweigerte jede weitere Mitarbeit bei der Hitlerjugend. Der Konflikt hinderte ihn allerdings nicht, ein Jahr später freiwillig die Offizierslaufbahn einzuschlagen und dem Regime in einer Funktion zu dienen, die weitaus wichtiger war als seine Führungsaufgabe in der Hitlerjugend.

Einen ähnlichen Versuch illegaler Jugendarbeit unternahm Hans Scholl, und zwar mit einem Ableger der »Bündischen Jugend«, der »d.j.1.11.«, genannt nach ihrem Gründungstag, dem 1. November 1929. Mit Begeisterung hatte er sich 1933 der Hitlerjugend angeschlossen, während seine Schwestern Inge und Sophie dem Bund Deutscher Mädel (BDM) beigetreten waren. Von der HJ versprach er sich den Aufbruch zu neuen Ufern. Mit der Hetze des NS-Regimes gegen die Juden, dem Rassenwahn und der Verfolgung von politischen Gegnern begann jedoch schon bald die Ernüchterung. Je größer die Enttäuschung, desto wichtiger wurde der Zusammenhalt in der »d.j.1.11.«, die sich als ein elitärer Zirkel innerhalb der HJ verstand. Abseits vom offiziellen NS-Rummel organisierten die Jugendlichen eigene Treffen, lasen Bücher von verbotenen Dichtern, tauschten Drucke und Kunstpostkarten von verfemten Malern und sangen die bei der Hitlerjugend verpönten russischen und skandinavischen Lieder.

Auch diese Aktivitäten blieben der Geheimen Staatspolizei nicht lange verborgen. Im November 1937 wurden wie viele andere Jugendliche in ganz Deutschland die Kinder des Ulmer Steuer- und Wirtschaftsberaters Robert Scholl festgenommen. Die Beamten brachten Inge, Sophie und Werner Scholl ins Ulmer Gefängnis. Hans, der im Oktober 1937 zum Wehrdienst nach Bad Cannstatt eingezogen worden war, wurde Mitte Dezember abgeholt.

Als erste kam Sophie frei. Wegen ihrer kurzen Haare hatten die Polizisten sie versehentlich für einen Jungen gehalten. Inge Scholl schilderte den Fortgang der Gestapoaktion: »Werner und ich wurden am Abend dieses denkwürdigen Tages in einem offenen Lastwagen auf der soeben fertiggestellten Autobahn von Ulm nach Stuttgart gebracht. Es war eine ziemlich schreckliche Fahrt. Wir fuhren zusammen mit den anderen, ebenfalls festgenommenen Jungen ohne warme Kleider bei Schneegestöber über die Schwäbische Alb, die ohnehin recht windig ist. In Stuttgart wurde jeder in eine Zelle gesperrt. Keiner wußte, was noch passieren würde.«[17]

Eine Woche blieben die beiden weitgehend isoliert. Es folgten Vernehmungen, die im Sande verliefen, und dann wurden sie freigelassen. Magdalene Scholl, die Mutter, holte Inge und Werner in Stuttgart ab. Sie brachte Butterbrote mit, so daß die beiden sich erst einmal stärken konnten. Hans Scholl verbrachte etwa drei Wochen in Haft. Sein Vorgesetzter bei der Wehrmacht holte ihn schließlich aus dem Gefängnis, indem er der Stuttgarter Gestapo erklärte: »Hans Scholl ist unser

Mann. Wenn es etwas zu regeln gibt, dann regeln wir das selber.«[18]

Die Festnahme der Scholl-Kinder sprach sich herum. Von ihren Schulkameradinnen wurde Sophie gefragt, was sie und ihre Geschwister denn angestellt hätten. Selbstbewußt schilderte sie, was vorgefallen war. Ähnlich wie bei ihrem Bruder Hans wich auch Sophies anfängliche Begeisterung für den BDM allmählich einem wachsenden Mißtrauen. Mit der Behandlung von Juden, auch von jüdischen Mitschülerinnen, die immer mehr ausgegrenzt wurden, wollte sie sich nicht abfinden. Sophie beklagte sich darüber im Freundeskreis. »Ab dem vierzehnten Lebensjahr erlebte sie immer bewußter die Konflikte ihrer Geschwister mit, die zur Abkehr vom linientreuen Jugendkult der Nationalsozialisten führten«, heißt es in einem Porträt von Ulrich Chaussy über Sophie Scholl. »Diese Abkehr vollzog sie selbst schon frühzeitig und auf ihre Art – mit einer leisen Entschiedenheit.«[19]

Sophies Kritik an der Diskriminierung von Juden aber bedeutete noch keineswegs den Bruch mit dem BDM. Sie fügte sich dem Gruppenleben und ging ansonsten ihren Neigungen nach. Der Fächer ihrer Interessen reichte weit über das hinaus, was die staatlich gelenkte Jugendorganisation ihr zu bieten vermochte. Die Lektüre verbotener Dichter, ihre Zwiesprache mit der Natur, die sich in ihren Aufsätzen ausdrückt, Malen und Zeichnen – all das ließ die Gruppenarbeit in den Hintergrund treten. Sophie dachte nicht daran, sich gängeln zu lassen. Sie besaß eine schwärmerische Phantasie und zugleich eine nüchterne Auffassungsgabe. So stellte sie 1937 einer Hausarbeit für die Schule über *Kleine und große Feste im Jahreslauf* die Zeilen ihres Lieblingsdichters Manfred Hausmann voran, die mit dem Zeitgeist durchaus in Einklang standen:

Nun schlaget die Trommel feste
für alles Glück und Gut
und schlaget sie auch mal leise
für unser junges Blut.

Ihr klarer Verstand machte es ihr unmöglich, sich treiben zu lassen und in den Tag hineinzuleben, ohne ihm einen Sinn zu geben. Ihrer Freundin Lisa Remppis schrieb sie am 4. Juni 1938: »Ich glaube, wir müssen uns sehr anstrengen, daß wir nicht oberflächlich werden. Ich habe oft gedacht, dazu sind wir zu jung, das kommt mit dem Alter von selbst. Aber man kann nicht früh genug damit anfangen. Man verspießt, ohne daß man es merkt. Man sollte nie aufhören, an sich selbst zu arbeiten.«[20]

Noch aber blieb die große Politik für Sophie Scholl außen vor. Sie trat erst später, im September 1939, mit dem Ausbruch des Zweiten Weltkrieges, in ihr Leben, dann allerdings um so heftiger. Auch das harte Vorgehen der Gestapo gegen die »Bündische Jugend«, wovon Sophie selbst und ihre Geschwister unmittelbar betroffen waren, konnte das insgesamt optimistische Weltbild einer Sechzehnjährigen nicht erschüttern. Kurz nach der Polizeiaktion hatte sie Fritz Hartnagel kennengelernt. In den Briefen an ihn finden sich von diesem einschneidenden Erlebnis keine Spuren. Nur einmal kommt in dieser Zeit die Gestapo vor, und zwar in dem bereits zitierten Brief vom 29. November 1937. Darin schilderte sie eine Episode, als sie und ihre Schwester Elisabeth von einem Treffen mit Freunden viel zu spät heimkehrten: »Wie wir am Samstagmorgen heimkamen, war die Glastür geschlossen (kommt sonst nie vor). Wir haben gezittert und gebebt und dann mutig geläutet. Mein Vater guckte zum Fensterle raus und glaubte, es sei die Gestapo. Er war so freudig überrascht, daß nur wir's sind, und wir wurden nicht verschimpft.«[21]

Erst einmal war es Sophie Scholl, die den Kontakt zu Fritz Hartnagel, dem angehenden Offizier der Wehrmacht, suchte. Und es dauerte viele Wochen, bis Hartnagel darauf reagierte. »Lieber Fritz, ich würde so gern etwas tun, daß Du Dich in Augsburg mehr zu Hause fühlst, nur die Bude nett herrichten oder so«, ließ sie ihn im Januar 1938 wissen.[22] Hartnagel hatte bei einem seiner Besuche in Ulm darüber geklagt, daß ihm die neue Bleibe noch fremd vorkomme. »Wenn es wärmer wäre, könnte ich ja mal nach Augsburg trampen«, schrieb sie.

Als ihre Briefe weitgehend ohne Resonanz blieben und die wiederholten Bitten an den Freund, doch recht bald zu antworten oder nach Ulm zu kommen, ungehört verhallten, erhielt Fritz mit einem Anflug von Humor einen schriftlichen Befehl: »Weißt Du was? Jetzt nimmst Du Dir mal Zeit, das kannst du als Leutnant, und schreibst mir.«[23]

In der ersten Hälfte des Jahres 1938 blieb die Beziehung zwischen beiden locker und unkompliziert. Sie sahen sich gelegentlich in Ulm. In den Briefen, die Sophie nach Augsburg schickte, schilderte sie alltägliche Begebenheiten. Sie berichtete von ihren Träumen und klagte über die Langeweile, die sie – abgesehen von Biologie – bei den meisten Unterrichtsfächern in der Schule empfand. Schließlich erfuhr Hartnagel von ihren Fortschritten beim Malen und Zeichnen. An Anregungen dafür fehlte es nicht, denn zum Freundeskreis der Familie gehörten in Ulm auch Maler und Bildhauer, etwa Bertl Kley und Wilhelm Geyer. Für eine Neuausgabe der Peter-Pan-Geschichten des Engländers James Matthew Barrie fertigte Sophie die Zeichnungen an. Hanspeter Nägele, der Bruder einer Freundin, der die Geschichten ins Deutsche übersetzte, hatte sie darum gebeten.

Sophie Scholl liebte es, Reisen zu planen, und zwar möglichst weit im voraus. Im Frühjahr 1938 bot sich Norddeutschland als Ziel an. Denn zu dieser Zeit stand fest, daß ihre Schwester Inge im Sommer als Haustochter zur Familie Eggers nach Bremen-Lesum ziehen würde, um dort ein Pflichtjahr anstelle des Reichsarbeitsdienstes abzuleisten. Robert Scholl hatte seinen Studienfreund eingeschaltet. Dieser erklärte sich sofort bereit, die Tochter aufzunehmen.

In den Sommerferien wollte Sophie zusammen mit ihrer Freundin Anneliese Kammerer und ihrem Bruder Werner ihre Schwester besuchen, zumal die bevorstehende Trennung von Inge ihr gar nicht gefiel. »Sie wird mir fehlen, ... ich krieg bestimmt Heimweh nach ihr. Sie paßte auch in jeder Beziehung auf mich auf, das weißt Du ja. Wer kümmert sich jetzt um meine Arten und Unarten?« schrieb sie am 21. April 1938 an Hartnagel.[24]

In der zweiten Julihälfte 1938 brachte Alfons Kammerer, der Vater ihrer Freundin, Inhaber des Geschäftes »Foto Kammerer« in Ulm, die beiden Schülerinnen und Werner Scholl mit seinem Auto nach Bremen. Der Wagen schaffte die Strecke jedoch nur mit Mühe. Unterwegs gab es drei Reifenpannen, die Zeit kosteten. In Lesum selbst war es schwierig, sich zu orientieren. Die Nationalsozialisten hatten dort, wie anderswo auch, Straßennamen geändert. Das Wohnhaus des Studienrats Eggers lag an einer Straße, die ursprünglich »Auf dem Pasch« hieß und 1933 nach dem Gründer des NS-Frontkämpferbundes »Stahlhelm« in »Franz-Seldte-Straße« umbenannt worden war. Kaum jemand kannte diese Bezeichnung. »Bis wir dann die Franz-Seldtestraße fanden in diesem Nest, dauerte rund 1 bis 2 Stunden.«[25]

Wie Fritz Hartnagel Wochen später in einem ausführlichen Reisebericht erfuhr, unternahmen die Jugendlichen von Lesum aus Ausflüge nach Worpswede und an die Nordsee. In der Künstlerkolonie nordöstlich von Bremen lernten sie Manfred Hausmann kennen, auch die Bildhauerin Clara Westhoff, die Frau von Rainer Maria Rilke, und Martha Vogeler, die Handweberin, deren Mann Heinrich Vogeler 1925 aus Furcht vor den Nationalsozialisten in die Sowjetunion emigriert war.

Sophie Scholl sammelte viele Eindrücke. Besonders gefiel ihr die stürmische Fahrt nachts mit einem Fischkutter auf der Nordsee. »Wir genossen alles unsagbar, besonders die Nordsee bis zum Brechreiz ... Diese Ferien sind mir unglaublich kurz vorgekommen, kürzer wie die Pfingstferien. Obwohl ich doch so viel erlebt habe. Kannst Du es denn ertragen, wenn ich Dir so viel schreibe?« fragte Sophie den Freund.

2

Unterschiedliche Lebensziele

Bald nach der Rückkehr aus Norddeutschland durchlebte Sophie Scholl einen Stimmungsumschwung in ihrem Verhältnis zu Fritz Hartnagel. Zwar bat sie, wie in den Monaten zuvor, weiter um Briefe und Besuche von ihm, doch zugleich ging sie plötzlich auf Distanz. Gründe für diesen Sinneswandel sind nur schwer zu erkennen, jedenfalls sind sie nicht politisch. Vielleicht war sie das ewige Bitten und Betteln, das ja weitgehend ohne Resonanz blieb, einfach nur leid. Vielleicht hatte sie aber auch in den Ferien größere Klarheit über die eigene Zukunft gewonnen, die deutlichere Konturen annahm. Ihren vielfältigen künstlerischen und musischen Begabungen wollte Sophie nachgehen. Zugleich nahm ihr Interesse an Biologie und den Grundfragen der menschlichen Existenz zu. Vermutlich spürte sie, daß sie dafür Freiräume brauchte. In ihren Überlegungen fand Fritz Hartnagel offensichtlich keinen Platz. Jedenfalls – noch ehe die Freundschaft zu ihm sich überhaupt entwickelt hatte, versuchte sie, Abstand zu gewinnen.

Bevor sie für einige Tage zu ihrer Freundin Lisa Remppis nach Leonberg fuhr, schrieb sie Hartnagel am 15. August 1938 aus Ulm: »In dem Verhältnis, in dem ich zu Dir stehe, kann ich nicht weiter bleiben. Ich habe es von einer Stunde auf die andere eingesehen. Der Grund? Ich bin einfach noch zu jung.«[26]

Dieser Vorstoß traf Fritz Hartnagel völlig überraschend. Schließlich war es Sophie gewesen, die um ihn geworben und ihn immer wieder gedrängt hatte, den Briefkontakt zu intensivieren und ihn öfter zu sehen. Als er den Brief las, lag er mit Typhus in einem Krankenhaus in Augsburg. Das Ausheilen der Infektionskrankheit zog sich über sieben Wochen hin. Erst als das Fieber zurückgegangen war und sein Zustand sich langsam besserte, reagierte er, aber zunächst nur auf die Reise der Geschwister in den Norden, nicht auf den Wunsch seiner Freundin nach größerer Distanz. Sophies Bruder Werner, der ihn im Krankenhaus besuchte, hatte ihm bereits von Worpswede und der stürmischen Fahrt auf der Nordsee erzählt. Ein solches Abenteuer würde er ebenfalls gern erleben.

Auch Sophie Scholl setzte den Briefkontakt fort, als gebe es keinen grundlegenden Konflikt zwischen ihnen. Sie erkundigte sich nach Hartnagels Lesestoff und schilderte ihre Eindrücke bei der Lektüre von Thomas Manns Roman *Buddenbrooks*. Die Menschen seien darin objektiv dargestellt.

Fritz Hartnagel kam im Krankenhaus offenbar ganz gut ohne Bücher aus. Es vergingen Wochen, bis er antwortete. Er werde bestens versorgt, heißt es in seinem Brief vom 25. September 1938, und könne den ganzen Tag ohne Buch im Bett liegen. Hartnagel hatte sich ein Radio beschafft, weniger zur Unterhaltung als wegen der aktuellen politischen Nachrichten, vor allem wegen der Sudetenkrise. Hitler ließ keinen Zweifel daran, daß er die deutsche Minderheit in diesem Teil der Tschechoslowakei notfalls mit Gewalt »heim ins Reich« holen wollte.

Im Münchner Abkommen vom 30. September 1938 erreichte Hitler dann durch das Nachgeben Englands und Frankreichs die Abtretung des Sudetenlandes an Deutschland. Die Tschechoslowakei verlor damit ihre Verteidigungsfähigkeit und wurde bald darauf ganz zur Beute Hitler-Deutschlands. Auch die Entwicklung an der Spitze der Wehrmacht beschäftigte Hartnagel. Der Chef des Generalstabs des Heeres, Ludwig Beck, war zurückgetreten, weil er den drohenden Einmarsch nicht mitverantworten wollte. Beck wurde später einer der Köpfe des militärischen Widerstandes gegen Hitler.

In seinen Briefen streifte Hartnagel lediglich die außenpolitische Krise. Ansonsten berichtete er über seine ersten Gehversuche, nachdem er so viele Wochen stramm gelegen hatte. Die Knie zitterten noch, so daß er sich kaum aufrecht halten könne. Ansonsten fühle er sich vollkommen gesund und betrachte den blauen Himmel und die bunten Bäume. Bei diesem Anblick bekam er Heimweh nach der Schwäbischen Alb.

Anfang Oktober durfte Fritz Hartnagel das Krankenhaus endlich verlassen und zu einem dreiwöchigen Erholungsurlaub nach Ulm fahren. Er genoß unbeschwerte Tage in seiner Heimatstadt. Nach dem weiteren Briefwechsel zu urteilen, kam es nicht zu einer Aussprache mit Sophie über ihre Freundschaft.

Der Abschied von Ulm fiel Hartnagel diesmal besonders schwer. Die meiste Zeit hatte er im Kreis der Familie Scholl verbracht. Bevor er den Zug in Richtung Augsburg bestieg, suchte er noch sein Elternhaus auf. Niemand war da. Nur das Ticken der Uhr war zu hören. Hartnagel schlug das Klavier an und erschrak bei dem lauten Klang, der die Stille durchbrach. In einer etwas verlorenen Stimmung machte er sich schließlich auf den Weg. Das Menschengewühl auf dem Ulmer Bahnhof kam ihm seltsam vor. Mit Mühe sicherte er sich eine schmale Sitzfläche zwischen zwei korpulenten Fahrgästen.

In Augsburg wohnte Hartnagel in einem möblierten Zimmer. Dort war bei seiner Ankunft alles noch so, wie er es vor seiner Erkrankung verlassen hatte: die Bücher, die sich auf dem Schreibtisch stapelten, eine Plastik, zwei Säbel, die Nietzsche-Maske. Ihm blieb noch Zeit, in der Stadt umherzustreifen, doch dann holte ihn der Kasernenalltag wieder ein. Zu seinen Aufgaben gehörte die Ausbildung von Rekruten. 150 neue Soldaten standen vor ihm. Sie für den Kriegsdienst zu trainieren bereitete ihm offensichtlich Vergnügen. »Ich bin wieder einmal restlos begeistert von meinem Soldatenberuf. Und so paradox es klingen mag, wenn Schiller sagt: ›Der Soldat allein ist der freie Mann‹, so ist es doch wahr.«[27]

In diesem Brief ging Fritz Hartnagel erstmals auf den Wunsch seiner Freundin ein, das Verhältnis zu ihm zu ändern, es weniger eng zu gestalten. Er hatte lange gezögert, ihr darauf zu antworten, und seine Reaktion fiel ähnlich überraschend aus wie der vorausgegangene Sinneswandel von Sophie Scholl: Fritz Hartnagel wehrte sich nicht. Vielmehr lieferte er sich in gewisser Weise seiner Freundin aus, indem er sich selber anklagte. Ihn belasteten so viele Vorwürfe, so viel Schuld. Sie solle ihn einen Lumpen und Verbrecher nennen, ihn verachten, forderte Fitz Hartnagel Sophie Scholl auf.

Was hatte er sich in der Beziehung zu ihr zuschulden kommen lassen, das ihn zu solch harten Selbstvorwürfen trieb? Die Briefe, die beide sich in den folgenden Wochen schrieben, klingen so, als redeten sie auf unterschiedlichen Ebenen. Vor allem Sophie verlangte unerbittlich eine Klärung, zu der sie allerdings selber in keiner Weise beitrug. Statt dessen versuchte sie, Hartnagel zu bewegen, einen Schlußstrich unter die Vergangenheit zu ziehen. Sie werde das tun, was er wolle, heißt es in ihrem Brief vom 27. Oktober 1938. Aber Gefühle, die man nicht selbst in sich wecken könne, solle er nicht von ihr erwarten.

Sophie Scholl und Fritz Hartnagel kannten sich kaum ein Jahr. In dieser Zeit hatten sie sich häufig gesehen, Briefe gewechselt und Ausflüge und Wanderungen unternommen. Zu Anfang war Hartnagel auf Distanz geblieben. Seine zurückhaltende Art ließ es nicht zu, gleich zu Beginn große Gefühle zu zeigen. Aber das änderte sich. Die Briefe Sophies trugen dazu bei, vor allem ihre natürliche Ausstrahlung, aber auch die Tatsache, daß Fritz Hartnagel in der Familie Scholl wie ein Sohn aufgenommen wurde. Nun war alles anders. Am 10. November 1938 erinnerte Sophie Hartnagel daran, daß noch einiges unklar zwischen ihnen sei. Sie bat ihren Freund, doch endlich für Klarheit zu sorgen. Und Ende Januar 1939 schlug sie in ihren Zeilen einen beinahe verzweifelten Ton an, indem sie ihn direkt fragte: »Was möchtest Du an mir haben?«[28] Er solle ihr dies bitte sagen, da sie sich selber darüber noch nicht im klaren sei.

Die Briefe der Freundin stürzten Fritz Hartnagel in tiefe Ratlosigkeit. Er wußte nicht, was er ihr antworten, wie er all das ausdrücken sollte, was er selber nicht begriff. Er lehnte es ab, seine Gefühle zu zergliedern und zu definieren. Für ihn handelte es sich um ein Ganzes, um etwas Großes und Schönes. Er wolle nichts von ihr – nur was sie ihm schenken wolle. Er werde es wahren als sein Heiligstes. Nicht als Fordernde sollten sie sich gegenübertreten, meinte er weiter und räumte ein, er empfinde manchmal schreckliche Minderwertigkeitsgefühle ihr gegenüber.

Fritz Hartnagel war in Sophie verliebt, kein Zweifel. Erstmals legte er in einem Brief seine Gefühle offen. Ihre Abwehr konnte er nicht verstehen, weil es aus seiner Sicht dafür keinen Grund gab. So blieb es ein quälender Briefwechsel, der nicht zu einer Verständigung führte. Tatsächlich war die Kluft zwischen ihnen groß. Beide stammten aus ganz unterschiedlichen Welten und verfolgten völlig gegensätzliche Lebensziele: Sophie Scholl, die Oberschülerin, die sich eine Zukunft zwischen Kunst, Naturwissenschaften und Philosophie ausmalte, und Fritz Hartnagel, der Offizier, der eine militärische Karriere in der Wehrmacht anstrebte.

Ende Februar 1939 wurde Hartnagel für einen sechswöchigen Lehrgang nach Rudolfstadt bei Gera an der Saale versetzt. Dort sollte er seine Prüfung als Fahrlehrer ablegen. Der Aufenthalt sagte ihm durchaus zu. Allerdings mußte er sich ein umfangreiches technisches Wissen aneignen. Im praktischen Teil der Ausbildung ging es mit schweren Fahrzeugen über die Straßen entlang der Saale. Bei diesen Fahrten lernte er das landschaftlich schöne Saaletal mit seinen Burgen und romantischen Kleinstädten kennen. Die Wochenenden waren frei. Fritz Hartnagel fuhr mit dem Zug mehrfach nach Ulm und traf sich mit Sophie. Beide kamen offensichtlich überein, ihren Konflikt vorerst ruhen zu lassen.

Sophie Scholl plante in dieser Zeit eifrig Ausflüge für die Osterferien. Mit ihrer Schwester Elisabeth wollte sie zunächst auf der Schwäbischen Alb und im Schwarzwald Ski laufen und wandern. Über Ostern sollte Fritz Hartnagel dazukommen. Sie wollten dann zu dritt etwas unternehmen, zumal Elisabeth Scholl, die gerade den ersten Teil ihrer Ausbildung als Kinderkrankenschwester abgeschlossen hatte, bald darauf eine neue Stelle in einem Kindererholungsheim in Schwäbisch Hall antreten sollte.

Kaum waren die beiden Schwestern am Schindelberg angekommen, schlug das Wetter um. Bei steigenden Temperaturen war an Skifahren vorerst nicht zu denken. Sophie und Elisabeth entschlossen sich kurzerhand, kälteres Wetter abzuwarten. Sie überbrückten die Zeit, indem sie sich gegenseitig Gedichte vorlasen, bis sie diese auswendig konnten.

Während ihrer Dichterlesung stellte Elisabeth Scholl plötzlich fest, daß die 50 Reichsmark, die ihr der Vater zum Abschluß ihrer Ausbildung geschenkt hatte, fehlten. »Mit dem Geld wollte ich den Aufenthalt in der Berghütte bezahlen«, erinnert sich Elisabeth Hartnagel. »Sophie wußte gleich einen Ausweg aus der mißlichen Lage. Sie sagte: ›Das ist doch ganz einfach. Ich schreibe Fritz, und der schickt uns die 50 Mark‹, was ja viel Geld war. Die Post ging damals von einem Tag auf den anderen. Und am nächsten Abend stand Fritz schon da und hat uns das Geld gegeben... Selbstverständlich wollte ich Fritz die 50 Mark von meinem monatlichen Gehalt als Kinderkrankenschwester in Raten zurückzahlen. Sophie war dagegen. Sie meinte, Fritz sei in Gelddingen immer sehr großzügig. Doch ich bestand auf Rückzahlung. Darauf erwiderte Sophie, dann werde sie sich von dem Geld erst einmal einen Badeanzug kaufen. Und das hat sie dann auch getan.«[29]

Fritz Hartnagel blieb in Schindelberg, denn der Winter kehrte zurück und die Schneebedingungen wurden besser. Auch wenn es nur wenige Tage waren, die sie dort verbrachten, die beiden Schwestern und Fritz Hartnagel genossen diese Zeit und diskutierten viel über Politik, auch über das Verhältnis von Soldatentum und Vaterland, wie Elisabeth Hartnagel sich erinnert. Sophie kehrte anschließend nach Ulm zurück, um sich auf das neue Schuljahr einzustellen, das letzte vor dem Abitur. Und Fritz Hartnagel wechselte Anfang April 1939 nach München zu einer Ausbildungskompanie, wo neue Aufgaben auf ihn warteten. Eine Nachtorientierungsfahrt quer durch Schwaben gehörte dazu, ferner eine sogenannte Versuchsfahrt durch Österreich, die ebenfalls Teil der Grundausbildung war.

Am 8. Mai 1939 schickte Hartnagel seiner Freundin einen Gruß zu ihrem bevorstehenden 18. Geburtstag. Er versicherte ihr, daß er in Gedanken ganz bei ihr sein werde, wie an jedem Tag. Er halte immer wieder Zwiesprache mit ihr – beim Aufstehen und beim Schlafengehen, bei schönen wie auch bei bedrückenden Erlebnissen. Sophie bedankte sich umgehend für die Zeilen, die sie anrührten. Ihre Gefühle befanden sich jetzt im Einklang.

So faßte Fritz Hartnagel in der zweiten Maihälfte 1939 einen Plan ins Auge, für den er sogar die Zustimmung der Eltern seiner Freundin gewann. Zusammen mit Sophie wollte er nach Jugoslawien reisen. Vorgesehen war eine längere Schiffsfahrt entlang der Dalmatinischen Küste. Ihrer Schwester Elisabeth schrieb Sophie nach Schwäbisch Hall: »Lisl, wie ich die Sommerferien herbeisehne ... Hoffentlich kommt nichts dazwischen.«[30] Ähnlich erging es Hartnagel. Auch er konnte es kaum glauben, daß er schon bald so viel Zeit gemeinsam mit Sophie verbringen würde wie nie zuvor.

Fritz Hartnagel wußte nicht, daß im Frühsommer 1939 die Kriegsvorbereitungen auf Hochtouren liefen. Der Rüstungsboom verschärfte die chronische Devisenknappheit des Deutschen Reiches. Für Reisen nach Jugoslawien und in andere Länder wurde deshalb eine Devisensperre verhängt. Das Reisebüro ließ Hartnagel noch etwas Hoffnung, falls die Pässe unverzüglich vorgelegt würden. Doch wenig später stand fest: Die Jugoslawienreise scheiterte an der Devisensperre. Beim Verlassen des Reisebüros hätte Hartnagel am liebsten geheult. So groß war seine Enttäuschung.

Als Ersatz schlug er Sophie vor, kurzfristig eine gemeinsame Fahrt nach Norddeutschland zu unternehmen, da er seinen Urlaub nicht mehr verschieben konnte. Sie war sofort einverstanden. Am 20. Juli 1939 antwortete sie, er solle sofort kommen. Dann könnten sie sich unverzüglich auf den Weg machen, denn die Schule interessiere sie nicht mehr.

Die beiden trafen sich in Ulm und reisten von dort am 22. Juli 1939 mit dem Zug in Richtung Norden. Sophies Freundin Lisa Remppis schloß sich ihnen zeitweise an. Ihre erste Station war Heiligenhafen an der Ostsee. Dann fuhren sie mit dem Bus über Kiel an die Nordsee und schließlich nach Worpswede, wo Sophie zusammen mit ihrer Schwester Inge im Vorjahr Manfred Hausmann, Martha Vogeler und Clara Westhoff-Rilke besucht hatte. Diesmal lernte sie das künstlerische Werk von Paula Becker-Modersohn kennen. Im nachhinein überrascht es nicht, daß gerade die Bilder dieser Malerin einen tiefen Eindruck auf Sophie machten. Die Geradlinigkeit und

Eigenständigkeit, mit der Paula Becker ihre Ausdrucksformen suchte, faszinierten sie. So stellte Sophie sich ihren eigenen Lebensweg vor.

Für den Aufenthalt in Worpswede hatte sie Material zum Zeichnen mitgenommen. Sie wollte die Illustrationen der Peter-Pan-Geschichten fortsetzen. Doch sie kam nicht dazu, den Zeichenblock überhaupt in die Hand zu nehmen. Dafür fehlte es an Ruhe und Zeit. Die gemeinsamen Tage mit Fritz Hartnagel vergingen viel zu schnell. Ihrer Schwester Inge berichtete sie am 9. August 1939: »Gestern abend waren wir noch an der Hamme, zum letztenmal mit Fritz. Da hat mir die Landschaft einen großen Eindruck gemacht. Sie war so sanft und dunkel. Sonst aber möchte ich lieber auf der Alb sein. Lieber unter süddeutschen Menschen. Den norddeutschen komme ich nicht nahe.«[31]

Fritz Hartnagel war am selben Tag zu seiner Einheit nach München zurückgekehrt. Sophie Scholl wollte zusammen mit ihrer Freundin noch einige Tage länger in Worpswede bleiben. Ein unangenehmes Erlebnis bewog sie jedoch, ihren Aufenthalt in der Jugendherberge vorzeitig abzubrechen. Während ihrer Abwesenheit hatte ein Mann ihre Sachen durchsucht und war dabei auf »verdächtige« Bücher gestoßen, darunter die Peter-Pan-Geschichten, die er sofort zur Polizei bringen wollte. Nur mit Mühe konnte die Herbergsmutter ihn davon abhalten. Sophie spürte das Mißtrauen. Schnell packte sie ihre Sachen.

Erst später erfuhr Fritz Hartnagel von der vorzeitigen Abreise seiner Freundin. Von München aus, wo ihn die Betriebsamkeit des bevorstehenden Krieges erfaßte, schickte er am 16. August 1939 einige Zeilen nach Worpswede. Die Wehrmacht stand kurz vor dem Überfall auf Polen. Noch nie zuvor hatte er sich in einem solchen Maße beansprucht gefühlt wie in diesen Wochen. Ein Offiziersanwärterlehrgang mit Ärzten, Rechtsanwälten, Kaufleuten und Architekten, darunter auch

Rudl Daub, der Mann seiner Schwester, erforderte besonderen Aufwand. Schließlich wollte er sich nicht »blamieren«.

Der Brief erreichte Sophie allerdings nicht mehr in Worpswede; er wurde nach München an Hartnagel zurückgeschickt. Besorgt richtete er kurz darauf einige Zeilen an die Ulmer Adresse von Sophie Scholl und fragte, ob es Streit mit den Herbergseltern gegeben habe. Diesem Brief entnahm Sophie, daß Hartnagel von seinen Vorgesetzten dafür ausersehen war, am Nürnberger »Reichsparteitag des Friedens« teilzunehmen. Dieses alljährlich stattfindende Massenspektakel wurde allerdings wegen des Kriegsbeginns am 1. September 1939 abgesagt.

An eine Fahrt nach Ulm war vorerst nicht zu denken. Ähnlich wie er ahnte auch Sophie die kommenden Veränderungen. Ob er bei all seinen Aktivitäten überhaupt noch die Zeit finde, an den vergangenen Urlaub zu denken, wollte sie von ihm wissen. Sie denke oft an ihn und würde ihm öfter schreiben, wenn sie nur wüßte, wohin.

Die Eindrücke von ihrem ersten gemeinsamen Urlaub hatten sich beiden tief eingeprägt. In den folgenden Wochen und Monaten erinnerten sie sich gegenseitig noch oft an Einzelheiten, auch wenn diese von den politischen Ereignissen immer wieder überlagert wurden. An der Schwelle zum Zweiten Weltkrieg besaß ihre Beziehung erstmals ein festes Band, das allerdings schon bald Belastungen ausgesetzt war. Denn dieser Krieg legte ihre politischen Gegensätze offen. Und wiederum war es vor allem Sophie, die den Konflikt schonungslos austrug.

1939–1942

»Du bringst mich in einen großen Konflikt, wenn Du mich nach dem Sinn des ganzen Blutvergießens fragst.«
Fritz Hartnagel

Der Hauptmann Fritz Hartnagel beim Ostfeldzug, 1942

Sophie Scholl, Ulm 1940

3

Der Krieg, der uns die Jugend nimmt

Für den Überfall auf Polen am 1. September 1939 war längst alles vorbereitet. Die SS hatte vorher trainiert, was dann als Vorwand für den Angriff herhalten mußte: den »polnischen Überfall« auf den Sender Gleiwitz in Oberschlesien und den angeblichen Beschuß einer deutschen Zollstation. In den Tagen vorher bewegte Adolf Hitler nur eine Sorge, »daß mir noch im letzten Moment irgendein Schweinehund einen Vermittlungsplan vorlegt«. So äußerte sich der zum Krieg entschlossene Reichskanzler am 22. August vor der Wehrmachtsführung.

In den frühen Morgenstunden des 1. September 1939 stießen von Ostpreußen und Schlesien zwei Heeresgruppen vor. In Danzig eröffnete das Schiff »Schleswig-Holstein« das Feuer auf die Westerplatte, eine militärische Befestigungsanlage. Gleichzeitig bombardierte die Luftwaffe polnische Dörfer und Städte. Am Vormittag des 1. September hielt Hitler im Berliner Reichstag eine Rede mit dem vielzitierten Satz: »Seit 5 Uhr 45 wird jetzt zurückgeschossen.« Großbritannien und Frankreich, die mit Polen Beistandsverträge geschlossen hatten, erklärten Deutschland den Krieg. Zunächst blieben die Kämpfe jedoch auf Polen begrenzt. Im Südwesten Deutschlands verstärkte die Wehrmacht zugleich ihre Verteidigungslinien.

Von München wurde Fritz Hartnagel als Adjutant einer Nachrichteneinheit beim Armeestab für die Oberrheinfront nach Calw im Schwarzwald versetzt. Seine Schreibstube befand sich im Nebenzimmer einer Gastwirtschaft. Dort bearbeitete er vormittags die eingehende Post. Die zweite Hälfte des Tages war er beim Kommandeur im Armeeoberkommando tätig. Sein Vorgesetzter legte dann die jeweiligen Nachrichtenverbindungen fest, die Hartnagel in Form von Anweisungen an die Einheiten weitergab. Als Adjutant war er somit für die Abläufe in seinem Bereich zuständig. Zugleich bildete er die Anlaufstelle für jeden, der etwas wissen oder sich beschweren wollte. Diese Aufgaben verschafften ihm einen guten Überblick über das militärische Geschehen.

Hartnagel glaubte, daß Hitler schon bald den Befehl zum Angriff auf Frankreich und Großbritannien geben und er selber in vorderster Linie mit dabeisein würde. Noch fehlte ihm jegliche Distanz zum Kriegshandwerk. Im Gegenteil: »Wenn wir's auch nicht hoffen, so freuen wir uns doch insgeheim darauf. Wir arbeiten nun schon über 8 Tage vom frühen Morgen bis in die späte Nacht hinein, um alles gründlich vorzubereiten. Es macht sehr viel Spaß, wenn man mal sein Kriegsschulwissen und Friedenstheorien in die Praxis umsetzen kann.«[32] Seine Anschrift lautete jetzt: »Leutnant Fritz Hartnagel, Feldpostnummer 334134, Postsammelstelle Stuttgart.« Die Hoffnung auf ein baldiges Wiedersehen mit Sophie hatte er aufgegeben. Deswegen klammerte er sich an die gemeinsamen Ferien in Norddeutschland, die ihm in glücklicher Erinnerung seien.

Sophie Scholl dagegen konnte die Vorfreude Hartnagels auf eine Ausdehnung der Kämpfe nicht verstehen. Der Kriegsausbruch trieb beide unweigerlich in einen Konflikt, der sie in den folgenden Monaten belastete und letztlich nie ganz ausgetragen wurde. An dieser Frage schieden sich ihre Vorstellungen vom Leben, letztlich auch von einem möglichen Zusammenleben.

Sophies erste Reaktion wenige Tage nach dem Überfall auf Polen war hart und bitter zugleich. Ihre Zeilen wirken wie eine Anklage: »Nun werdet Ihr ja genug zu tun haben. Ich kann es nicht begreifen, daß nun dauernd Menschen in Lebensgefahr gebracht werden von anderen Menschen. Ich kann es nie begreifen und finde es entsetzlich. Sag nicht, es ist fürs Vaterland.«[33]

Gleichzeitig äußerte sie sich besorgt über das Wohlergehen ihres Freundes, den sie bereits mitten in der Schlacht meinte. Diese Vorstellung bereitete ihr Angst: »Gelt, Du hast keinen so gefährlichen Posten?... Wo seid Ihr eigentlich genau? Darfst Du das nicht schreiben? Und was hast Du alles zu tun?« Auch sie dachte an die unbeschwerten Tage in Norddeutschland, die ihr jetzt ganz unwirklich vorkamen: »Der Sommer liegt schon sehr weit zurück. Kaum zu glauben, daß wir ihn zusammen verbracht haben. Kannst du Dich noch erinnern, wie wir in dem Strandkorb saßen, in Heiligenhafen?«

Die politischen Meinungsverschiedenheiten hinderten Sophie nicht daran, sich eine Zukunft mit Hartnagel auszumalen – in einer mit Blumen geschmückten Wohnung mit einer großen Küche, wenngleich nur auf Zeit. Denn sie war überzeugt: Allzu lange würde sie es mit ein und demselben Menschen nicht aushalten. Sie befürchtete, dieser könnte Ansprüche stellen und einen zu großen Einfluß auf sie ausüben. Sie könne ganz ruhig an ihn denken, schrieb Sophie. Und sie sei froh, es ohne Verpflichtung tun zu können. »Es ist schön, wenn zwei miteinander gehen, ohne sich zu versprechen, wir treffen uns da und da wieder, oder wir wollen immer beieinander bleiben. Sie gehen so einfach ein Stück zusammen, und wenn es sich gibt, daß sich ihre Wege trennen, so geht jedes in seiner Richtung so ruhig weiter.«[34]

Der Alltag in Ulm änderte sich unter den Bedingungen des Krieges zunächst kaum. Doch gewissermaßen über Nacht hatten sich alle Maßstäbe verschoben. Sophie Scholl drückte das auf ihre Weise aus: »Es gibt nichts mehr, über das man richtig sprechen könnte. Denn alles klingt doch lächerlich, muß es besonders für Dich klingen. Wenn ich Dir erzähle, daß im Garten die Blumen vor Nässe schwarze Ränder um die Blütenblätter kriegen... Dieses alles ist Dir schrecklich entfernt, gelt?«[35]

Sie berichtete von einem französischen Aufklärungsflugzeug, das erstmals über Ulm gekreist war, im Sturzflug auf das Ulmer Münster zuraste und sich nach einem Looping davonmachte. Die Stadt war mit Soldaten überschwemmt. Sie selber arbeitete zäh und entschlossen an den Bildern zu Hanspeter Nägeles Peter-Pan-Übersetzung sowie an Illustrationen zu Georg Heyms *Ein Nachmittag*. Dieses Buch wollte ein Freund ihrer Schwester Inge neu herausbringen. Über den Fortgang der Kämpfe machte sie sich ohnehin keine Illusionen: »Der Hoffnung, daß der Krieg bald beendet sein könnte, geben wir uns nicht hin. Obwohl man hier der kindlichen Meinung ist, Deutschland würde England durch Blockade zum Ende zwingen. Wir werden ja alles noch sehen.«

Wegen des Kriegsausbruchs verschob sich an der Mädchen-Oberrealschule in Ulm der Schulbeginn um mehr als zwei Wochen. Und kaum hatte der Unterricht begonnen, wurden die Schülerinnen bereits in die Herbstferien geschickt. Einige Lehrer waren an der Front, so daß Fächer wie Mathematik und Physik gar nicht gegeben wurden. Die Mädchen der Oberstufe konnten sich freiwillig für den Reichsarbeitsdienst (RAD) melden. Dafür wurde ihnen die Reifeprüfung quasi geschenkt. Doch Sophie Scholl lehnte das ab. Den RAD hoffte sie trotzdem umgehen zu können. In ihrer freien Zeit half sie der Mutter bei der Wäsche und beim Fensterputzen, besuchte Theateraufführungen und Konzerte oder musizierte mit ihren Geschwistern.

Eine Antwort auf die herausfordernde Kritik seiner Freundin am Kriegsgeschehen fiel Fritz Hartnagel schwer: »Du bringst mich in einen großen Konflikt, wenn Du mich nach dem Sinn des ganzen Blutvergießens fragst.«[36] Hartnagels Vorstellung vom Soldatentum geriet erstmals ins Wanken. Zwei Jahre zuvor hätte er noch genau gewußt, wie er hätte reagieren sollen. Damals war sein Weltbild klar und einfach gewesen. Aber jetzt kam er sich vor wie ein kleiner Junge, der gerade beginne, sich zu entwickeln.

Nachdem er den Kasernenalltag ausgiebig kennengelernt hatte, äußerte sich Hartnagel in seinem Brief vom 30. Oktober 1939 erstmals kritisch dazu. Er sah die Gefahr einer inneren Verödung. Knapp einen Monat später wurde er noch deutlicher, als er von den Urlaubsfotos schwärmte, die Sophie ihm geschickt und die er zu einem Album zusammengefügt hatte – Aufnahmen aus einer vom Krieg noch nicht belasteten Zeit: »Ich glaube, das ist das Schlimmste an diesem Krieg, daß er uns die Jugend nimmt.«[37]

Die Briefe schufen eine feste Verbindung zwischen beiden. Andererseits waren sie, wenn es zu Auseinandersetzungen kam, das einzige Mittel der Verständigung. Wann immer der Briefwechsel ins Stocken geriet, reagierten beide alarmiert. Sophie lebte in der ständigen Furcht, ihr Freund kämpfe bereits an der Front. Und Fritz sorgte sich, in Ulm könne etwas Schlimmes passiert sein, wenn er einige Tage lang nichts von dort erfahren hatte.

Beide spürten, wie zerbrechlich ihre Beziehung war, wie leicht der Krieg und die politischen Ereignisse sie zerstören konnten. Solange sie sich nicht sahen, lebten sie vor allem von ihren Erinnerungen – an die Ferien im Sommer, an Skitouren im Winter und andere Unternehmungen. »Solange ich nichts von Dir habe, denke ich abends immer an unseren Spaziergang auf dem schmalen Uferweg der Donau. Seither haben wir beinahe jede Nacht einen sichtbaren Mond. Erinnerst Du Dich noch, wie der Mond mit Wolken focht? Heute ist er rund und verschwommen, mit einem riesigen Hof, dessen äußerster Rand alle Regenbogenfarben besitzt.«[38]

Fritz Hartnagel war inzwischen in Düsseldorf stationiert. Die Stadt sagte ihm überhaupt nicht zu. Sie war laut und hektisch. Hartnagel wünschte sich die Ruhe seines bisherigen Standortes im Schwarzwald zurück. Das bevorstehende Weihnachtsfest war für ihn hauptsächlich mit Arbeit verbunden. Als Adjutant mußte er für über 500 Mann Geschenke besorgen. Die Aussicht auf das »Gegröle von Weihnachtsliedern bei Bier und Zigarettendunst«[39] stimmte ihn nicht gerade froh. Eine BDM-Führerin bot an, für die Soldaten eine Weihnachtsfeier zu gestalten. Und sie trug ihm gleich Kostproben ihres Repertoires vor, was Hartnagel notgedrungen über sich ergehen ließ.

Die Feier verlief dann etwa so, wie Hartnagel es befürchtet hatte: Nach einem besinnlichen Auftakt artete das Ganze in ein Saufgelage aus. Zum Schluß wurde das Weihnachtsmärchen von Walter Flex gelesen, das die meisten jedoch als unpassend empfanden. Walter Flex stand mit seiner neuromantischen, patriotischen Dichtung bei den Nationalsozialisten hoch im Kurs und wurde zum ideellen Vorläufer der NS-Bewegung stilisiert.

Die Weihnachtsfeier endete mit einem Hartnagel irritierenden Erlebnis. Er brachte seine Tischnachbarin nach Hause. An der Wohnungstür empfingen die Eltern das Mädchen mit einer Peitsche. Unter lautem Gekreische schlug die Mutter auf ihr Kind ein. Hilflos sah er zu, wie das Mädchen ins Haus gezerrt wurde.

In dem Brief, in dem er Sophie den Vorfall schilderte, zog Hartnagel zugleich eine Art Resümee. Beinahe erstaunt stellte er fest, wie sehr seine innere Einstellung sich zu ändern begann. Vieles von dem, woran er fest geglaubt hatte, geriet ins Wanken. Und er wußte, daß es Sophie war, die diese Entwicklung in Gang gesetzt hatte. Sie erfuhr von ihm, daß er seine bisherige Einstellung als falsch und diese Entwicklung als Fortschritt ansah.

Dieses schöne Kompliment an die Adresse von Sophie konnte den nächsten Streit aber nicht verhindern. Diesmal drehte sich die Auseinandersetzung nicht um das Kriegsgeschehen, sondern um ihre persönliche Beziehung. Im Rückblick auf den gemeinsamen Urlaub im Sommer hatte Hartnagel am 25. Dezember vielleicht etwas leichtfertig geschrieben, es komme ihm vor, als ob sie geahnt hätten, durch den Krieg für längere Zeit getrennt zu werden. Manchmal glaube er, es habe so kommen müssen und es sei gut für sie beide.

Wahrscheinlich wollte Hartnagel mit dieser Bemerkung der Trennung von Sophie, die ihn bedrückte, einfach nur eine tröstliche Seite abgewinnen. Doch Sophie faßte den Satz ganz anders auf – etwa so, als wollte Hartnagel sich von ihr distanzieren, wovon keine Rede sein konnte. Jedenfalls klang ihre Erwiderung abweisend. Entfernung und Zeit würden nicht wie Nähe und Zusammensein binden, antwortete sie am 5. Januar 1940. Dauernde Nähe mache sie schwach. Sie werde ihm nicht nachgeben, betonte sie weiter. Und für den Fall, daß dies doch geschehe, sollte er wissen, daß sie schwach gewesen sei.

Alles hatte Hartnagel erwartet, nur nicht eine solche Reaktion. Welchen Sinn hatte es noch, sich weiter zu schreiben? Jetzt stellte auch er die Freundschaft in Frage. Wenn er nur noch eine Last für sie sei, dann solle sie keine Rücksicht mehr auf ihn nehmen und das tun, was sie für richtig halte. Alles andere würde für beide nur noch Qual bedeuten.

Fünf Tage später unternahm Sophie Scholl einen neuen Anlauf, ihre Einstellung Hartnagel gegenüber zu erläutern. Die Frage, ob die Bindung an ihn nicht bereits zu eng geworden sei, ließ ihr keine Ruhe. Erneut ging es um Nähe und Distanz bis hin zu einer möglichen Trennung. In Gedanken hatte sie den Brief schon unzählige Male verfaßt, ihn aber nicht wirklich zu Papier gebracht. Die Beziehung einfach zu beenden, dazu konnte Sophie sich nicht durchringen. Denn sie hatte

Angst vor der Leere, die einem solchen Schritt notgedrungen folgen würde, Angst auch vor dem »Verzicht auf Wärme«[40], der damit verbunden wäre. Sie fürchte sich auch vor ihm, denn es sei ihre Schuld gewesen, daß es »so weit« kam. Und sie fürchte sich noch immer – ein Satz, der Hartnagel erschreckt haben muß. Ihre eigentliche Sorge war, in ihrem Freund etwas zu wecken und großzuziehen, wie sie sich ausdrückte, das eines Tages umkommen müsse.

Begriffe wie Schuld oder Furcht wollte Fritz Hartnagel wiederum nicht gelten lassen. Er sah sich aber außerstande, die von Sophie gewünschte Klarheit herzustellen. Er bedankte sich für ihre Offenheit und sprach sich für ein freies und ungebundenes Verhältnis aus.

Sophie Scholl schickte Fritz Hartnagel weiterhin Päckchen, versorgte ihn mit Büchern und ließ ihn teilhaben an so alltäglichen Dingen wie dem Winterwetter in Schwaben. Die Landschaft war vor Kälte erstarrt. Das Thermometer sank an manchen Tagen auf minus 20 Grad, und das bei einem klaren, herrlich blauen Himmel und einer Sonne, die strahlend über den Häusern stand. »Dann entzündet sich der Schnee, der auf den Dächern liegt, man kann mit offenen Augen nicht hinschauen.«[41]

Fritz Hartnagel erfuhr auch, daß Sophie erstmals in dem Strickkleid, das er ihr in Worpswede gekauft hatte, im Theater gewesen sei. Die Leute hätten sie angestarrt, so daß ihr ganz unbehaglich zumute geworden sei. Und noch etwas war ihr wichtig mitzuteilen: Von den Theaterbesucherinnen hätte außer ihr nur noch eine andere junge Frau glatte Haare wie sie getragen, und zwar Similde Valet, eine Klassenkameradin, die Hartnagel aus der Tanzstunde kannte.

Die Truppen der Deutschen Wehrmacht wurden überall in Bewegung gehalten, auch die, die bislang vom Fronteinsatz verschont geblieben waren. Die staatliche Propaganda ließ keinen Zweifel daran, daß der Angriff auf Polen nur der Anfang gewesen war und jederzeit ein neuer »Blitzkrieg« geführt werden konnte. Die Briefe von Hartnagel enthalten gelegentlich entsprechende Andeutungen, etwa bei der Beschreibung eines Abendhimmels, der ihn an eine holländische Landschaft erinnere. Vielleicht gebe es bald Gelegenheit, sie in Wirklichkeit zu sehen. Doch vor April 1940 rechnete Hartnagel nicht mit einem Angriff.

Das Datum für die Westoffensive war mehrfach verschoben worden. Anfang 1940 hatte Hitler den 17. Januar als Angriffstermin bestimmt. Doch dann durchkreuzte der sogenannte »Mechelen-Zwischenfall« den Plan. Ein deutsches Flugzeug mit zwei Luftwaffenoffizieren an Bord, die genaue Angriffspläne mit sich führten, mußte in der Nähe des belgischen Ortes Mechelen notlanden. Aus den Unterlagen ging hervor, daß eine bevorstehende Westoffensive unter Mißachtung der belgischen und niederländischen Neutralität geplant war. Somit war auch der Januartermin nicht zu halten gewesen.

Für Sophie Scholl und Fritz Hartnagel stiegen die Chancen für ein Wiedersehen. Und Sophie machte bereits wieder Pläne, unabhängig von ihren Auseinandersetzungen – wie es ihre Art war: spontan, begeistert und für einen Augenblick alles andere vergessend. Unter der Voraussetzung, daß ihre Schwester Elisabeth mitfuhr, hatten die Eltern dem Skiausflug zugestimmt. Sophie wollte endlich richtig Skilaufen lernen, und zwar von Fritz Hartnagel, der sich auf den Brettern selbst unter schwierigsten Schneebedingungen sicher bewegte.

Hartnagel hatte sich inzwischen an den Kasernenalltag in Düsseldorf gewöhnt. Im Offizierskasino spielte er gelegentlich Klavier, vor allem wenn er allein war. Das Klavierspielen hatte er sich selber beigebracht. Mit dem ihm zugeteilten Leutnant Pfeiffer sang er manchmal Lieder aus der Zeit der »Bündischen Jugend«, der Pfeiffer ebenfalls angehört hatte. Eine Zeitlang versammelten die Offiziere sich auch zum Roulette. Der Höchsteinsatz lag bei 10 Pfennigen. Hartnagel hatte eine solche Glückssträhne, daß er sich vornahm, so lange zu spielen, bis er den Gewinn wieder eingebüßt hatte. Als Sophie sich eines Tages erkundigte, ob er immer noch spiele, konnte Hartnagel sie beruhigen. Statt Roulette spielten sie jetzt Tischtennis. Am 4. Februar 1940 wurde Fritz Hartnagel 23 Jahre alt. Am Morgen, als er die Schreibstube betrat, gratulierten ihm die Unteroffiziere und Mannschaften des Stabes. Seinen Schreibtisch schmückte ein großer Blumenstrauß.

Zur selben Zeit steckte Sophie Scholl in den letzten Vorbereitungen zum Abitur. Allzu ernst nahm sie das Ganze nicht. Ihre Freizeitaktivitäten änderten sich kaum. Sie absolvierte wie bisher ihre Klavierstunden und besuchte Konzerte. Vor allem Bach gefiel ihr. Er bedeute ihr immer mehr, schrieb sie ihrer Freundin Lisa Remppis. Mitte März 1940 bestand Sophie Scholl ohne große Mühe ihre Reifeprüfung.

Kurz vorher unternahm sie zusammen mit Fritz Hartnagel einen viertägigen Skiurlaub. Beide hatten kaum zu hoffen gewagt, daß der Ausflug noch zustande kommen würde. Sie genossen die wenigen Tage. Sophie schwärmte anschließend ihrer Schwester Elisabeth gegenüber: »Wir haben sonntags eine große Tour gemacht, über Gemstal- und Hochalppaß. Es war arg verharscht, gefährlich auch ein bißchen und vor allem anstrengend. Wir hatten aber über Mittag herrliches Wetter. Ich bin im Badeanzug aufgestiegen ... Es war bisher meine schönste Fahrt.«[42] Unmittelbar danach drängte Sophie Scholl ihren Freund auf eine Fortsetzung der Skiferien gleich im Anschluß an das Abitur. Bis zur Abschlußfeier rechnete sie sich fünf freie Tage aus, die sie mit Hartnagel verbringen wollte. Ein einziges Mal solle er sich an die Devise halten: »Sophie vor Pflicht (bzw. Dienst)!«[43]

Fritz Hartnagel wünschte sich ein weiteres Zusammensein mindestens genauso ungeduldig wie seine Freundin. Er war nach Düsseldorf zurückgekehrt. Doch interessierte ihn der Dienstbetrieb überhaupt nicht mehr. Viel lieber sah er den Amseln draußen im Garten zu, statt der Einweisung von Leutnant Pfeiffer zu folgen, was diesen sichtlich kränkte. Die Aussichten auf weitere freie Tage standen recht gut.

Zunächst hieß es jedoch, wieder einmal Koffer packen, da ein Wechsel nach Gelsenkirchen bevorstand. Dort landete er mitten in einem ärmlichen Industrieviertel, das einst von den Kommunisten beherrscht wurde. Der Anblick eines heruntergekommenen Arbeiterbezirks war für Hartnagel offenbar neu. In düsteren Farben schilderte er die Verhältnisse, unter denen die Menschen leben mußten.

Er nahm Quartier in einem Waisenhaus, das von katholischen Schwestern betreut wurde. Sein Weg zur Schreibstube führte ihn täglich durch eine große Werkshalle. Die Arbeiter dort kamen ihm vor »wie eingesperrte Raubtiere«[44], als würden sie im nächsten Augenblick aufspringen und ihm die Tressen von den Schultern reißen.

Auch der zweite gemeinsame Kurzurlaub zwischen dem 13. und 19. März 1940 wurde zu einem Erlebnis, von dem beide noch lange zehrten. Die Bedingungen zum Skilaufen waren ausgezeichnet. Sie unternahmen weite Touren oder sonnten sich bei glasklarem Himmel im »blendenden Schnee«. Die Briefe, die sie sich danach schrieben, sind voller Harmonie und tiefer Gefühle. Von der Abiturfeier berichtete Sophie, nach Ansicht ihrer Mitschülerinnen habe sie dagesessen »wie grad vom Himmel runter. So kam ich mir auch vor. Im Himmel war's arg schön gewesen oder nicht?«[45]

Ähnliches wußte Fritz Hartnagel mitzuteilen. Ein Oberleutnant habe gemeint, Hartnagel hätte sich ganz verändert seit seinem Urlaub, er sei viel aufgeschlossener und menschlicher geworden. Um so mehr bedrückte ihn die Aussicht, dies könnte auf lange Zeit der letzte gemeinsame Urlaub gewesen sein. Aus diesem Grunde nahm er sich vor, beim Kommandeur noch einmal für die ganze Einheit einen Heimaturlaub durchzusetzen, bevor der Krieg auch für sie Ernst wurde. Denn Sophie war ihm jetzt wichtiger als alles andere.

4

Konflikte

Fritz Hartnagel sollte recht behalten. Im April 1940 befahl Hitler den nächsten Überfall, allerdings nicht, wie allgemein angenommen, auf die westlichen Nachbarn. Vielmehr fielen die deutschen Truppen am 9. April in Dänemark und Norwegen ein. Dänemark wehrte sich nicht lange, so daß die Wehrmacht sich bald auf Norwegen konzentrierte. Nach der Besetzung der Häfen von Oslo, Bergen und Trondheim leisteten die Norweger heftigen Widerstand. Sie wurden von britischen und französischen Einheiten unterstützt, doch vergebens. Am 10. Juni 1940 kapitulierte auch Norwegen.

Einen Monat zuvor, am 10. Mai, hatte der Westfeldzug gegen Belgien, die Niederlande und Frankreich begonnen. Obwohl die drei Länder das Datum des Angriffs vorher erfahren hatten, und zwar durch Hans Oster von der deutschen »Abwehr«, dem militärischen Nachrichtendienst, reagierten sie nicht. Oster, einer der Köpfe des militärischen Widerstandes, hatte die Angriffspläne an den niederländischen Militärattaché in Berlin verraten. Angesichts der deutschen Schlagkraft gaben zuerst die Niederlande auf. Belgien wurde kampflos besetzt. Fritz Hartnagel war bis zum Beginn des Westfeldzuges weiterhin in Gelsenkirchen stationiert.

Die Ausweitung des Krieges auf Nord- und Westeuropa belastete die Beziehung zwischen ihm und Sophie Scholl aufs neue. Während alle Welt Hitlers Angriffslust bestaunte, rechnete Sophie mit dem Schlimmsten. »Die Tage, da ich nur mit leichten Gedanken bei Dir war, scheinen mir schon so lange vergangen.«[46] Inständig wünschte sie sich noch einmal ein Treffen mit Hartnagel zu Pfingsten. »So eigennützig bin ich. Manchmal graut mir vor dem Krieg. Und alle Hoffnung auf eine bessere Zukunft will mir vergehen.«

Sophie setzte die von ihr geliebte Natur gegen die von Menschen ausgeübte Gewalt. Einem Päckchen an Hartnagel legte sie die Zeilen bei: »Ich will Dir heute nicht viel schreiben, ich will auch nicht schreiben, wovon alle Welt spricht (in sehr verschiedener Weise). Am liebsten würde ich Dir Frühlingsgeschichten erzählen... Über den Wald, die Wiese, das Wasser und uns beide.«[47] Als vorsorglichen Rat fügte sie hinzu: »Und werde nur kein hochmütiger, gleichgültiger Leutnant. (Entschuldige!) Aber die Gefahr, gleichgültig zu werden, ist groß.«

Warum sie glaube, er könne ein hochmütiger oder gleichgültiger Offizier werden, wollte Fritz Hartnagel bald darauf von Sophie wissen. Er versuchte, ihre Befürchtungen zu zerstreuen, indem er ihr das Ergebnis seines Lernprozesses mitteilte. Vielleicht übertreibt er etwas, wenn er bekennt, daß er am liebsten den Offiziersberuf mit dem eines Landstreichers tauschen würde. Das ganze System von Befehl und Gehorsam, Drill und Ehrenbezeugung war ihm plötzlich zuwider.

Stück für Stück sollte Hartnagel sich in den nächsten Wochen und Monaten innerlich von seinem Beruf entfernen. Das Nachdenken über seine Rolle als Offizier lenkte ihn in eine neue Richtung mit einem noch unbekannten Ziel. Hartnagel war bereit, sich bei diesem Prozeß von Sophie leiten zu lassen. Dafür brauchte er ihre Nähe. Er zählte die Tage bis zum Beginn seines Pfingsturlaubs, der vom 8. bis zum 18. Mai 1940 stattfinden sollte. Zusammen mit ihr wollte er eine Fahrradtour an den Bodensee unternehmen, um dort den Frühling zu erleben.

Von dem geplanten Pfingsturlaub blieb jedoch wegen des bevorstehenden Westfeldzuges nur ein Tag übrig, der 9. Mai

1940, Sophies Geburtstag. Tags darauf mußte Hartnagel an die Front. Zeit für ein Gespräch über all das, was die beiden am liebsten direkt und nicht nur in ihren Briefen diskutieren wollten, blieb in dieser kurzen Zeit anscheinend nicht.

»Heute vor einer Woche wurde ich neunzehn«, schrieb Sophie am 16. Mai 1940. »Weißt Du es noch, wie wir diesen Tag beschlossen haben? Was hat sich inzwischen bei Dir ereignet? Es ging alles so sehr schnell. Auch Dein Abschied auf dem Bahnhof.«[48] Sie bedauerte, wieder auf Briefe angewiesen zu sein, statt direkt mit ihm reden zu können. »Denn unsere Gedanken sind so verschieden, daß ich mich manchmal frage, ob dies denn so nebensächlich ist, was doch eigentlich eine Grundlage für Gemeinschaft sein sollte. Aber dies alles soll nun weggeschoben sein. Denn nun, da Du und ich nicht der Freundschaft und der Kameradschaft bedürfen, sondern der Liebe, nun ist es wirklich Nebensache.«

Ob er noch zum Lesen komme, erkundigte sie sich, und ob er noch an etwas anderes denke als an seinen Kriegseinsatz? »Ich wünsche Dir sehr, daß Du diesen Krieg und diese Zeit überstehst, ohne ihr Geschöpf zu werden. Wir haben alle unsere Maßstäbe in uns selbst, nur werden sie zu wenig gesucht. Vielleicht auch, weil es die härtesten Maßstäbe sind.«

Die von Hartnagel geführte Nachrichteneinheit gehörte zu den Truppen, die zu Beginn des Westfeldzuges in die Niederlande einmarschiert waren. Dabei erlebte er zum erstenmal die brutale Wirklichkeit des Krieges. Die Stadt Breda in der Provinz Nordbrabant, die seine Einheit passierte, war durch Bombenangriffe weitgehend zerstört worden.

In seinem Brief vom 18. Mai 1940 – Hartnagel befand sich inzwischen weiter südlich in der Nähe von Tournhout in Nordbelgien – schilderte er ein Erlebnis, das ihn und seine Leute um Haaresbreite das Leben gekostet hätte. Etwa 50 Meter vor einer Brücke mußte seine Einheit wegen einer Reifenpanne anhalten. Die Soldaten, die das defekte Rad austauschten, schimpften über die Verzögerung, als plötzlich – ein Bauer mit seinem Fahrzeug überquerte gerade die Brücke – ein Sprengkörper explodierte. Unter großem Getöse stürzte sie in die Tiefe. Der Bauer wurde durch die Luft geschleudert und fiel in unmittelbarer Nähe der deutschen Soldaten zu Boden. Er war sofort tot. Kurz darauf erschien seine Frau und erblickte voller Entsetzen den zerfetzten Körper ihres Mannes. Als Hartnagel den Vorfall niederschrieb, lief im Radio ein Stück von Mozart, und er fragte sich, warum nicht alle Menschen diesem Menuett zuhören konnten, statt sich gegenseitig zu verstümmeln und umzubringen.

Von Belgien aus rückte Hartnagel mit seiner Einheit weiter in Richtung Frankreich vor. Der Anblick zerstörter Dörfer und Städte bedrückte ihn mehr und mehr. Ganze Stadtteile waren niedergebrannt, die Zivilbevölkerung geflohen. Jetzt wohnten deutsche Soldaten in ihren Häusern.

Im belgischen Bastogen belegte Hartnagel in einer Klosterschule das Zimmer einer Madelaine Verstaeten, deren Kleider noch im Schrank hingen. Obwohl Plünderung unter Todesstrafe stand, nahmen deutsche Soldaten immer wieder Wertsachen mit. Fast täglich warnte Hartnagel seine Leute, sich nicht an Hab und Gut der Bevölkerung zu vergreifen.

Erstmals begegnete Hartnagel einem Treck von Tausenden von französischen Kriegsgefangenen. Die Soldaten waren geschwächt und ausgehungert. Aus einer natürlichen Hilfsbereitschaft heraus gab er, der deutsche Besatzungsoffizier, einem Franzosen einen Laib Brot, ohne zu ahnen, daß er damit einen Streit unter den Gefangenen auslöste. Nur mit Mühe konnte er bei seinen geringen Französischkenntnissen durchsetzen, daß das Brot einigermaßen gerecht verteilt wurde.

Gegen Ende Mai 1940 erreichte Hartnagel nach einem längeren Marsch die nordfranzösische Stadt Cambrai nahe der belgischen Grenze. Mit seinem Stab kam er in einem Château unter, das, einer Wasserburg ähnlich, von einem Graben und einem großen Park umgeben war. Die Besitzer waren geflohen.

Von hier aus unternahm Hartnagel Fahrten nach Lille, Amiens und Arras und sah erneut, welche Spuren die inzwischen beendeten Kämpfe hinterlassen hatten: Kolonnen von erschöpften und ausgehungerten Flüchtlingen, geplünderte Geschäfte, ausgebrannte Armeefahrzeuge, stinkende Pferdekadaver. Manchmal lagen tote Soldaten am Straßenrand, deren Anblick ihm oft noch Tage im Gedächtnis haftenblieb.

Hartnagels Schilderungen von seinem Einsatz an der Westfront bestätigten Sophie Scholl nur noch mehr in ihrer ablehnenden Haltung dem Krieg gegenüber. In ihren Briefen versuchte sie manchmal, »alle Gedanken an den Krieg zu verbannen«[49], aber es gelang ihr nicht. Was sie durch ihren Freund vom Schlachtfeld erfuhr, machte sie mutlos und wütend zugleich. Manchmal gerate sie in die Versuchung, die Menschheit als eine »Hautkrankheit der Erde« zu betrachten, bekannte sie. Aber nur manchmal, wenn sie sehr müde sei und die Menschen so groß vor ihre stünden, schlimmer als Tiere.

Daß zunehmend auch ihre Freundschaft und Liebe zu Fritz Hartnagel auf den Prüfstand kam, zeigt ihr Brief vom 29. Mai 1940. Darin versuchte Sophie Scholl, sich über ihre Gefühle Hartnagel gegenüber klarzuwerden. Sie schrieb von ihrer Angst und wollte wissen, ob er abends manchmal an sie denke. »Wir kennen uns viel zuwenig, ich bin sehr viel schuld daran. Ich hatte dies Gefühl immer und war zu bequem, es zu ändern. Du sollst nicht glauben, daß uns dies trennt, denn ich bemühe mich sehr, bei Dir in Gedanken zu sein, Dich nur noch zu halten. Aber ich glaube auch nicht, daß dies im Krieg keine Rolle spielt. Ein schweres Ereignis ist kein Grund, sich gehenzulassen.«

In seiner Antwort gab Hartnagel ungewollt Anlaß für eine neuerliche Auseinandersetzung. Dabei meldete er lediglich milden Widerspruch an, indem er unter dem Datum 8. Juni 1940 feststellte, ihr Denken sei nicht so verschieden, wie es manchmal den Anschein habe. Hartnagel sah sich selber in zwei verschiedenen »Atmosphären«[50] leben, und zwar der der Pflichten als Soldat und in der Beziehung zu Sophie. So fühle er sich gezwungen, sich auch mit der Gegenseite auseinanderzusetzen.

Sophie Scholl ließ diese Erklärung nicht gelten: »Ich glaube es zu gerne, daß Du mir, wenn wir auf weltanschauliche, und davon schlecht zu trennen, politische Gespräche kommen, nur aus Opposition widersprichst. Ich kenne dies, man tut es sehr gerne. Ich aber habe nie aus Opposition gesprochen, wie Du vielleicht auch heimlich glaubst, im Gegenteil.«[51] Sie nehme immer noch etwas Rücksicht auf seinen Beruf, an den er gebunden sei, weswegen er vielleicht auch Zugeständnisse mache. Und dann kam Sophie zum entscheidenden Punkt: »Ich kann es mir nicht vorstellen, daß man etwa zusammenleben kann, wenn man in solchen Fragen verschiedener Ansicht, oder doch zumindest verschiedenen Wirkens ist.«

Noch einmal unternahm Hartnagel den Versuch, seine Vorstellungen vom Soldatenberuf zu erklären. Weder das NS-Regime noch die NSDAP wollte Hartnagel als Kronzeugen gegen seinen Berufsstand gelten lassen. Man dürfe zum Beispiel auch das Christentum nicht nur nach denen beurteilen, die sich selber als Christen bezeichneten. Für Hartnagel bestand die Aufgabe als Offizier weniger darin, junge Menschen an der Waffe auszubilden, als vielmehr in der Erziehung zu den soldatischen Tugenden. Darunter verstehe er Bescheidenheit, Treue, Gottesfurcht, Verschwiegenheit und Unbestechlichkeit.

Sophie Scholl widersprach vehement. Nach ihrer Ansicht war die Unredlichkeit und Unwahrhaftigkeit im Beruf des Soldaten angelegt. »Soviel ich Dich kenne, bist Du ja auch nicht so sehr für einen Krieg, und doch tust Du die ganze Zeit nichts anderes, als Menschen für den Krieg ausbilden. Du wirst doch nicht glauben, daß es die Aufgabe der Wehrmacht ist, den Menschen eine wahrhafte, bescheidene, aufrechte Haltung beizubringen.«[52] Den Vergleich mit dem Christentum wollte sie nicht gelten lassen: »Ich glaube, ein Mensch kann auch Christ sein, ohne grade Kirchenmitglied zu sein. Überdies ist ein Christ nicht gezwungen, anders zu sein, als es seine Hauptforderungen verlangen.«

Daß Fritz Hartnagel sich dieser Argumentation letztlich nicht entziehen konnte, schilderte er mir in Anwesenheit seiner Frau Elisabeth 1979 in seiner Stuttgarter Wohnung. Er sprach von dem schweren Entschluß, den die Freundin ihm, dem Berufssoldaten, im Krieg abverlangte: »Was die Politik anging, so war von uns beiden Sophie die Tonangebende. Nur zögernd und widerwillig fand ich mich bereit, ihren Gedanken zu folgen. Es bedeutete einen gewaltigen Sprung für mich, mitten im Krieg zu sagen: ›Ich bin gegen diesen Krieg.‹ Oder ›Deutschland muß diesen Krieg verlieren.‹ Aber nicht nur Sophie, auch ich hatte im Laufe der Jahre eine Menge gesehen, was mich nachdenklich stimmte.«[53]

Von seiner Idealvorstellung eines Soldaten mußte Hartnagel sich trennen – das wurde ihm immer deutlicher. Die Realität des Dritten Reiches war eine ganz andere. Der Kadavergehorsam, der Eid auf den »Führer«, der bedingungslose Gefolgschaft einforderte, vor allem aber der Rassenwahn führten zu verbrecherischen Angriffskriegen, die in der Geschichte ohne Beispiel waren. In diesem Gefüge suchte Hartnagel Würde und Anstand zu wahren – ein Unterfangen, das ihn in große Konflikte stürzte. Was er später freimütig einräumte – Sophie hatte von Anfang an die bessere Einsicht, während er sich Schritt für Schritt ihrer Erkenntnis anzunähern versuchte.

5

Tiefpunkt einer Beziehung

Nach ihrer Reifeprüfung im März 1940 hätte Sophie Scholl am liebsten gleich mit dem Studium der Biologie und Philosophie in München begonnen. Voraussetzung dafür war jedoch ein halbjähriger Einsatz beim Reichsarbeitsdienst. Der RAD sicherte dem Regime billige Arbeitskräfte, die wegen des Krieges immer knapper wurden.

Um dem Pflichtdienst zu entgehen, hatte Sophie Scholl sich beim Fröbel-Seminar für Kindergärtnerinnen in Ulm angemeldet. Das Seminar selbst, das im Mai begann, und das damit verbundene Praktikum in einem Ulmer Kinderheim bedeuteten für sie eine erhebliche Umstellung. Sophie mochte Kinder, aber der tägliche Umgang mit ihnen in der Gruppe war ihr fremd. Die neue Aufgabe nahm sie überaus ernst. Sie verfaßte Beurteilungen einzelner Schützlinge und dachte beispielsweise darüber nach, weshalb Kleinkinder im Sprechen zurückgeblieben waren.

Auch diese Beschreibungen zeigen, wie genau Sophie Scholl beobachten und wie exakt sie formulieren konnte. Sich selbst klammerte sie bei diesen Betrachtungen nicht aus. Sie sei noch nicht »ausgeruht« und nicht geduldig genug, um mit Kindern umzugehen, meinte sie an einer Stelle.

»Wenn ich Dir berichten wollte, welche reine Freude mir die Kinder machen, dann müßte ich lügen. Beinahe jedes Kindergesichtchen drückt schon so mächtig aus, was es zu werden verspricht. Und das sind ebensolche Menschen, wie es jetzt gibt. Aber noch haftet an den meisten der kindliche Schmelz, den wir lieben, weil wir ihm nachtrauern.«[54] Das Befreiende an der Arbeit sei, daß sie einen voll und ganz beanspruche, daß man nachher vollständig ausgepumpt sei. »Aber – und dies ist gut – leer ist man nachher nicht.«

Auch wenn die Kinder sie stark forderten, so verfolgte sie doch mit großer Aufmerksamkeit den näher rückenden Krieg. Am 11. Mai 1940 flog die britische Luftwaffe erstmals nächtliche Angriffe gegen Städte wie Dortmund, Essen, Hamm, Aachen und Hannover. Als Paris am 14. Juni 1940 kampflos von deutschen Truppen besetzt wurde, erhielt Sophie im Kinderheim einen freien Tag. Zum Waffenstillstand bemerkte sie: »Es hätte mir mehr imponiert, sie hätten Paris verteidigt bis zum letzten Schuß, ohne Rücksicht auf die vielen wertvollen Kunstschätze, die es birgt...«[55]

Ihre Verachtung galt auch Italien, das am 10. Juni 1940 Frankreich noch den Krieg erklärt hatte und zwei Wochen später, am 24. Juni, also unmittelbar nach dem Waffenstillstand von Compiègne, den Krieg mit dem Nachbarland beendete. »Wenn ich nicht wüßte, daß ich wahrscheinlich viele ältere Leute überlebe, dann könnte mir manchmal grauen vor dem Geist, der heute die Geschichte bestimmt.«

Sophie Scholl brachte der Sommer 1940 noch einige unbeschwerte Ferientage, bevor sie am 10. August für das Fröbel-Seminar ein zweites Praktikum, und zwar in Bad Dürrheim bei Donaueschingen, antreten mußte. Die freie Zeit nutzte sie zu Fahrradtouren in die Umgebung von Ulm, zusammen mit ihrer Schwester Inge und ihrer Lieblingsfreundin Lisa Remppis.

Insgesamt vier Wochen war Sophie Scholl im Kindersanatorium Bad Dürrheim tätig, das von einem 70jährigen ehemaligen Major und dessen 45jähriger Frau geleitet wurde. Zusammen mit anderen Praktikantinnen betreute sie Kinder und Jugendliche im Alter zwischen zweieinhalb und siebzehneinhalb Jahren, die unter Magen- und Darmerkrankungen sowie Asthma litten. Besonders mit den Älteren hatte Sophie anfangs einige Mühe. Auch die sonstigen Bedingungen strapazierten ihre Geduld. Ihr ohnehin kleines Zimmer mußte sie mit einem hysterischen Mädchen teilen, das nachts ohne Grund laut auflachte, wenn es nicht gerade schnarchte.

Doch bald gewöhnte sich Sophie an die Arbeit und ihre Umgebung. Ihre knapp bemessene Freizeit nutzte sie zum Briefeschreiben und Malen. Sie experimentierte mit Pastellfarben, die ihre Schwester Inge geschickt hatte. Erstmals traute sie sich, mit dieser neuen Technik Motive aus der Natur zu malen, nachdem sie sich zuvor ausschließlich an Menschen versucht hatte.

Nach Beendigung ihres Praktikums fuhr Sophie Scholl von Bad Dürrheim aus nach Leonberg zu ihrer Freundin Lisa Remppis. Der Abschied von den Kindern und Jugendlichen fiel ihr sogar schwer. Denn die meisten hatte sie liebgewonnen. So konnte sie diesen Abschnitt ihrer Ausbildung mit einem guten Gefühl beenden. Am 16. September wartete dann das Fröbel-Seminar in Ulm wieder auf sie.

Für Fritz Hartnagel bedeutete das Ende der Kämpfe in Frankreich vor allem größere Bewegungsmöglichkeiten. Er befand sich Ende Juni 1940 in Calais, etwa 14 Kilometer von der Kanalküste entfernt. Von dort aus unternahm er Fahrten nach Dünkirchen und Paris. Lagebesprechungen der Besatzungstruppen führten ihn auch nach Nordholland. Die Niederlande unter deutscher Besatzung – Fritz Hartnagel versetzte sich in die Lage der unterdrückten Nachbarn und äußerte Sophie gegenüber die Hoffnung, daß dieses Volk von Individualisten nicht allzu sehr unter den Einfluß der Nationalsozialisten gerate.

Seitdem starke Kampfverbände der deutschen Luftwaffe

am 10. Juli 1940 erstmals Ziele in England angegriffen hatten, war jede Hoffnung auf ein baldiges Ende des Krieges zunichte gemacht worden. In den darauf folgenden Wochen ließ Hitler die Vorbereitungen für eine Landung in Großbritannien beschleunigen. Die Operation »Seelöwe« machte allerdings deutlich, daß die »Blitzkrieg«-Taktik nicht mehr aufging. Für eine Landung fehlte es an Seetransport-Kapazitäten und am erforderlichen Flottenschutz. Zudem beherrschten die deutschen Kampfflieger nicht den Luftraum über England. Jede Angriffswelle der Deutschen stieß auf massive britische Gegenwehr. Mit seiner »Weisung Nr. 17« versuchte Hitler am 1. August 1940, den Luft-See-Krieg gegen Großbritannien voranzutreiben. Zwölf Tage später begann die Luftschlacht um England. Großbritannien griff daraufhin in der Nacht zum 26. August 1940 mit 81 Flugzeugen erstmals Berlin an. Die geplante Invasion Englands durch die Deutsche Wehrmacht scheiterte.

Hartnagel und seine Nachrichteneinheit verblieben weiterhin in Wartestellung. In ihrer Stabsstelle unweit von Calais vertrieben die Offiziere sich die Zeit mit Doppelkopf-Spielen und Schach. Als Oberleutnant gehörte es zu den Aufgaben Hartnagels, den Warennachschub zu organisieren. Er unternahm dazu ausgedehnte Einkaufsreisen nach Amsterdam und brachte von dort große Mengen Zigaretten, Kaffee, Tee und zentnerweise Schokolade mit. Da in Deutschland schon an vielem Mangel herrschte, konnte er auch für seine eigenen Angehörigen und für die Familie Scholl Süßwaren, Lebensmittel und Wäsche einkaufen. Der Schrecken des Krieges, den er zuvor noch hautnah erlebt hatte, rückte vorübergehend in den Hintergrund.

Im Spätsommer 1940 gab es allerdings gleich zwei Anlässe, die den latenten Konflikt zwischen Sophie Scholl und Fritz Hartnagel wieder aufleben ließen und ihre Beziehung erneut in Frage stellten. Hartnagel ging noch einmal auf das heikle Thema »Soldatentum« ein. Von Sophie wollte er wissen, »was für Dich Sinn und Zweck eines Volkes ist«[56]. Erst wenn das geklärt sei, könne man über den Soldatenberuf und die heutige Zeit urteilen. Die Antwort fiel unmißverständlich aus. Sie nahm weder Rücksicht auf seine Situation noch auf seine Gefühle für sie.

»Die Stellung eines Soldaten dem Volk gegenüber ist für mich ungefähr die eines Sohnes, der seinem Vater und seiner Familie schwört, in jeder Situation zu ihm oder zu ihr zu halten. Kommt es vor, daß der Vater einer anderen Familie Unrecht tut und dadurch Unannehmlichkeiten bekommt, dann muß der Sohn trotz allem zum Vater halten. So viel Verständnis für Sippe bringe ich nicht auf. Ich finde, daß immer Gerechtigkeit höher steht als jede andere, oft sentimentale Anhänglichkeit.«[57]

Hartnagel mußte Sophies Antwort als Belehrung und Zurechtweisung empfinden, wenngleich er sich ihrer Logik letztlich nicht entziehen konnte. In dieser Zeit gewann er überhaupt mehr und mehr den Eindruck, daß er sich sinnlos an Sophie binde, daß er sich schon längst in einer Sackgasse befinde. Elisabeth Hartnagel glaubt, daß Fritz Hartnagel in gewisser Weise von Sophie abhängig war. Im Gespräch berichtet sie, nach dem Tod ihres Mannes habe sie bei der Lektüre seiner Briefe an Sophie eine Seite von ihm kennengelernt, die sie vorher nicht kannte, »einen verletzlichen, von Sophie fast abhängigen Menschen. Meine Schwester besaß einen wirklich eigenen Willen. Mit zunehmender Dauer der Freundschaft hat Fritz sich sehr um Sophie bemüht.«[58]

Im ständigen Hin und Her ihrer Beziehung und durch die räumliche Trennung wuchs jedoch die Entfremdung. In dieser Situation lernte Hartnagel bei einer seiner Reisen nach Holland Anfang September in einem Café in Amsterdam eine

Jugoslawin kennen. Es war eine jener Zufallsbekanntschaften, wie sie für andere Soldaten selbstverständlich waren, nicht jedoch für Fritz Hartnagel. Nach dem ersten Treffen verabredeten sie sich erneut.

Am 19. September 1940 rang er sich dazu durch, Sophie Scholl von der Begegnung zu berichten. »Wir haben uns am andern Tag getroffen und, ohne daß wir viel gesprochen haben, uns schnell gefunden.«[59] Hartnagel wollte sich Sophie gegenüber nicht rechtfertigen. Vielmehr sollte sie verstehen, wie es dazu gekommen war. Ein Satz von ihr kam ihm beim Schreiben ins Gedächtnis: »Love is the sense of the life.« Sein Versuch, von Sophie loszukommen, mißlang jedoch. Nach der Affäre in Amsterdam wurde seine Sehnsucht nach ihr nur noch stärker.

Wenig später hielt Sophie diesen Brief in der Hand. Noch am selben Tag formulierte sie ihre erste Reaktion. Sie machte ihm keine Vorwürfe. Statt dessen erinnerte sie Hartnagel an seine Verantwortung für die Frau und korrigierte ihn: »The love is the sense of the world – manchmal möchte ich es glauben. Wie wenige aber haben das erfaßt oder, wenn sie es erfaßt haben, handeln danach.«[60] Schließlich riet sie Hartnagel in einem sarkastischen Ton, seinen Heimaturlaub zu nehmen, solange dies möglich sei. Das Kriegsende solle er lieber nicht abwarten. Das liege zu fern.

Im Oktober 1940 wurde der Heimaturlaub tatsächlich kurzfristig genehmigt. Die Tage in Ulm verliefen jedoch offensichtlich nicht so, wie beide es erhofft hatten. Sophie meinte anschließend, Hartnagel sei zu kurz gekommen, es sei ihre Schuld. Sie wünschte ihm, daß er in seinem Kreis nette Menschen finde, auch manchmal ein weibliches Wesen (»man muß ja nicht gleich lieben«[61]).

In den folgenden Tagen und Wochen richtete Sophie Scholl weitere Briefe an Fritz Hartnagel. Zwischendurch fragte sie, ob sie kein Recht habe, von ihm eine Antwort zu erhalten. Hartnagel erwiderte, er brauche Zeit, die innere Leere zu überwinden und an irgend etwas Freude zu empfinden. Vielleicht könnte sie verstehen, was es heiße zu unterdrücken, was ihm lange Zeit das größte Glück gewesen sei.

Sophie Scholl versuchte daraufhin, ihm klarzumachen, daß es sich um eine grundsätzliche Auseinandersetzung handelte. »Es ist der Kampf, den ich selbst führe, den Du auch haben wirst, nicht zurückzusinken ins Wohlbehagen, in Herdenwärme, ins Spießbürgertum. – Ist es da nicht ein Halt und ein Trost, wenn man sich nicht ganz allein weiß? Oder vielmehr fühlt.«[62] Auch wenn er sich in dieser Auseinandersetzung sehr verlassen fühle und es ihr noch so weh tue, sie könne ihm nicht helfen. »Ich kann Dir nur raten, Dich emporzuraffen (wie lächerlich das klingt) ... Lieber Fritz, halte mich doch nicht für gedankenlos. Hart sein ist viel schwerer als weich werden. Wenn ich Dir nur etwas zuliebe tun könnte, was Dir und mir hilft. Magst Du mir noch schreiben?«

Sophie, die Suchende, die Unerbittliche, die Werbende, die Zärtliche und Hartnäckige – Hartnagel erlebte in diesen Briefen alle Seiten der Freundin, die ihm durch ihre Unnachgiebigkeit fremd geworden war. Offensichtlich war sie es jetzt, die von ihm nicht loskommen konnte oder wollte, denn kurze Zeit später unternahm sie einen weiteren Versuch, Hartnagel aufzumuntern und sein Schweigen zu brechen.

»Hier auf dem Münsterplatz erlaubt sich der Wind so lustige Witze, daß man dumm wäre, wenn man nicht lachen würde. Und wenn ich hinausgehe, dann macht er mir meine ganze Frisur (an der ja ohnehin nicht viel ist) zuschanden ... Hoffentlich kommt er auch zu Dir, der Wind, und holt Dich ein bißchen hinaus, daß Du gar nicht mehr anders kannst als Dich freuen, am Wind und an Dir, weil Du es bist, an dem der Wind so herrliche Gefühle auslöst.«[63] Falls er Wut auf sie habe, dann solle er sie dem Wind oder ihr zuschreien, aber nicht in sich hineinfressen.

Einen Tag später bat sie ihren Freund, wenn möglich, Schuhe für ihre Mutter zu besorgen – Größe 40, möglichst breit und dehnbar, denn sie besitze nur noch ein Paar, das bereits abgelaufen sei.

Einem solchen Anliegen konnte Hartnagel sich nicht verschließen. Allmählich löste er sich aus seiner inneren Erstarrung und schickte einige Zeilen nach Ulm. Für ihn war sein Verhältnis zu Sophie und damit auch er selbst an einem »Null-Punkt angelangt«[64]. Er verglich sich mit den anderen Freunden von Sophie Scholl und kam zu der deprimierenden Feststellung, er wisse nichts und könne nichts. Sein Minderwertigkeitsgefühl diesem Kreis gegenüber war nach wie vor stark und ließ ihn nicht los.

Die Lektüre von Hermann Hesses *Weg nach Innen* verhalf ihm zu einer bitteren Erkenntnis: Zwei Menschen, die sich wohlgesonnen sind, verstehen einander nicht. Sie quälen sich, und alles Reden und alle Vernunft bewirken nur neue Qualen, neue Stiche und neue Irrtümer. So sah Hartnagel auch seine Situation, die ihn in die Verzweiflung trieb.

Erneut lieferte er sich Sophie aus. Am liebsten würde er sein Innerstes nehmen und sagen: »Hier, das bin ich. Nimm es oder wirf es weg, wenn es Dir nicht gefällt. Oft falte ich die Hände, wenn ich in meinem Bett liege. Und da ich nicht weiß, zu wem ich beten soll, so bete ich zu Dir, liebe, liebe Sophie – – – –«[65]

Auf diesen Brief reagierte Sophie kalt und abweisend. Er baue sich in Gedanken etwas, was in Wirklichkeit nicht sein könne, warf sie ihm vor. Das sei gefährlich. Warum er sich nicht auf sich selbst besinne. »Suche Dir doch einen höheren Trost als Träume. Wenn Dir meine Briefe Berechtigung zu diesen Träumen gegeben haben, dann sind sie falsch, unrecht ausgedrückt oder mißverstanden.«[66] Er solle sie nicht dazu verleiten, etwas als richtig Erkanntes aufzugeben und einem Gefühl nachzugeben, dessen Ziel und Ende sie nicht absehen könne. Nach ihrer Ansicht wäre es besser, ein Mönchsdasein zu führen, statt sich von Gefühlen und Begehren leiten zu lassen. »Du hältst mich für hart, unbarmherzig. Ich glaube nicht, daß ich das bin.« Offen bekannte die Freundin sich dazu, Fritz Hartnagel leiten zu wollen und ihn auf das hinzuweisen, was für sie an der menschlichen Existenz erstrebenswert sei.

Grundlage für eine Versöhnung ist dieser Brief wahrlich nicht. »Ich will Dir schreiben, weil Du mir schreibst, wenn ich auch nicht weiß, warum Du das tust.«[67] So begann die Antwort Hartnagels, die in dem Satz gipfelte: So unfaßbar es auch sei, er sehe keinen Weg mehr zu ihr. »Wahrscheinlich sagst Du, das sollst Du auch nicht, such Dir den Weg zu höheren Dingen.«

Sophie Scholl aber blieb unnachgiebig. Die Verantwortung für die Krise in ihrer Beziehung schob sie Hartnagel zu. Allerdings war sie nicht bereit, von sich aus einen Schlußstrich zu ziehen und alle Brücken abzubrechen. Zumindest die Briefverbindung wollte sie aufrechterhalten. Zugleich sprach sie sich dafür aus, Geduld miteinander zu haben. Dann könnten sie den Weg zueinander finden, als Menschen, nicht anders.

Die Beziehung von Sophie Scholl und Fritz Hartnagel hatte sich gegen Ende des Jahres 1940 zu einem Knäuel verwickelt, das kaum noch zu entwirren war. Politische Gegensätze, Meinungsverschiedenheiten über den Krieg und die Rolle, die Hartnagel darin spielt, belasteten ihre Freundschaft, für die es keine klare Perspektive mehr gab. Sophie Scholl verweigerte sich einer engen Zweierbeziehung, suchte gleichzeitig beharrlich den Kontakt zu ihm und vertrat im übrigen ihre Auffassung zum Krieg hart und unnachgiebig.

Das Jahr 1940 ging ohne eine Versöhnung zu Ende. Fritz Hartnagel hätte ab dem 26. Dezember zehn Tage Heimaturlaub nehmen können, aber er verzichtete darauf und blieb bei seinen Soldaten in Calais. Am 27. Dezember blickte er zurück. Er habe ein neues Verhältnis zu ihr gesucht, stellte er fest. Doch ihre Reaktion empfinde er als Ablehnung. Wenn es jedoch nichts Verbindendes mehr zwischen ihnen gebe, dann wolle er ihr auch nicht weiter schreiben. Er forderte sie auf, die Ungewißheit zu beenden und das zu tun, was sie für zwingend erachte. Er würde es ihr nie übelnehmen, auch wenn er es nicht begreifen könne.

Fritz Hartnagel war tief verletzt. Sophie hatte ihm mit ihrer rigiden Haltung zum Krieg den Boden entzogen und verweigerte jede Hilfe bei seinem Versuch, sich neu zu orientieren. Die Beziehung der beiden erreichte damit ihren Tiefpunkt. Außer der Tatsache, daß sie sich überhaupt noch schrieben, gab es wenig Verbindendes mehr. Aber keiner von beiden besaß die Kraft, die Trennung auch wirklich zu vollziehen.

6

Das Schicksalsrad meiner Kinder

Daß die Verbindung zwischen Sophie Scholl und Fritz Hartnagel nicht ganz abriß, dafür sorgte zunächst Magdalene Scholl. Vermutlich nicht zufällig verfaßte sie am 1. Januar 1941 einen längeren Brief an Fritz Hartnagel. Ähnlich wie ihr Mann Robert Scholl schätzte sie Hartnagel als geradlinigen, ehrlichen und bescheidenen jungen Mann. Nach einer kurzen Schilderung der Weihnachtsfeiern im Kreis der Familie in Ulm schrieb sie:

»Zum neuen Jahr möchte ich Ihnen die Hand reichen und von Herzen alles Gute wünschen. Gott segne und behüte Sie auch im feindlichen Land und beim Bombenhagel. Wenn wir auch sonst nicht kriegstüchtig sind, so dürfen doch die Gebete der Mutter nicht fehlen. Das möchte ich auch, da es das einzige ist, womit ich das Schicksalsrad meiner Kinder bewege.«[68]

Und dann kam Magdalene Scholl zu ihrem eigentlichen Anliegen: »Ich will still zurückstehen, aber wachen Auges, sonst nichts. Ich möchte aber trotzdem fürs neue Jahr den Wunsch aussprechen, daß Sie Sophies Wandergenoß bleiben möchten. Vielleicht hat sie ein etwas ruheloses Blut. Ich möchte Ihnen aber keinerlei Pflichten auferlegen. Ein treuer Freund ist wie eine Mauer, hinter der man vor allem Möglichen bewahrt wird.«

Behutsam übernahm Magdalene die Rolle der Vermittlerin. Wie einen Sohn hatte sie Fritz Hartnagel aufgenommen. Und jetzt wollte sie ihn nicht verlieren. Sie war die stille Autorität in der Familie Scholl. Nur in besonders wichtigen Situationen meldete sie sich zu Wort. Ansonsten wirkte Magdalene Scholl im Hintergrund.

Kurz darauf unternahm Sophie Scholl ebenfalls den Versuch, die Beziehung zu Fritz Hartnagel zu retten. In ihrem Brief vom 6. Januar 1941 sprach sie sich dafür aus, Geduld miteinander zu haben. Von ihrer grundsätzlichen Haltung wich sie allerdings auch jetzt nicht ab: Ihre ganze Liebe aber an einen Menschen zu hängen oder vielmehr sich ganz mit ihm zu teilen, das bringe sie jetzt nicht fertig. Ob es denn nötig sei, wollte sie wissen. Deshalb müsse man kein Einsiedlerleben anstreben, fuhr Sophie fort und schloß mit der Bemerkung, sie hoffe, er sei in seinem Urteil über sie nicht härter als sie selbst.

Der Briefwechsel kam wieder in Gang. Auch Fritz Hartnagel bemühte sich, den Kontakt nicht abreißen zu lassen, wenngleich er seltener schrieb als sonst. Seine Briefe haben wieder einen offenen, ruhigen Ton. Er erzählte vom Alltag in seiner Stabsstelle in Calais, wo die Nachrichteneinheit nach wie vor stationiert war.

Als Fritz Hartnagel eine Zeitlang wieder nichts von sich hören ließ, erinnerte Sophie ihn daran, wie sehr ihr eine Nachricht von ihm fehle: »... ich habe das Gefühl, als wärest Du es müde, mir zu schreiben. Zu müde dazu. Du hast es mir ja auch einmal geschrieben, daß Du müde bist. Könnte ich Dir nur ein bißchen helfen durchzuhalten. Aber das kannst Du allein. Man kann so viel.«[69]

Sie erzählte von ihren Plänen nach der Prüfung als Kindergärtnerin. Bevor sie zum Reichsarbeitsdienst eingezogen würde, wolle sie Ski laufen. »Vielleicht hast Du noch einmal die Gelegenheit, in die Nähe von Ulm zu kommen. Dann teile mirs schnell mit!«

Die Gelegenheit bot sich – für beide völlig überraschend – schon in der zweiten Februarhälfte. Hartnagel hielt sich über eine Woche in Ulm auf. Fast täglich traf er sich mit Sophie. Zumeist holte er sie vom Unterricht im Fröbel-Seminar ab. Ausführlich sprachen sie über ihre Konflikte und Meinungsverschiedenheiten.

Als Hartnagel am Morgen des 21. Februar Ulm verließ, stand Sophie noch ganz unter dem Eindruck seines Besuchs. Sie kam zu spät zum Unterricht, weil sie zu Hause Unterlagen vergessen hatte. In der Schule wirkte sie wie aufgedreht. Erst auf dem Heimweg nahm sie richtig wahr, daß Hartnagel nicht mehr da war. »Alle Tage vorher wartete nach der Schule ein Abend mit Dir auf mich, jetzt nimmer, komisches Gefühl. Ich hatte mich schon zu sehr an Deine Wärme gewöhnt. Das ist auch eine Gefahr.«[70]

Offensichtlich hatten die beiden sich ausgesprochen und eine Ebene der Verständigung gefunden. »Leb' Dich gut ein, denk an mich, auch an das, was wir gesprochen haben und was mir so wichtig ist. Verzeih' mir auch alles, was ich Unrechtes an Dir getan habe, auch während Deines Urlaubs.« Schließlich nannte sie einige Namen von Schriftstellern, deren Bücher sie zur Lektüre empfahl, vor allem von katholischen Autoren: »Paul Claudel, Francis Jammes, Georges Bernanos...«

Fast täglich richtete Sophie Scholl in den folgenden Wochen einige Zeilen an Fritz Hartnagel. Auch diese Briefe machen deutlich, daß beide die Krise in ihrer Beziehung zunächst überwunden hatten. »Ich bin in Gedanken auch öfters bei Dir als sonst... Denn ich weiß ja, daß ich auf Dich bauen kann, daß Du mich liebst. Deshalb müssen wir uns ja nicht binden. Ich merke, wie ich Dich von neuem, anders, liebgewinne.«[71]

Liebe ohne feste Bindung, Liebe ohne Besitzansprüche und Liebe zu einem höheren Wesen – darauf dürften sich die beiden in Ulm verständigt haben. Was ihr persönliches Verhältnis angeht, so hatte sich damit Sophie offenbar auf der ganzen

Linie durchgesetzt. Und dennoch fühlte sich auch Fritz Hartnagel erleichtert, gleichsam wie von einer schweren Last befreit. Ihm schien es, als tue sich eine neue Welt des Denkens und Handelns auf, die er gemeinsam mit Sophie betreten wollte. Zugleich stellte er fest, daß auch sie offenbar auf ihn angewiesen war und sie in ihrer Beziehung ein Stück vorangekommen waren.

Aus seinem Urlaub in Ulm war Hartnagel vorzeitig zurückgerufen worden. Angeblich stand die Verlegung seiner Einheit unmittelbar bevor, aber tatsächlich verzögerte sie sich um mehr als zwei Wochen. Über Münster fuhr er am 21. Februar 1941 zunächst nach Amsterdam, um den Warennachschub für die Truppe zu organisieren, und dann weiter nach Calais.

In den Briefen, die Hartnagel von dort schrieb, ist von langweiligen Tanz- und Herrenabenden, von Aufführungen des Frontkinos und sinnlosen Saufgelagen die Rede. Hartnagel schilderte auch eine Auseinandersetzung mit einem neu eingestellten Truppenarzt, der die Erschießung von in Frankreich gefangen genommenen Farbigen durch die SS befürwortete. Er selber nannte dies Mord und brach die Diskussion mit dem Mediziner ab, bevor sie in einen größeren Streit ausartete.

Anfang März 1941 bestand Sophie Scholl ihr Examen als Kindergärtnerin. Bald darauf, am 17. März, trat sie ihr Praktikum im Ulmer Säuglingsheim an. Ihre Hoffnung, ein Jahr nach dem Abitur endlich das Studium der Biologie und Philosophie an der Universität in München aufnehmen zu können, erfüllte sich nicht. Im Gegenteil: Die NS-Behörden erkannten das Fröbel-Seminar und die abgeleisteten Praktika in den Kinderheimen nicht als Ersatz für den Reichsarbeitsdienst an. Somit war auch sie gezwungen, dem NS-Regime zu dienen. Am 6. April 1941 zog sie die Uniform des RAD an und begann in einem Wasserschloß in Krauchenwies bei Sigmaringen an der oberen Donau ihren RAD-Dienst. Das aus dem späten 16. Jahrhundert stammende Anwesen mit seinem englischen Park war 1940 als Lager für den Reichsarbeitsdienst von Frauen eingerichtet worden.

Sophie fügte sich schnell in das Unvermeidliche. Das »Akklimatisieren«, wie sie es nannte, gelang ihr immer besser. »Ich habe mich in dieser Anpassungsfähigkeit schon so weit geübt, daß ich heute nicht länger als fünf Minuten mit dem R.A.D. mich geärgert habe und daß Fräulein Kretschmer am Ende meiner Schulzeit als auffallendstes Merkmal an mir meine Unberührtheit gefunden hat. Vielleicht deckt es meine Launenhaftigkeit während Deines Urlaubs ein bißchen, wenn ich Dir die zwei Zeilen von einem Moritatenverschen der Schulabschlußfeier schreibe: ›– stets ist sie (S. Scholl) lustig aufgelegt, nichts hatte sie jemals erregt.‹ Ich bin selbst ein bißchen platt über das Bild, das ich solchen Leuten gebe.«[72]

Dennoch wurden die folgenden sechs Monate für Sophie manchmal zur Qual. Anfangs machten ihr Heimweh und Kälte zu schaffen. Vor allem aber gingen ihr der Drill, die Schikanen ihrer Vorgesetzten und oft auch das dümmliche Geschwätz der anderen Mädchen auf die Nerven und strapazierten ihre Geduld und Anpassungsfähigkeit.

Bitter beklagte sie sich über ihre Führerin, die die Mädchen nur als »Arbeitsmaiden« ansprach und auch so behandelte: »Manchmal möchte ich sie anschreien: Ich heiße Sophie Scholl, merken Sie sich das!«[73] Zu den anderen Mädchen hielt Sophie Scholl bewußt Distanz. Nur zu einigen wenigen gewann sie ein freundschaftliches Verhältnis.

Mitte März 1941 war Fritz Hartnagel von Calais nach Münster verlegt worden. Dort sollte die Nachrichteneinheit neu organisiert und als Teil einer Kompanie anschließend an die Front geschickt werden. Am 1. April 1941 wurde Oberleutnant Hartnagel zum Zugführer ernannt und an der Spitze der Nachrichteneinheit in Richtung Süddeutschland in Marsch gesetzt. Bei der ersten Zwischenstation in Regensburg informierte er in einigen hastigen Zeilen seine Freundin über die Reise »mit unbekanntem Ziel«[74]. Er rechnete mit einem Einsatz in Südosteuropa. Ihre Briefe würden dann wohl seltener werden, meinte er. Aber die Sorge, sie könnten sich deswegen entfremden, hatte er nicht.

Fritz Hartnagel meldete sich erst wieder, als sich sein Zug auf dem Vormarsch durch Jugoslawien befand. In dem ungarischen Dorf Nagy-Kamisza südlich vom Plattensee war die Einheit entladen worden und hatte sich dann mit ihren Fahrzeugen auf den Weg gemacht. Gleich die erste Nacht verbrachten die Soldaten bei bitterer Kälte und Schneegestöber auf der Straße. Da der Küchenwagen ausgefallen war, gab es nichts zu essen. Bei Barcs überschritten sie die jugoslawische Grenze und nahmen Kurs auf Sarajevo. Von dort ging es weiter nach Vucovar an der Donau. Wo ihr Freund sich aufhielt, erfuhr Sophie meistens erst Wochen später, wenn die Feldpost sie erreichte.

Der Vormarsch durch Jugoslawien war eine Strapaze und beanspruchte fast ständig alle Sinne. »Nur manchmal nachts, wenn wir zwischen Schlamm eingekeilt standen und warteten, bis es wieder ein Stück weiterging, wenn mein Kraftfahrer neben mir eingeschlafen war und wenn ich dann tief in meinen Mantel eingekrochen war, dann war auch Raum für andere Gedanken.«[75]

In Vucovar wurde schließlich haltgemacht. Aber schon Ende April/Anfang Mai 1941 wurde Hartnagel zu einer Offiziersbesprechung nach Ostpreußen gerufen. Nach einer Autofahrt quer durch die Masuren meldete er sich aus dem Ort Treubürgen. Was die nächste Zukunft bringen werde, sei noch nicht ganz klar, berichtete er und fügte vielsagend hinzu, er glaube kaum, daß es sich nur um einen Ausflug nach Ostpreußen handele. Es folgten Bahnfahrten nach Graz und Breslau. Schließlich landete Hartnagel am 4. Mai 1941 in Zagreb, der Hauptstadt Kroatiens, die von den Nationalsozialisten »Agram« genannt wurde. Dort zog er sich in ein leeres Klassenzimmer zurück, um Sophie endlich wieder ausführlich zu schreiben.

Mitten in dieser Odyssee sah sich Hartnagel wieder einmal gezwungen, auf bohrende Fragen seiner Freundin einzugehen. Sophie wollte wissen, welche grundsätzlichen Zweifel ihn in religiösen Dingen bewegten. Diese Frage berührte den unterschwelligen Streitpunkt der beiden, die Sexualität, auf die Hartnagel vorher nie so explizit eingegangen war. Er könne nicht verstehen, antwortete er, Gott habe dem Menschen einen Leib gegeben, und zwar einen lustvollen Leib, um ihn in Versuchung zu führen, um ihn von Anfang an in Widerstreit zu setzen zwischen Leiblichem und Geistigem. Welch ein grausamer Gott das sein müsse! Ob es gottgewollt sei, wollte er wissen, daß der Mensch durch Sünde gezeugt werde. Bei Augustinus hatte Hartnagel einen Satz entdeckt, den er kurz darauf Sophie übermittelte: »Es kann niemand enthaltsam sein, es würde ihm denn durch Gott gegeben.«[76] Die Frage, die sich für ihn daraus ergab, lautete, ob ihre Mühe – gemeint war die der Enthaltsamkeit und Entsagung – nicht nutzlos sei.

Daß Fritz Hartnagel Kirchenlehrer wie Augustinus, Thomas von Aquin und Thomas Moore zitierte, kam nicht von ungefähr. Er, der liberale Protestant, der sich vorher nie mit religiösen Themen beschäftigt hatte, setzte sich unter dem Einfluß von Sophie Scholl mit dem Urchristentum auseinander. Zum Ulmer Freundeskreis gehörte von Anfang an auch Otl Aicher, ein engagierter Katholik mit künstlerischen Neigungen. Er brachte »eine ganz neue Note mit, den Katholizismus«, berichtet Elisabeth Hartnagel. »Otl war schon als Jugendlicher ein orthodoxer Katholik. Körperliche Liebe war absolut tabu. Davon ist auch Sophie beeinflußt worden.«[77]

In der Tabuisierung der körperlichen Liebe lag auch ein Grund für den schwelenden Konflikt zwischen den beiden. In den Grundfragen des Lebens überantwortete Hartnagel sich gewissermaßen Sophie Scholl. Aus ihrer Verbindung sei mehr geworden als eine »gefühlsmäßige Zuneigung«[78], schreibt er an Sophie. Er empfinde sie in all seinen Zweifeln als eine tröstliche Zuflucht, als Quelle für neuen Mut und neue Kraft und wolle glauben, daß es eine höhere Macht sei, die ihm durch sie vermittelt werde.

Später erklärte Hartnagel seine Hinwendung zum Christentum auch mit der Unterdrückung der Religion im Dritten Reich. »Während des Krieges, aber auch vorher schon, bot das Christentum einen gewissen Halt. Nirgends sonst konnte man sich so offen aussprechen wie unter gleichgesinnten Christen – ich meine nicht die bigotten, sondern die nachdenklichen Christen.«[79]

Mitte Mai 1941 kehrte Hartnagel nach Münster zurück, wo er sich erneut in den engen Dienstbetrieb einer Kaserne einfügte – allerdings nur für kurze Zeit. Denn nach knapp zwei Wochen erhielt er einen neuen Marschbefehl. Wiederum ging es per Bahn in Richtung Osten, denn der Angriff Hitler-Deutschlands auf die Sowjetunion stand unmittelbar bevor. Für ein Wiedersehen mit seiner Freundin blieb keine Zeit mehr.

Die Briefe, die Sophie Scholl in der Zeit vom 31. März 1941 bis zum 4. November 1942 an Fritz Hartnagel gerichtet hat, existieren – von wenigen Ausnahmen abgesehen – nicht mehr. Fritz Hartnagel hat dazu nach dem Krieg folgende Anmerkung gemacht: »Die restlichen Briefe aus dem Jahre 41 und 42 sind verlorengegangen. Einige wenige sind während der Einschließung von Stalingrad zurückgegangen. Dann noch einige, die mich im Lazarett in Lemberg erreichten.«[80]

Darüber, wie sich die Beziehung der beiden in der folgenden Zeit entwickelte, geben also in erster Linie die Briefe von Fritz Hartnagel Auskunft. Außerdem werden wie bisher Tagebuchaufzeichnungen von Sophie Scholl sowie die Briefe, die sie an ihre Eltern, Geschwister und Freundinnen gerichtet hat, ausgewertet. Auch die Angaben ihrer Schwester Inge aus den 1970er Jahren und die Informationen, die ihre Schwester Elisabeth in jüngster Zeit gegeben hat, eignen sich, das Bild von Sophie Scholl, vor allem, was ihren Weg in den Widerstand angeht, zu vervollständigen.

7

Sonntag, den 22. Juni 1941

In das Gedächtnis von Russen, Weißrussen, Ukrainern und anderen Nationalitäten der damaligen Sowjetunion ist das Datum 22. Juni 1941 tief eingeprägt. Diejenigen, die den sogenannten »Großen Vaterländischen Krieg« überlebten, erzählten später noch oft von diesem Sonntag, der sommerlich warm war, der zur Fahrt ins Grüne einlud, zur Gartenarbeit und zum Beerensammeln. Und dann platzte in diese Ruhe um die Mittagszeit die Radioansprache von Außenminister Wjatscheslaw Molotow hinein, der mitteilte, Deutschland habe ohne jede Vorwarnung die Sowjetunion angegriffen.

Am Morgen des 22. Juni 1941 überschritten 153 Divisionen der Deutschen Wehrmacht – zusammen mit Verbänden aus Finnland, Rumänien und Ungarn – die Grenze zur Sowjetunion. Das Unternehmen »Barbarossa« begann. Hitler hatte mit seiner Weisung Nr. 21 »Fall Barbarossa« vom 18. Dezember 1940 bestimmt, die Vorbereitungen für den Ostfeldzug »bis zum 15. Mai abzuschließen«. Die Wehrmacht sollte noch »vor Beendigung des Krieges gegen England Sowjetrußland in einem schnellen Feldzug« besiegen.

In weiteren Weisungen und Befehlen regelte Hitler die »Sonderaufgaben« der SS und die »Ausübung der Gerichtsbarkeit« in den besetzten Gebieten. Schließlich formulierte er den berüchtigten »Kommissar-Befehl«, wonach politische Kommissare der Roten Armee nach der Gefangennahme »grundsätzlich sofort mit der Waffe zu erledigen« seien – eine klare Verletzung des Völkerrechts. Für Einsatzgruppen des

Chefs der Sicherheitspolizei und des Sicherheitsdienstes (SD) und die Wehrmacht wurde zudem eine enge Zusammenarbeit verabredet.

Der Auftakt des Ostfeldzuges schien Hitlers Einschätzung zu bestätigen. Der Überfall – ohne vorherige Kriegserklärung und unter Bruch des Deutsch-Sowjetischen Nichtangriffspaktes – traf die Sowjetunion völlig unvorbereitet. Die Soldaten der Roten Armee waren schlecht ausgerüstet und durch Stalins »Säuberungen« an der Spitze verunsichert und geschwächt. Der sowjetische Diktator hatte in einer Art Verfolgungswahn viele seiner Kommandeure umbringen lassen.

Obwohl Großbritannien und die USA der UdSSR ihre Unterstützung zusicherten – die Lieferung von Kriegsmaterial erforderte Zeit. Schon im Herbst 1941 hatten die deutschen Truppen und ihre Verbündeten das Baltikum und weite Teile der Ukraine und Weißrußlands besetzt. Die Wehrmacht eilte von Sieg zu Sieg. Nach den Kesselschlachten bei Bialystok in dem von der Sowjetunion besetzten Teil Polens und in Minsk am 9. Juli 1941 blieben 320 000 Rotarmisten als Kriegsgefangene zurück. Einen Monat später gerieten bei Smolensk 310 000 sowjetische Soldaten in deutsche Kriegsgefangenschaft. Und am 2. Oktober lieferten sich beide Seiten bei Wjasma und Brjansk, ebenfalls im Smolensker Gebiet, eine Schlacht, die mit der Gefangennahme von weiteren 630 000 sowjetischen Soldaten endete. Mehr als die Hälfte von ihnen kam in den folgenden Monaten durch Hunger und Seuchen ums Leben.

Fritz Hartnagel war weit nach Weißrußland transportiert worden. Die Panzertruppe, zu der seine Nachrichteneinheit gehörte, nahm am Angriff auf Minsk, die Hauptstadt der Sowjetrepublik Belarus (Weißrußland), teil. Zum erstenmal erlebte Hartnagel das ganze Ausmaß von Zerstörung und Gewalt, das mit dem Ostfeldzug einherging.

Nach der Kesselschlacht von Minsk ging es unaufhörlich weiter in Richtung Osten. Zumeist wurde nur für eine Nacht Quartier aufgeschlagen. Hartnagel versah häufig den Nachtdienst in der Nachrichtenzentrale. Von Lepel aus, ostwestlich der Beresina, einem Nebenfluß des oberen Dnjepr in Weißrußland mit einer Kanalverbindung zur Düna, wandte er sich am 10. Juli 1941 in einem Feldpostbrief an Sophie. In den vergangenen drei Wochen habe er nur zwei Nächte durchgeschlafen. Die Müdigkeit lasse ihn nicht mehr los, und manchmal sei er nicht in der Lage, auch nur einen klaren Gedanken zu fassen.

Nächstes Ziel war die Stadt Vitebsk an der Düna. Die allgemeine Euphorie, daß der Krieg gegen die Sowjetunion schon bald gewonnen sei, teilte Hartnagel allerdings nicht. Er sah mit eigenen Augen, wie verbissen die Rote Armee kämpfte. Außerdem sagte ihm der Blick auf die Landkarte, daß die Entfernung bis Moskau noch etwa 700 Kilometer betrug.

Ende Juli 1941 erreichte er mit seinem Zug einen Ort etwa 100 Kilometer nördlich der russischen Gebietshauptstadt Smolensk am oberen Dnjepr. In die dreiwöchige Schlacht um diese für den weiteren Vormarsch auf Moskau wichtige Stadt war die Nachrichteneinheit nicht einbezogen worden. Vielmehr blieb sie in Wartestellung. Der Empfang durch die Bevölkerung des kleinen Dorfes nach dem Sieg der Wehrmacht überraschte Hartnagel. Die Bewohner waren zwar vor den Deutschen zunächst geflohen, doch dann kehrten die meisten zurück. Für die Soldaten schälten sie Kartoffeln und hackten Brennholz.

Das Aufeinandertreffen der deutschen Soldaten und der russischen Bevölkerung verlief während des Ostfeldzuges keineswegs immer so friedlich, wie Fritz Hartnagel es beschreibt. Zwar faßten die Menschen anfangs durchaus Vertrauen zu den deutschen Besatzungstruppen. Aber bald brach die Wirklichkeit dieses Krieges mit ihrem ganzen Schrecken über sie herein: Brennende Dörfer, zur Abschreckung an öffentlichen Plätzen erhängte Partisanen, Gruben, gefüllt mit den Leichen ermordeter Männer, Frauen und Kinder – wie das Jüngste Gericht mußte der Bevölkerung dieser Krieg vorkommen. Denn kaum waren die deutschen Armeen nach Weißrußland und in die Ukraine vorgestoßen, begannen hinter der Front die Einsatzgruppen mit ihrem Mordhandwerk.

»Unmittelbar habe ich davon nichts miterlebt«, sagte Hartnagel 1979 im Gespräch. »Aber auf meiner Heimfahrt aus Rußland unterhielt ich mich im Zug mit anderen Offizieren. Sie schilderten eine Massenerschießung von Juden, als sei es das Selbstverständlichste der Welt, Juden zu erschießen. Ich war zutiefst erschrocken, als ich solch ein Verbrechen zum erstenmal von Augenzeugen bestätigt bekam. Vorher hatte ich davon nur durch sogenannte Feindsender erfahren, und man wußte nicht, ob es sich um Propaganda oder Realität handelte. Nach dieser Begegnung war mir endgültig klar, daß Deutschland von einem Verbrecherregime regiert wurde.«[81]

Fritz Hartnagel zeigte sich beim Anblick der zerstörten Dörfer und Städte tief betroffen. Seine Feldpostbriefe unterscheiden sich deutlich von denen der meisten seiner Kameraden auf dem Ostfeldzug. In diesen findet die nationalsozialistische Propaganda vielfältigen Niederschlag – mit Begriffen wie »Glaube«, »Einsatzwille«, »Lebenskampf« oder »Schicksalskampf«. Die Einwohner werden als faul, dreckig, verlaust oder als »Sauvolk« beschimpft. Hartnagel dagegen empfand Mitleid mit der Zivilbevölkerung, und wenn er Armut und Elend benannte, degradierte er die Einwohner nicht zu Untermenschen. Nur selten unterlief ihm typisches NS-Vokabular.

In dem russischen Dorf nördlich von Smolensk nutzten die Soldaten die Wartezeit, um Kettenfahrzeuge und Lastwagen zu reparieren und technisch zu überholen. Hartnagel hoffte inständig, daß es bald weiterging, damit auch dieser Feldzug ein Ende finde. Manchmal ängstigte ihn dieses Rußland mit seinen riesigen Sümpfen und Wäldern und seinen endlosen und grundlosen Sandwegen, und er fragte sich unwillkürlich, wie sie je zurückkehren würden.

Hartnagels Dienst als Leiter des Funknetzes ging von zwölf Uhr mittags bis drei Uhr nachts. Anschließend schlief er, solange Hitze und Fliegen dies erlaubten. Er war entschlossen, sich »nicht in die große Maschinerie pressen zu lassen«, von der er auch Sophie bedroht sah. »Ich freue mich, bis alles vorbei ist – Dein Arbeitsdienst und mein ›Krieg‹.«[82]

Doch die Wartezeit in dem verlassenen Dorf zerrte an den Nerven. Der Herbst kündigte sich bereits an. Die Nächte waren zum Teil schon recht kühl, und als Unterkünfte standen den Soldaten nur Zelte zur Verfügung. Er selber übernachtete in seinem geländegängigen »Kübelwagen«. Das Fahrzeug betrachtete er quasi als sein mobiles Zuhause. Er liebte es, wenn der Regen aufs Dach prasselte und sich von innen an den Schreiben die Feuchtigkeit absetzte.

Seine freie Zeit nutzte Hartnagel manchmal zum Beerensammeln. Aber auch im Wald holte ihn der Krieg schnell wieder ein. Eines Tages vernahm er beim Pflücken Motorengeräusche und entdeckte am Himmel vier russische Maschinen, die direkt auf ihn zusteuerten. Er verkroch sich hinter Himbeerstauden und warf sich zu Boden. Zwischen dem lauten Zischen der vorbeifliegenden Bomben und ihrer Detonation vergingen nur Sekunden, doch Hartnagel empfand die Zeit als eine halbe Ewigkeit.

Von der anfänglichen Kriegsbegeisterung ist in Hartnagels Briefen nichts mehr zu spüren. Zu seinem Beruf gewann er eine immer größere Distanz. Der schlimmste Verlust dieses Krieges sei vielleicht, meinte er an einer Stelle, daß dieser den Menschen die Zeit nehme für die wesentlichen Dinge, und zwar für die Arbeit an sich selbst. Fritz Hartnagel hoffte inständig, noch vor Wintereinbruch Rußland verlassen zu können. Ihm graute davor, die kalte Jahreszeit dort verbringen zu müssen.

Für Sophie Scholl sollte die reguläre Arbeitsdienstzeit Anfang Oktober zu Ende gehen. Doch vier Wochen vorher erfuhr sie, daß der Einsatz um ein halbes Jahr verlängert werde, und zwar durch einen »Kriegshilfsdienst«. Sie war empört. Sie sei gewillt, jede einigermaßen erträgliche Krankheit oder sonst etwas auf sich zu nehmen, was sie von diesem Schicksal befreien könne, schrieb sie am 2. September 1941 ihrem Bruder Hans, der in München für sie bereits ein Zimmer suchte. Doch schon bald fügte Sophie sich dem Unvermeidlichen.

Zusammen mit einem Mädchen aus Thüringen entdeckte Sophie Scholl gegen Ende ihrer RAD-Zeit eine Möglichkeit, etwas Abwechslung in ihren trüben Alltag zu bringen. Sie ließen sich vom Pfarrer in Krauchenwies die Schlüssel zur kleinen Dorfkirche geben und spielten auf der Orgel Stücke von Händel und Bach. Nicht nur während der Woche, sondern auch an Sonntagen schlichen sich die beiden zum Orgelspielen in das Gotteshaus. Die Lagerleitung durfte davon nichts erfahren, denn Kirchenbesuche waren verboten. Bei der Kameradin aus Thüringen, die Sophie in mehreren Briefen erwähnt, handelt es sich um Gisela Schertling (geb. 1922), die später zum Münchner Studentenkreis gehörte, mit Hans Scholl befreundet war und im zweiten »Weiße Rose«-Prozeß mit angeklagt wurde.

Noch im August erhielt Sophie Scholl zur eigenen Verblüffung vom RAD Sonderurlaub, den sie in Ulm verbrachte. Anschließend erfuhr sie ihren neuen Einsatzort: Ab Oktober sollte sie in einem Kinderheim in Blumberg, einem Ort südwestlich von Donaueschingen, eingesetzt werden.

8

Nichts Trennendes mehr

Manchmal dachte Fritz Hartnagel weit in die Zukunft. Die Frage, was nach dem Krieg aus ihm werden würde, beschäftigte ihn im Herbst 1941 mehrfach. Vielleicht trug das Dorfleben dazu bei, daß er die Idee hatte, später abseits einer Stadt in einem Waldgebiet eine Hühnerfarm anzulegen. Die Aufzucht des Federviehs wollte er nach biologischen Gesichtspunkten vornehmen. Und der ganze Betrieb sollte nur so groß sein, daß er allein ihn bewirtschaften konnte. Für Sophie hatte Hartnagel auf der Farm zunächst keine aktive Rolle vorgesehen. Er plante, sie einzuladen und köstlich zu bewirten, und zwar mit einem Bauernfrühstück.

Der Krieg lenkte zumeist schnell von solchen Zukunftsträumen wieder ab und führte Hartnagel in die Wirklichkeit zurück, zum Beispiel am 2. September 1941, als er von seiner Versetzung erfuhr: »Oblt. Hartnagel morgen unbedingt zur Heeresgruppe Mitte zur Sonderverwendung.«[83]

Hartnagel nahm also Abschied von seinen Leuten, die weiter in dem russischen Dorf ausharrten und auf ihren Einsatzbefehl warteten. Zu seinem großen Erstaunen fand Fritz Hartnagel sich drei Tage später in Weimar wieder. Als er an Bord einer JU 52 das Kampfgebiet verließ, vernahm er noch das Getöse der Front. Nach der Landung in Ostpreußen wechselte er in einen D-Zug. Über Berlin gelangte er schließlich nach Weimar. Dort sollte Hartnagel eine Nachrichtenkompanie von etwa 230 Mann zur Verstärkung des deutschen Afrika-Korps in Libyen aufstellen. Zweifelsohne besaß er ein Organisationstalent, das ihm solche Aufträge einbrachte. Er rechnete fest mit einem neuen Einsatz innerhalb von zwei bis drei Wochen in Afrika.

Ohne Verzug machte er sich an die neue Aufgabe, damit alles rechtzeitig fertig wurde. Zur allgemeinen Überraschung wurde die Einheit jedoch nicht in Bewegung gesetzt, sondern verharrte in Weimar, und zwar von September 1941 bis April 1942. Wie sich später herausstellte, war sie schlicht vergessen worden. So kam es, daß Fritz Hartnagel ein halbes Jahr – abgesehen von der Zeit zu Anfang – relativ untätig in Weimar verbrachte.

In diesen Monaten rückten bei ihm der Krieg und alles Militärische in den Hintergrund. »Wir wollten ja nicht ständig morsen«, berichtete Hartnagel im Gespräch, »also haben wir angefangen, eine Volkshochschule aufzuziehen. Jeder, der ein Fachgebiet beherrschte, mußte Unterricht geben, zum Beispiel in Geschichte.«[84]

Noch etwas brachte der Standort mit sich: Fritz Hartnagel und Sophie Scholl konnten es einrichten, daß sie sich jetzt öfter sahen, zeitweise sogar jedes Wochenende – zunächst in Augsburg, Stuttgart, Konstanz und dann vor allem in Freiburg.

Am Samstagvormittag klinkte Hartnagel sich vom Dienst aus, wie er im Gespräch 1979 berichtete: »Mein Hauptfeldwebel hat den Fahrschein unterschrieben, und ich bin am Samstag um 11 Uhr mit der Bahn aus Weimar abgefahren und war dann abends zwischen 18 und 19 Uhr in Freiburg. Am Sonntagabend ging es zurück, so daß ich gegen Morgen in Weimar eintraf, um anschließend meinen Dienst anzutreten.«

Zumeist wurde er von Sophie an der Sperre, die damals jeder Bahnreisende passierte, abgeholt. Das Hotelzimmer hatte er von Weimar aus unter seinem Namen reserviert. Folgt man seinen Briefen, dann gab es am Empfang nie Komplikationen.

Manchmal trug er einen Ring. Nach diesen Wochenenden kam es schon einmal vor, daß er den Ring abzustreifen vergaß. Wenn die Situation es erforderte, sprach er von Sophie als seiner Braut – wohl wissend, daß er »einige unterirdische Puffer und Zwicker einstecken« müßte, sollte er es in ihrer Gegenwart tun. Sophie gab er für das nächste Treffen den Rat, falls sie früher in Freiburg sei, solle sie am Hotelempfang sagen, ihr Mann käme bald, und das Zimmer belegen.

In diesem halben Jahr erlebten beide die intensivste, glücklichste und engste Phase ihrer Beziehung – enger jedenfalls, als Sophie es sich anfangs vorgestellt hatte. Es waren zumeist unbeschwerte und ausgelassene Wochenenden. »Bei einem Treffen in Freiburg hat Sophie mich einmal mit Blumen bekränzt«, erzählte Hartnagel. »Sie mochte Blumen sehr gern, und wie wir da über eine Wiese gingen, pflückte sie Blumen, flocht einen Kranz daraus und setzte ihn mir auf den Kopf. Als wir weitergingen, dachte ich gar nicht mehr an den Kranz und setzte meine Mütze auf. Erst als wir in einem Lokal waren und ich meine Mütze abnahm, saß ich plötzlich da in voller Uniform mit einem Blütenkranz auf dem Haupt. Darüber hat sie sich köstlich amüsiert.«

Zugleich war es die Zeit, in der Hartnagel eine erstaunliche Hinwendung zu Gott vollzog. Bei ihren Begegnungen konnten beide ihre Meinungsverschiedenheiten austragen und Gemeinsamkeiten entwickeln. Sophie merkte, daß ihr Freund sich veränderte und trotz seiner Selbstzweifel eine größere innere Sicherheit gewann. Sie war es, die in diesen Gesprächen häufig religiöse Themen anschnitt, die aus ihrer Sicht mit den politischen eng verknüpft waren.

Als Sophie eines Tages mutmaßte, er beschäftige sich nur ihr zuliebe mit der Bibel, gab er ihr indirekt recht. Daß er seine Vorurteile gegenüber dem Christentum überwunden und, wie er sich ausdrückte, »die Suche nach der Wahrheit« aufgenommen hatte, sah er als ihr Verdienst an. Jedenfalls folgte Hartnagel Sophies Rat »Du mußt beten« mit einem solchen Eifer, daß sie gelegentlich überrascht reagierte.

»Gestern habe ich Fritz in Freiburg getroffen«, berichtete sie Lisa Remppis. »Er ist so aufgeschlossen, beinahe verwandelt (äußerlich merkt man es nicht, aber über seine Briefe bin ich manchmal erstaunt und beschämt).«[85] In früheren Briefen an ihre Freundin hatte Sophie Hartnagel manchmal kritisch gesehen und sich distanziert über ihn geäußert. »Ja, ich schäme mich immer mehr, daß er mir einmal lästig war, weil er vielleicht nicht so geistreich und eindrucksvoll ist wie andere. Ich glaube, er verwirklicht seine Erkenntnisse, soweit das einem Menschen in seiner Schwachheit möglich ist.«

Die Treffen und die daraus entstehende Nähe blieben nicht ohne Bedrückung. Manchmal quälte Hartnagel sich mit Selbstvorwürfen, vermutlich, weil sie Grenzen überschritten hatten, die Sophie gewahrt wissen wollte. Nach einer Begegnung Mitte Oktober in Augsburg ist in einem Brief von »schrecklichen Verfehlungen«[86] die Rede, von einem »Rückfall in alte Schwächen« sowie von einem »Abgrund«, aus dem es vielleicht durch ein gemeinsames Gebet einen Ausweg gebe.

In weiteren Briefen beklagte Hartnagel die eigene Unzulänglichkeit und verteidigte zugleich die »Sehnsucht nach der Liebe des anderen«[87]. An einer Stelle überlegt er, welchen Sinn die Liebe für den Geliebten habe, wenn das Verlangen nach ihr nur Schwäche sei. Kein Zweifel, Fritz Hartnagel befand sich in einem Zwiespalt. Einerseits mochte er sich nicht der christlichen Morallehre völlig unterwerfen, andererseits wollte er die Beziehung zu Sophie nicht aufs Spiel setzen.

Die Hinwendung ihres Mannes zum Christentum beschäftigt Elisabeth Hartnagel, seitdem sie den Inhalt seiner Briefe an Sophie kennt. Wie schon erwähnt, begann mit Otl Aicher die Diskussion über religiöse Themen. Aicher verschickte Aufsätze, empfahl Bücher und setzte sich in seinen Briefen mit theologischen Themen auseinander. »Er hatte großen Einfluß auf Inge und Sophie. Und um Sophie nicht zu verlieren, befaßte sich Fritz mit der Religion, den Kirchenvätern und vor allem mit Augustinus. Das hat sich bei meinem Mann erst nach dem Krieg wieder geändert, aber ganz ist er auch dann nicht mehr vom Christentum losgekommen.«[88]

Über Sophies innere Verfassung in dieser Zeit gibt ihr Tagebuch Auskunft. »Ich selbst, wem kann ich noch unter die Augen treten? Nur dem, der alles Schlechte an mir kennt. Alles zu bekennen, dafür bin ich zu feige. Gebt mir Zeit, mich zu bewähren.«[89] Und über ihre Liebe zu Fritz Hartnagel notiert sie in ihrem Tagebuch, das sich zu einer Art Seelenjournal entwickelt: »Wenn ich jemand mit allem guten Willen liebe, ich liebe ihn um Gottes willen, was kann ich Besseres tun, als mit dieser Liebe zu Gott zu gehen? Gebe Gott, daß ich Fritz auch in Seinem Namen lieben lerne.«[90] Und in einem Brief an Lisa Remppis charakterisiert sie ihren Freund, ohne ihn namentlich zu erwähnen. Zum Glück gebe es Menschen, die auch im Kommiß, soviel er sie leiden lasse, unabhängig seien im Innersten: »Das Freiburger Münster, ich habe es in den letzten Monaten oft besucht, es ist so schön und mir ist darin ganz warm zumute. Übermorgen werde ich wieder darin stehen, ich will Dir dann davon schreiben.«[91]

Obwohl er Sophie in diesen Monaten fast an jedem Wochenende sah, schrieb Fritz Hartnagel allein im Januar 1942 insgesamt 15 Briefe an sie. Die meisten sind nicht länger als ein oder zwei handgeschriebene DIN-A4-Seiten. Und in fast jedem Brief steht eine Liebeserklärung. Wenn der Dienst in Weimar, wo er nach wie vor stationiert war, ihn nicht gerade ablenkte, dann kreisten seine Gedanken und Gefühle nur um sie. Hartnagel zählte die Tage, bis sie sich wiedersehen konnten. Zu den Kameradschaftsabenden mit seinen Soldaten, die für ihn als Vorgesetzten Pflicht waren, mußte er sich regelmäßig zwingen. Eigentlich lebte er nur von einem Treffen zum nächsten. Alles andere interessierte ihn kaum noch.

Auch Sophie muß in dieser Zeit sehr häufig geschrieben haben. Mehrfach bestätigt Hartnagel den Eingang ihrer Post. Manchmal kam es bei der Zustellung zu Verzögerungen. Dann trafen in Weimar gleich mehrere Briefe ein, von denen Hartnagel dann wieder einige Tage zehren konnte.

»In diesem halben Jahr, als Fritz in Weimar stationiert war, haben sie sich oft getroffen und sind sich sehr nahe gekommen«, sagt Elisabeth Hartnagel. »Sie haben viel diskutiert – religiöse Themen, aber auch politische, vor allem über den Krieg.«[92]

Sophies Argumente gegen den Krieg verfehlten ihre Wirkung nicht. In meinem Gespräch mit Fritz Hartnagel im Jahre 1979 schilderte er, wie die Auseinandersetzung verlief:

»Für Sophie, die kein kalt berechnender Mensch war, sondern sehr gefühlvoll sein konnte, war bezeichnend, mit welch scharfem Verstand und mit welch logischer Konsequenz sie die Dinge zu Ende dachte. Dafür ein Beispiel: Im Winter 1941/42 wurde die Bevölkerung in Deutschland in einer großangelegten Propaganda-Aktion aufgefordert, Wollsachen und warme Kleidungsstücke für die Wehrmacht zu spenden. Die deutschen Soldaten standen vor Leningrad und Moskau und befanden sich in einem Winterkrieg, auf den sie nicht vorbereitet waren. Mäntel, Decken und Skier sollten abgeliefert werden. Sophie vertrat jedoch den Standpunkt: ›Wir geben nichts.‹

Ich kam damals direkt von der Front in Rußland. Ich sollte in Weimar eine neue Kompanie aufstellen. Als ich von Sophies harter Reaktion erfuhr, habe ich ihr vor Augen geführt, was eine solche Haltung für die Soldaten draußen bedeutete, die keine Handschuhe, keine Pullover und keine warmen Socken besaßen. Sie blieb jedoch bei ihrer unnachgiebigen Haltung und begründete sie mit den Worten: ›Ob jetzt deutsche Soldaten erfrieren oder russische, das bleibt sich gleich und ist gleichermaßen schlimm. Aber wir müssen den Krieg verlieren. Wenn wir jetzt Wollsachen spenden, tragen wir dazu bei, den Krieg zu verlängern.‹

Auf mich wirkte dieser Standpunkt schockierend. Wir diskutierten heftig. Mehr und mehr mußte ich jedoch einsehen, daß ihre Haltung nur konsequent war. Man konnte nur entweder für Hitler oder gegen ihn sein. War man gegen Hitler, dann durfte er diesen Krieg nicht gewinnen, denn nur eine militärische Niederlage konnte ihn beseitigen. Das hieß weiter: Alles, was dem sogenannten Feind nützte und uns Deutschen schadete, das allein konnte uns die Freiheit wiederbringen.«[93]

In der zweiten Januarhälfte 1942 wurde Fritz Hartnagel beauftragt, die Aufsicht über einen Skilehrgang in Oberhof im Thüringer Wald zu übernehmen. Diese Aufgabe empfand er als eine angenehme Abwechslung vom Kasernenalltag – mit dem einzigen Nachteil, daß er auf mindestens ein Wochenende mit Sophie verzichten mußte.

Eine weitere Unterbrechung ihrer Treffen ergab sich Anfang Februar 1942, als Hartnagel nach Rom abkommandiert wurde, um Erkundigungen über den weiteren Einsatz des Nachrichtenzuges einzuholen. Von Rom aus fuhr er nach Catania auf Sizilien. Die Italienreise vermittelte ihm viele interessante Eindrücke, jedoch keine Klarheit, was die künftige Verwendung seiner Einheit anging. Eine Entsendung nach Nordafrika, wo General Erwin Rommel die Briten zurückzudrängen versuchte, war jedenfalls bis auf weiteres nicht geplant.

Diese Entwicklung kam ihm durchaus gelegen. Inzwischen zog er es vor, in Weimar zu bleiben. Auf die Ehre, Kompaniechef zu werden, konnte er jetzt gut verzichten. Sophie gegenüber erwähnt er ständig den Konflikt, den ihm inzwischen seine Rolle als Offizier bereitete. Mit Abscheu schreibt er von einer Rede des Thüringer Gauleiters Sauckel[94], der wie wild in den Saal geschrien habe.

Schon bald aber rückten die Treffen mit Sophie wieder in den Mittelpunkt, gefolgt jeweils von der »Montags-Müdigkeit«, weil Hartnagel regelmäßig erst am frühen Montagmorgen an seinen Standort zurückkehrte und gleich darauf seinen Dienst antrat. Nichts Fremdes und nichts Trennendes stand mehr zwischen ihnen. Auch die Vorstellung, demnächst wieder aus Weimar abrücken zu müssen, schreckte ihn nicht, denn er wußte, wie tief die Beziehung zu Sophie inzwischen geworden war. Die letzten Monate hatten sie eng miteinander verbunden.

Das Ende des Aufenthaltes in Weimar ließ jedoch nicht mehr lange auf sich warten. Mitte März 1942 stand fest, daß Fritz Hartnagel und sein Nachrichtenzug die Stadt schon bald verlassen würden. Die Einheit sollte zu einer Kompanie erweitert werden und nach einem Zwischenaufenthalt in Frankreich nach Rußland ziehen.

Obwohl er ständig mit der Verlegung gerechnet hatte, wirkte die Nachricht dennoch wie ein Schock. Das Zimmer für ihr nächstes Treffen bestellte er wieder ab, ebenso die Zugreservierung. Hartnagel versuchte, wie er sich ausdrückt, »wieder Bescheidenheit«[95] zu lernen. Das ganze letzte halbe Jahr habe er nur von diesen Sonntagen und auf diese Tage hingelebt, schrieb er Sophie. Die Vorstellung, darauf ganz verzichten zu müssen, mache ihn traurig. Daran müsse er sich erst noch gewöhnen.

Am nächsten Tag las Fritz Hartnagel noch einmal alle Briefe, die er in den zurückliegenden Monaten von Sophie bekommen hatte, bevor er sie zusammenschnürte. Er wollte diesen Abschnitt ordnen, um das Kommende nicht in Unordnung zu beginnen, wie er sich ausdrückt. Die folgenden Zeilen gleichen einem persönlichen Vermächtnis, als gelte es, Abschied für immer zu nehmen. »Ich spüre, daß es das einzige ist, was ich Dir geben kann: Meine bedingungslose Liebe, die nichts von Dir fordert oder erwartet. Dies will ich mir zur Aufgabe machen, an der ich mich auch selbst bewähren muß...«[96]

Verzweifelt versuchte Fritz Hartnagel, vor seiner Abreise nach Frankreich Sophie noch einmal zu sehen. »Und wenn's nur eine Stunde wäre, ich komme zu dir, meiner lieben Sophie.« Er prüfte alle möglichen Bahnverbindungen, um ein Treffen zu organisieren. Die entscheidende Frage, ob das Kinderheim in Blumberg Sophie überhaupt freigeben würde, konnte sie am 18. März bei einem Anruf in der Kaserne bejahen. Jetzt kam es nur noch darauf an, daß die Einheit zwei oder drei Tage später verladen wurde, damit genügend Zeit für das Treffen der beiden blieb.

Doch bereits am 19. März 1942 verließ die Nachrichteneinheit den Standort Weimar mit Kurs auf Le Mans in Frankreich. Der Bahntransport zog sich über mehrere Tage hin. Während der Zugfahrt richtete Hartnagel – er war inzwischen zum Kompaniechef befördert worden – einige Zeilen an Sophie: Auf das Neue, das ihm bevorstand, freue er sich. Allerdings würde er gerne darauf verzichten zugunsten ihrer gemeinsamen Sonntage.

Nach zehn Tagen traf der Transportzug in Le Mans ein. In der Nähe eines Arbeiterviertels nahmen die Soldaten Quartier. Als er nach der ersten Nacht am Sonntagmorgen aus seinem Schlafsack kroch, begrüßte ihn ein herrlicher Frühling mit blühenden Birn- und Pfirsichbäumen, Narzissen und anderen Blumen. Dieser Anblick stimmte ihn froh, aber dann dachte er wieder an seinen Militäreinsatz, der ihm völlig widersinnig erschien und so weit entfernt von der schönen Natur, die ihn umgab.

Die Umstellung wollte Hartnagel anfangs nicht gelingen. Zu den anderen Offizieren ging er auf Distanz. Er, der Kompaniechef, der seine Soldaten auf einen harten Einsatz in Rußland vorbereiten sollte, versuchte, sich soweit wie möglich aus der mit dem Dienst verbundenen Geselligkeit herauszuhalten und jeden Abend mindestens eine Stunde zu lesen, während die anderen ihre Zeit in einem zweifelhaften Lokal verbrachten, das nur Offizieren zugänglich war. Bald darauf mußte er sich im Kasino die Schilderungen erotischer Abenteuer mit anhören. Alkohol und Prostituierte bestimmten offenbar die Freizeit der meisten Offiziere.

Aus Sehnsucht nach den Sonntagen mit Sophie erkundigte Hartnagel sich manchmal nach den Zugverbindungen in Richtung Deutschland, um ihr wenigstens in Gedanken näher zu kommen. Abwechslung brachten die Fahrten, die er zur Vorbereitung eines Manövers unternahm. Im offenen Dienstwagen pendelte er zwischen Le Mans, Paris und Dreux. Von den Privilegien, die Offizieren wie ihm zustanden, konnten die einfachen Soldaten nur träumen. Hartnagel logierte in eleganten Schlössern: Manchmal konnte er allein über ein ganzes Château verfügen. Er besuchte Opern, wurde zu aufwendigen Abendessen eingeladen. In einem seiner Briefe berichtet er, am Nebentisch habe Generalfeldmarschall von Rundstedt[97] gesessen.

Ende April war Hartnagel länger als vier Wochen von Sophie getrennt. Es fiel ihm schwer, sich vorzustellen, plötzlich vor ihr zu stehen. Sicher werde es eine Weile dauern, bis er aus dem Panzer um ihn herum herauskriechen könne.

Anfang Mai geschah dann das Unerwartete. Hartnagel bekam einige Tage frei und reiste quer durch Frankreich nach Tübingen, wo er sich mit Sophie Scholl traf. Von dort fuhren sie nach Freiburg. Wie lange das Wiedersehen dauerte, geht aus den Briefen nicht hervor, vermutlich eineinhalb Tage. Wie

Hartnagel später im Gespräch bestätigt hat, bat Sophie Scholl ihn bei diesem Treffen um finanzielle Unterstützung und um Mithilfe bei der Beschaffung eines Vervielfältigungsapparates.

So plötzlich, wie er gekommen war, so überstürzt mußte Hartnagel wieder abreisen. Nach der Rückkehr schrieb er aus Le Mans an Sophie, sie habe ihn reich beschenkt und sei fest eingeschlossen in ihm. Jetzt liege es nicht mehr in ihrer Macht, aus seinem Herzen zu entkommen.

Als der Abtransport nach Rußland unmittelbar bevorstand, ahnte Hartnagel, daß er Sophie Scholl auf lange Zeit nicht wiedersehen würde. Deswegen setzte er noch einmal alles daran, sie erneut zu treffen. Und er hatte Glück. Über das Wiedersehen ist wenig bekannt, außer daß es in der zweiten Maihälfte in München stattfand, wo Sophie inzwischen studierte, und beide einen Spaziergang durch den Botanischen Garten machten. Am 20. Mai 1942 nahmen sie Abschied. Es war ihre letzte Begegnung.

1942–1943

»Ich weiß nicht, wie nun alles weitergehen wird.
Die Lage ist ziemlich hoffnungslos.«
Fritz Hartnagel

Fritz Hartnagel bei Erdarbeiten für die Winterquartiere vor Stalingrad, 1942

Sophie Scholl – das Foto, das sich Fritz Hartnagel von ihr gewünscht hatte.

9

Ein neuer Lebensabschnitt

Zum 1. April 1942 hatte Sophie Scholl ihren Kriegshilfsdienst in Blumberg beendet. Die Arbeit in dem Kinderheim sah sie nicht als verlorene Zeit an. Sie war jetzt eine erfahrene Kindergärtnerin. Anschließend verbrachte sie etwa einen Monat zu Hause in Ulm, was eine erhebliche Umstellung bedeutete, nachdem sie so viele Monate selbständig gewesen war. Sie half im Haushalt und ging ihrem Vater im Büro zur Hand. Ansonsten unternahm sie Ausflüge in die Umgebung. Anfang Mai siedelte sie nach München über, wo sie zwei Jahre nach ihrem Abitur zum Sommersemester endlich das Studium der Biologie und Philosophie aufnehmen konnte.

In München sollte für Sophie ein neuer Lebensabschnitt beginnen. Für kurze Zeit wohnte sie zunächst bei Professor Carl Muth, dem Herausgeber der Zeitschrift *Hochland*, die inzwischen nicht mehr erscheinen durfte. Der Publizist mit seinen liberalen, weltoffenen Ansichten genoß bei den Studenten um Hans Scholl hohes Ansehen. Die von Muth gegründete Zeitschrift schaffte es bis zu ihrem Verbot im Juli 1941, den Namen Hitler nicht ein einziges Mal zu erwähnen. Ende Mai mietete Sophie dann bei der Witwe des Musikkritikers Alexander Berrsche in der Mandlstraße 1 ein Zimmer.

Schon lange hatte sie darauf gewartet, in der Nähe ihres »großen Bruders« Hans studieren zu können, mit dem sie viele Interessen teilte. Am 9. Mai 1942 gab es bereits einen guten Grund zum Feiern: Sophies 21. Geburtstag. Im Zimmer von Hans kam eine muntere Runde zusammen, die den aus Ulm mitgebrachten Wein und Kuchen von Mutter Scholl genoß. Der Abend verlief so harmonisch, als hätte die Schwester von Hans Scholl schon lange zu seinem Freundeskreis gehört. Es war ihr letzter Geburtstag.

In den folgenden Tagen und Wochen lernte sie die Freunde ihres Bruders näher kennen. Es waren überwiegend Studenten, die wie er Medizin studierten und gleichzeitig einer Studentenkompanie angehörten. Sie absolvierten regelmäßig Militärübungen und konnten jederzeit zu einem Fronteinsatz abkommandiert werden. Die engsten Freunde von Hans waren Alexander Schmorell, genannt Schurik oder Alex, Christoph (Christl) Probst und Willi Graf. Schmorell war Sohn einer früh verstorbenen Russin und eines Münchner Arztes. Mehr seinem Vater zuliebe als aus Neigung hatte er das Fach Medizin gewählt. Zusammen mit Schmorell engagierte Sophie ein Modell zum Zeichnen.

Christoph Probst stammte aus einer bayerischen Gelehrtenfamilie. An ihm bewunderte Sophie seine Intellektualität und umfassende Bildung. »Er hat einen guten Einfluß auf Hans«, bemerkte sie über ihn. In seinen theologischen und philosophischen Gedanken mag er ihr besonders nahe gestanden haben, ähnlich wie Willi Graf. Dieser war in Saarbrücken geboren und gehörte der verbotenen katholischen Jugendorganisation Neu-Deutschland (ND) als aktives Mitglied an. Ihn hatte 1937 dieselbe Verhaftungswelle der Gestapo getroffen wie Hans und die übrigen Geschwister Scholl.

In dieser Umgebung fühlte sich Sophie vom ersten Tag an wohl. Die unkomplizierte Art des Umgangs, das Interesse an Kunst, Literatur, Musik und Theater sowie die Begeisterung für die Natur entsprachen ihrer eigenen Vorstellung vom Leben. Neben Carl Muth lernte Sophie im Laufe der Zeit auch Theodor Haecker kennen. Haecker, 1921 zum Katholizismus übergetreten, war Schriftsteller, Philosoph und Privatgelehrter. Engen Kontakt hatte sie darüber hinaus zu Traute Lafrenz, einer Medizinstudentin aus Hamburg, und der Philosophiestudentin Katharina Schüddekopf, später auch zu Gisela Schertling, die sie aus dem RAD-Lager in Krauchenwies kannte. Damit war Sophie Scholl gewissermaßen mitten in das Herz der »Weißen Rose« gekommen.

Die Frage, wann Sophie Scholl von den Widerstandsaktivitäten ihres Bruders Hans und anderer Studenten erfahren hat, ist auch heute noch schwer zu beantworten. Die bisherige Annahme, dies sei erst in München geschehen, läßt sich wahrscheinlich nicht mehr aufrechterhalten. Sophies Schwester Elisabeth vermutet, daß Hans Scholl seine Schwester schon im Frühjahr 1942 in Ulm eingeweiht habe. Sie schließt dies nicht zuletzt aus dem Ablauf der Ereignisse.

In diesem Zusammenhang erinnert sie auch an jenes oben bereits geschilderte Treffen von Fritz Hartnagel und Sophie Scholl Anfang Mai 1942 in Freiburg. »Mein Mann sagte mir, daß Sophie ihn in Freiburg um 1000 Reichsmark und um einen abgestempelten Bezugsschein für eine Vervielfältigungsmaschine gebeten habe. Bei dieser Gelegenheit hat er Sophie gefragt, wofür sie das Geld brauche. ›Für einen guten Zweck‹, habe sie geantwortet. Seine nächste Frage lautete: ›Bist du dir darüber im klaren, was du tust?‹«[98] Sophie habe diese Frage entschieden bejaht. Bei ihrer Vernehmung durch die Gestapo am 18. und 19. Februar 1943 erklärte Sophie: »Die ersten Gespräche, die sich mit diesem Problem befaßten, fanden im Sommer 1942 zwischen meinem Bruder und mir statt.«[99]

Das Geld erhielt sie von Hartnagel, nicht jedoch den abgestempelten Bezugsschein. Sein Hauptfeldwebel hatte das Dienstsiegel in Verwahrung. »Hätte ich den Stempel von ihm angefordert, dann wäre das aufgefallen«, sagte Hartnagel später im Gespräch. »Ich hätte ihn in die Sache hineingezogen. Das Risiko war mir einfach zu groß.« Welche Papiere Sophie mit dem Gerät vervielfältigen wollte, erfuhr er nicht. Seine Phantasie reichte jedoch aus, sich vorzustellen, daß es sich um eine gegen das NS-Regime gerichtete Aktion handelte, »die mit dem Todesurteil enden kann«[100].

Im nationalsozialistischen Deutschland war München die heimliche Hauptstadt. In der »Stadt der Bewegung« hatte Hitler den Marsch auf die Feldherrnhalle unternommen, um sich an die Macht zu putschen. Hier hatte der bayerische Kultusminister Hans Schemm, dem Beispiel Berlins folgend, im Mai 1933 eine eigene Bücherverbrennung organisiert und die Schriften der im damaligen Deutschland verfemten Dichter wie Thomas und Heinrich Mann, Erich Kästner, Stefan Zweig, Franz Werfel, Bertolt Brecht und Erich Maria Remarque öffentlich verbrennen lassen.

An der Spitze der Münchner Maximilians-Universität stand als Kanzler Professor Walter Wüst, führendes SS-Mitglied. Daß gerade an dieser Universität Studenten über den Widerstand diskutierten, hatte zwar auch mit dem strammen NS-Kurs der Universitätsleitung, in erster Linie aber mit dem Krieg und den Verbrechen des NS-Regimes zu tun. Mit Entsetzen reagierte der Kreis um Hans Scholl auf Nachrichten von Greueltaten und Massakern in den besetzten Ostgebieten. Vom Münchner Architekten Manfred Eickemeyer, der sich beruflich öfter in Polen und in der Sowjetunion aufhielt, erfuhren die Studenten von Massendeportationen und -erschießungen. Vor allem die Verfolgung und Ausrottung von Juden nahm Ausmaße an, die jede Vorstellungskraft sprengten.

Der aktive Widerstand der Studentengruppe »Die Weiße Rose« begann im Juni/Juli 1942. Die ersten praktischen Vorbereitungen zur Herstellung von Flugblättern leitete Alexander Schmorell in die Wege. Er beschaffte eine Schreibmaschine, ein Vervielfältigungsgerät, um das Sophie Scholl vergeblich einen Vorstoß bei ihrem Freund Hartnagel gemacht hatte, sowie Matrizen und Papier. Architekt Eickemeyer stellte sein Atelier an der Leopoldstraße zur Verfügung. Es lag in einem Hinterhof und eignete sich deshalb vorzüglich für konspirative Aktionen.

Dort entstanden im Sommer 1942 in enger Zusammenarbeit zwischen Hans Scholl, Alexander Schmorell und Christoph Probst und unter Mitwirkung von Sophie Scholl die ersten vier Flugblätter der »Weißen Rose«, die sich vor allem an Angehörige der gebildeten Schicht richteten. Die Auflage betrug jeweils mehrere hundert Exemplare.

»Nichts ist eines Kulturvolkes unwürdiger, als sich ohne Widerstand von einer verantwortungslosen und dunklen Trieben ergebenen Herrscherclique ›regieren‹ zu lassen«, heißt es im ersten Flugblatt. »Ist es nicht so, daß sich jeder ehrliche Deutsche heute seiner Regierung schämt, und wer von uns ahnt das Ausmaß der Schmach, die über uns und unsere Kinder kommen wird, wenn einst der Schleier von unseren Augen gefallen ist und die grauenvollsten und jegliches Maß unendlich überschreitenden Verbrechen ans Tageslicht treten?«[101]

Das Flugblatt löste große Überraschung aus, denn in Deutschland wagte schon lange kaum noch jemand, das NS-Regime öffentlich anzuprangern und dessen Verbrechen beim Namen zu nennen. Einige der Empfänger, die das Manifest in ihrem Briefkasten fanden, brachten es gleich zur Polizei. Andere ließen es schnell irgendwo verschwinden.

Der Inhalt der folgenden drei Flugblätter ist noch konkreter. Die Verfasser führen an, »daß seit der Eroberung Polens *dreihunderttausend* Juden in diesem Land auf bestialische Art ermordet worden sind«[102]. Sie verweisen darauf, daß die gesamte polnische adelige Jugend vernichtet worden sei und polnische Mädchen in die Bordelle der SS nach Norwegen verschleppt würden. Niemand, der diesen Verbrechen weiter tatenlos zusehe, könne sich von ihnen freisprechen: »Ein jeder ist schuldig.« Und an anderer Stelle heißt es: »Die Weiße Rose läßt Euch keine Ruhe!«

Noch bevor weitere Flugblattaktionen in Angriff genommen werden konnten, war alles schon wieder vorbei. Die Studentenkompanie, der Hans Scholl und seine Freunde angehörten, wurde bis auf Christoph Probst nach Rußland abkommandiert. Der 22. Juli 1942 war Abreisetermin. Am Vorabend trafen sich alle noch einmal im Atelier Eickemeyer, um über die Möglichkeiten des Widerstandes nach der Rückkehr aus Rußland zu sprechen. Jeder spürte die Fragwürdigkeit solcher Überlegungen. Wer würde überhaupt zurückkehren? Und welche Situation würden sie dann vorfinden?

Sophie Scholl saß am Rande der Gruppe und sagte wenig. Kaum drei Monate lebte sie jetzt in München, und schon war die Zeit mit ihrem Bruder Hans wieder zu Ende. Am nächsten Morgen versammelten sich alle am Bahnhof. Jürgen Wittenstein fotografierte. Einige Tage später, am 27. Juli 1942, schrieb Sophie Scholl ihrer Freundin Lisa Remppis: »Hans ist letzte Woche nach Rußland gekommen mit allen den andern, die mir im Laufe der vergangenen Wochen und Monate zu Freunden geworden sind. Jedes kleine Wort und jede kleine Gebärde des Abschieds ist noch so lebendig in mir ... Hoffentlich können wir uns bald alle gesund wiedertreffen.«[103]

Die Rolle von Sophie Scholl im Widerstand der »Weißen Rose« ist bislang wahrscheinlich unterschätzt worden. Durch die Briefe von Fritz Hartnagel verfügte sie über Informationen, was den Fortgang des Krieges anging, die andere nicht besaßen. Hartnagel dürfte, ohne daß ihm dies bewußt war, ihren aktiven Widerstand noch verstärkt haben. Sophie Scholl hat, wie bereits erwähnt, vermutlich schon im Frühjahr von den Widerstandsaktivitäten ihres Bruders Hans und seiner Freunde erfahren. Sie war in erster Linie für die Beschaffung von Geld zuständig. Sophie hatte innerhalb der Gruppe »die Kasse unter sich. Sophie war verantwortlich für die Finanzierung der Flugblätter.«[104] Elisabeth Hartnagel erinnert sich daran, daß ihr Mann nach dem Krieg im Entnazifizierungsverfahren eine Aufstellung gemacht habe über die Beträge, mit denen er indirekt die »Weiße Rose« sowie Angehörige von NS-Verfolgten unterstützt hat. Dabei seien mehrere Tausend Reichsmark zusammengekommen.

Fritz Hartnagel erklärte sich auch bereit, Sophies Zimmermiete zu zahlen. Außerdem bot er ihr für das Studium finanzielle Hilfe an: Sie solle ihm schreiben, wenn sie Geld brauche. Von seinem Sparkonto in Ulm ließ Hartnagel zum Beispiel am 7. Juli 1942 200 Reichsmark an Sophie überweisen. Sie hatte ihm von einer günstigen Gelegenheit berichtet, »Bücherschätze«[105] zu erwerben. Hartnagel ermunterte sie zu kaufen. Notfalls könne sie auf seine Kosten Schulden machen. Vermutlich handelte es sich um einen Vorwand, mit dem sie ihre Bitte um Geld begründen konnte.

Und sie konnte sich auf ihn verlassen. Denn Fritz Hartnagel war großzügig. In dieser Hinsicht glich er nicht der Klischeevorstellung von einem Schwaben, der sein Geld zusammenhält und möglichst auf die hohe Kante legt. Den größten Teil seines Einkommens während des Krieges hat er Sophie und ihrer Familie sowie anderen gegeben, die in Not waren.

Vieles spricht auch dafür, daß Sophie Scholl schon gleich nach ihrer Ankunft in München die Aktionen der »Weißen Rose« tatkräftig unterstützte, was zugleich bedeutete, daß sie ihr Studium weitgehend vernachlässigte. In ihren Briefen gibt es zwei Hinweise auf ihre eigene Rolle in der Widerstandsgruppe. Am 30. Mai 1942 schilderte Sophie in einem Brief aus München an ihre Freundin Lisa Remppis ein »dreistündiges, pausenloses und anstrengendes Gespräch« mit ihrem Bruder

Hans und einem Bekannten. Dazu bemerkte sie: »Eigentlich habe ich eher das Bedürfnis, für mich zu sein, denn es drängt mich danach, durch ein äußeres Tun das in mir zu verwirklichen, was bisher nur als Gedanke, als richtig Erkanntes in mir ist.«[106]

Als ein weiteres mögliches Indiz in diesem Zusammenhang kann ihr Brief vom 6. Juni 1942 an ihre Eltern und die Schwestern Inge und Elisabeth dienen. Darin berichtet Sophie Scholl von einem Leseabend mit Sigismund von Radecki. Der aus Riga stammende und in München lebende Schriftsteller war in jeder Hinsicht eine faszinierende Persönlichkeit. Vor einem Kreis von etwa 20 Personen trug er Essays, Gedichte und Übersetzungen vor. Sophie äußerte sich begeistert über seinen Vortrag und fügte hinzu: »Nachher waren wir noch zu fünft mit ihm auf meinem Zimmer. Leider fährt er für drei Monate weg, nachher aber ist er bereit, allerhand mitzumachen.«[107] Von Radecki gehörte zum Freundeskreis um Carl Muth und war dem NS-Regime gegenüber ähnlich ablehnend eingestellt wie die Münchner Studenten.

10

»Offensive Blau«

Nach seinem letzten Treffen mit Sophie Scholl in München war Fritz Hartnagel am 20. Mai 1942 in Richtung Osten gefahren. Seine Einheit beteiligte sich an der deutschen Südoffensive, die unter dem Decknamen »Offensive Blau« ab Sommer 1942 zunächst nach Stalingrad und dann in Richtung Süden vorstoßen sollte, und zwar über die Hochgebirgspässe des Kaukasus bis nach Astrachan und Grosny am Kaspischen Meer. Durch die Operation sollte die Sowjetunion von der Ölversorgung abgeschnitten werden. Die unter größter Geheimhaltung anlaufende Angriffswelle war dem Kreml bekannt, denn die Engländer, die den deutschen Funkverkehr entschlüsseln konnten, hatten Stalin informiert. Doch dieser schenkte den Nachrichten aus London – wie bereits ein Jahr zuvor beim Unternehmen »Barbarossa« – keinen Glauben.

Nach einer zehntägigen Bahnfahrt erreichte Fritz Hartnagel mit seiner Kompanie am 30. Mai 1942 die Hafenstadt Mariupol am Asowschen Meer. Gleich bei ihrer Ankunft warfen russische Maschinen Bomben auf den Bahnhof, die jedoch nur Sachschaden anrichteten. Im Lehrerzimmer einer verlassenen Schule nahm er Quartier, das heißt, für ihn wurden ein Feldtisch und ein Tropenbett aufgestellt. In dem ansonsten leeren Raum kam er sich ziemlich verloren vor. Als erstes richtete er an Sophie einige Zeilen, in denen er sich um Zuversicht bemühte. Er war froh, am südlichen Flügel der Ostfront eingesetzt zu werden, und machte sich Gedanken über die nächsten Einsatzgebiete. Der Kaukasus stand zur Diskussion oder

der Unterlauf der Wolga. »Heute nacht haben wir zum dritten Mal bei Mondschein den Dnjepr überquert.«[108] Der Fluß machte auf Hartnagel einen tiefen Eindruck. Bei seinem Anblick fühlte er sich einer »Urgewalt« ausgesetzt, »fern allem Menschlichen«.

Im Gegensatz zu der NS-Propaganda, nach der es sich bei den slawischen Völkern um minderwertige Rassen handelte, machten die Ukrainer auf Hartnagel einen zivilisierten Eindruck. Er war über ihre Intelligenz sichtlich erstaunt. Am meisten wunderte er sich über die Kinder, die innerhalb weniger Tage schon so viel Deutsch lernten, daß sie mit den Besatzungssoldaten Kontakt aufnehmen und einen Tauschhandel organisieren konnten, vor allem: Eier gegen Tabak.

Der Aufenthalt in Mariupol war nicht von langer Dauer. Die Einheit wurde in die Nähe eines Dorfes, 100 Kilometer östlich verlegt. Den Namen erwähnt Hartnagel aus Gründen der Geheimhaltung nicht.

Wegen der großen Entfernungen zwischen den Truppenteilen pendelte Hartnagel häufig mit dem Flugzeug von einem Frontabschnitt zum nächsten. Meistens flog er mit einem »Fieseler Storch«, genannt nach seinem Konstrukteur Gerhard Fieseler, dem ersten Langsamflugzeug der Welt, das auch in extremen Situationen notlanden konnte. Vom Flugzeug aus sah er zum erstenmal riesige Sonnenblumenfelder, die gerade abgeerntet wurden. Manchmal winkten die Frauen und Männer den deutschen Soldaten zu.

Mehr als einmal nahmen solche Flüge eine abenteuerliche Wendung. So fiel während des Fluges nach Charkow, der damaligen Gebietshauptstadt der Sowjetrepublik Ukraine, plötzlich der Motor aus. Das Benzin war ausgegangen. Der Pilot mußte notlanden. Unter Mühen konnte der Treibstoff beschafft werden. Während des Weiterflugs wurde eine zweite Notlandung fällig, weil der Pilot jede Orientierung verloren hatte; wie sich bald herausstellte, war er 200 Kilometer in die falsche Richtung geflogen. Als er die Maschine endlich wieder auf Kurs gebracht hatte, tobte plötzlich ein Gewitter. Das Unwetter dauerte bis kurz vor der Landung.

Von den schweren Kämpfen, die im Sommer 1942 an der Ostfront tobten, blieb die Nachrichtenkompanie weitgehend verschont. Es herrschten hochsommerliche Temperaturen, legere Kleidung war angesagt. Hartnagel ging mit gutem Beispiel voran. Wenn er nicht reisen mußte, verzichtete er auf die Uniform und zog eine Sporthose an.

Sein Zelt hatte er im Obstgarten eines Bauern aufgeschlagen und das Tropenbett wegen der Mückenplage mit einem Moskitonetz überspannt. Am Eingang seiner Behausung blühte ein großer Busch Windrosen. Mit dem ukrainischen Bauern – einem alten Mann mit langem grauem Bart, der zumeist unter einem Baum saß und in der Bibel las – stand er in einem freundlichen Kontakt. Ein Dolmetscher half ihm, ins Gespräch zu kommen.

Zum erstenmal erfuhr Hartnagel von der großen Hungersnot in der Ukraine, die Stalin systematisch herbeigeführt und die zwei Kinder des Bauern hinweggerafft hatte. Das eine war 1933 an Hunger gestorben, das andere bei einem Streit um ein Stück Brot erschossen worden. Etwa sieben Millionen ukrainische Bauern und ihre Familien gingen in der ersten Hälfte der 1930er Jahre elendig zugrunde. Weitere Millionen wurden deportiert oder gezwungen, auf Kolchosen zu arbeiten. Besonders während des Krieges hungerten viele Ukrainer, vor allem in den Städten. Die Straßen waren voll von Familien, die auf der Suche nach Lebensmitteln von Ort zu Ort wanderten.

In dem Dorf mit den deutschen Besatzern blieb es im Sommer 1942 weitgehend ruhig, abgesehen von einzelnen Bomben sowjetischer Flugzeuge, die ihr Ziel jedoch verfehlten. An Sonntagen saßen die Leute in Gruppen vor ihren Häusern.

Manchmal wurde Balalaika gespielt, und deutsche Soldaten mischten sich unter die Einheimischen. Wenn Hartnagel allerdings durchs Dorf ging, endete das gesellige Zusammensein schnell. Sobald er sich näherte, hörten die Leute auf zu spielen. Ein deutscher Offizier flößte ihnen offensichtlich Furcht ein, so daß sie sich nicht mehr unbefangen verhalten konnten.

Unterbrechungen im Briefverkehr waren keine Seltenheit. Hartnagel übte sich dann in Geduld, oder er las die alten Briefe noch einmal. Zum Beispiel mußten die Soldaten im Dorf einen Monat auf Nachrichten aus der Heimat warten. Als die Postsäcke endlich eintrafen, hielt Hartnagel insgesamt fünf Briefe von Sophie in der Hand. Trotz der großen Freude – in seiner Antwort spiegelt sich das Gefühl von Leere und Trostlosigkeit wider. Hartnagel fragte, wann sie endlich einmal gemeinsam über sich verfügen könnten. Die Möglichkeit, für ein paar Tage zusammenzusein, liege in unabsehbarer Ferne, denn es werde bestimmt einen zweiten Winter in Rußland geben.

Die Abende in dem als Kasino hergerichteten Raum eines Wohnhauses deprimierten ihn, insbesondere die Saufgelage. Auch die Zoten einiger Kameraden gingen ihm auf die Nerven. Vor allem aber entsetzten ihn die Ansichten seines Kommandeurs, der von der »Abschlachtung sämtlicher Juden des besetzten Rußlands«[109] berichtete und diesen Völkermord auch noch gutgeheißen hatte.

Als Kompaniechef hatte Hartnagel sich auch mit Gesetzesverstößen auseinanderzusetzen, insbesondere mit Fällen von Befehlsverweigerung, Diebstahl und Fahnenflucht. Seine Bewertungen entschieden mit darüber, ob einem Soldaten eine Strafe erlassen, diese gemildert oder verschärft wurde. In seinem Brief vom 27. Juni 1942 erzählte er Sophie folgenden Fall:

»Ich schrieb ein Gesuch zur Tilgung einer gerichtlichen Strafe für einen meiner Soldaten, der wegen unerlaubter Entfernung bestraft worden war mit fünf Monaten Gefängnis. Da hab' ich mich richtig angestrengt, als ob's um ein Todesurteil ginge.«[110] Mit der Sorgfalt und Gründlichkeit, die Hartnagel auch bei anderen Fällen anwandte, nahm er beinahe seine spätere Rolle als Richter vorweg. Er überlegte, ob nicht jede Strafe letztlich ungerecht sei. Denn Veranlagungen oder schlechte Einflüsse könnten zu einer Verfehlung beitragen.

Daß der Dienstbetrieb nicht immer ohne Bestrafung ablief, dieser Erkenntnis konnte auch Hartnagel sich notgedrungen nicht verschließen. Als eines Morgens die Hälfte der Kompanie nicht zum angeordneten Frühsport erschien, ließ er zur Strafe exerzieren.

Als Vorgesetzter wurde Hartnagel auf diese Weise in die Rolle eines Polizisten gedrängt, was ihm nicht behagte. Auch das Strammstehen seiner nächsten Untergebenen, die ständigen Ehrenbezeugungen und das »Melde-gehorsamst« waren Hartnagel im Grunde zuwider. Selbstkritisch und ohne eine Spur von Eitelkeit beobachtete er sich als Kompaniechef: Diese Zeit werde wohl kaum spurlos an ihm vorübergehen. Doch je stärker er den Druck verspüre, um so größer werde auch seine Abneigung.

Am Ende des Sommersemesters 1942 hielt Sophie Scholl in München nichts mehr. Sie mußte ohnehin dringend nach Ulm zurückkehren, und dies aus mehr als einem Grund. Bei dem am 3. August 1942 stattfindenden Prozeß gegen ihren Vater wollte sie dabeisein. Robert Scholl hatte unvorsichtigerweise in seinem Büro einer Angestellten gegenüber seine Ansicht über den Krieg geäußert und Hitler als »Gottesgeißel« bezeichnet und gesagt: »Wenn wir den Krieg gewinnen, spring ich vom Münster herunter.« Wegen »Heimtücke« wurde Robert Scholl zu einer viermonatigen Gefängnisstrafe verurteilt, die er kurz darauf antreten mußte. Alle vierzehn Tage durften seine Angehörigen ihm bzw. er ihnen schreiben.

In einem Brief von Sophie Scholl an ihren Vater heißt es: »Aus dem Felde kommen immer nur gute Nachrichten. Von vielen Freunden, denen ich von Dir schrieb, soll ich Dich grüßen, sie bauen alle an der Mauer von Gedanken, die um Dich sind, Du spürst doch, daß Du nicht allein bist, denn unsere Gedanken, die reißen die Schranken und Mauern entzwei: die Gedanken –! Deine Sophie.«[111]

»Die Gedanken sind frei« – diese Zeile war schon seit längerem eine Art Familienmotto; ab 1933 wurde sie zur Losung ihrer Gegnerschaft gegen das NS-Regime und zugleich zu einer Maxime, die zum Durchhalten verpflichtete und die der Familie Scholl einiges abverlangte: der Vater im Gefängnis, die Mutter herzkrank, die beiden Brüder Hans und Werner in Rußland, ebenso Freund Fritz Hartnagel.

Am 20. September 1942 reichte Fritz Hartnagel ein Gnadengesuch für Robert Scholl ein. Magdalene Scholl hatte ihm brieflich ans Herz gelegt, diesen Vorstoß zu wagen. Gegenüber Sophie regte Hartnagel an, auch einflußreiche Persönlichkeiten zu einem solchen Schritt zu bewegen. Zwei Wochen vorher hatte Hartnagel veranlaßt, daß Magdalene Scholl sein Sparkassenbuch erhielt. Er wollte wenigstens die materielle Not der Familie lindern helfen.

Der andere Grund für Sophie Scholl, nach Ulm zurückzukehren, war ebenso unerfreulich. Trotz ihrer Zeit beim Reichsarbeitsdienst und Kriegshilfsdienst verlangte der NS-Staat auch von Sophie Scholl einen »Rüstungseinsatz«. Nur unter dieser Voraussetzung durfte sie im Winter ihr Studium an der Universität München fortsetzen. Ab Anfang August 1942 arbeitete sie daher zwei Monate lang in der Ulmer Schraubenfabrik Konstantin Rauch, die ihre Produktion auf Rüstung umgestellt hatte: Munition, Zünder, Geschoßhülsen für Granaten und Panzerfaustteile wurden in den Lagerhallen an der Fabristraße hergestellt. Seite an Seite mit den Zwangsarbeiterinnen aus den eroberten Ostgebieten, die mit Gewalt aus ihrer Heimat verschleppt worden waren, um die Lücken unter den Beschäftigten in Industrie und Landwirtschaft aufzufüllen, sorgte nun auch Sophie mit für den Nachschub an der Front. Die Fabrikarbeit wurde für sie zu einer einschneidenden Erfahrung, wie sie Ende August 1942 Otl Aicher schilderte: »Der Anblick der vielen Menschen vor den vielen Maschinen ist ein trauriger und erinnert an den von Sklaven. Nur daß ihr Sklavenhalter ein von ihnen selbst gekrönter ist.«[112]

Mit Erstaunen aber beobachtete Sophie das Verhalten einer jungen Frau aus Rußland in dieser kalten, fast unmenschlichen Umgebung: »Neben mir arbeitet eine Russin, ein Kind in ihrem arglosen, rührenden Vertrauen selbst den deutschen Vorarbeitern gegenüber, deren Fäusteschütteln und brutalem Geschrei sie nur ein nicht verstehendes, beinahe fröhliches Lachen entgegensetzt. Ich ... versuche, das Bild, das sie von den Deutschen erhalten könnte, ein bißchen zu korrigieren. Aber auch viele der deutschen Arbeiterinnen erweisen sich als freundlich und hilfreich, erstaunt darüber, auch in den Russen Menschen vorzufinden ...«

11

Immer weiter nach Osten

Die militärische Lage im Südwesten der Sowjetunion sah im Sommer 1942 für die deutsche Seite relativ günstig aus. Die mobilen deutschen Panzerverbände waren insbesondere in den Steppenregionen den sowjetischen Truppen überlegen und drängten den Gegner immer mehr in die Defensive. Ende Juli war Hitler sich seines Sieges so sicher, daß er den Streitkräften befahl, sich aufzuteilen und zwei Ziele gleichzeitig anzusteuern: die Besetzung der kaukasischen Ölfelder und die Eroberung der Industriemetropole Stalingrad an der Wolga. Danach sollte der entscheidende Schlag gegen Moskau geführt werden. Daß Hitler Erfolg haben könnte, erschien vielen als möglich und durchaus realistisch.

In Verkennung der strategischen Ziele Hitlers hatte Stalin starke Armeen im Nordwesten konzentriert. Von der Getreidekammer Ukraine war die Sowjetunion längst abgeschnitten, so daß die Versorgung der Bevölkerung mit Nahrungsmitteln knapp wurde. Zu spät erkannte der Kremlherrscher die Gefahr, daß auch die Verbindung zu den Ölfeldern im Kaukasus durchbrochen werden könnte.

Als die Rotarmisten am 23. Juli 1942 nach heftigen deutschen Angriffen die Stadt Rostow panikartig verließen und die Bevölkerung angesichts neuerlicher Auflösungserscheinungen bei den sowjetischen Streitkräften allmählich das Vertrauen in die Führung verlor, geriet das gewaltige Sowjetreich tatsächlich ins Wanken. Die belagerten Städte Moskau und Leningrad, heute St. Petersburg, konnten nur mit äußerster

Mühe und unter immensen Opfern gehalten werden. Ein Zusammenbruch war keineswegs mehr ausgeschlossen.

In dieser Situation beschloß Stalin, hart durchzugreifen. Am 28. Juli 1942 erteilte er den Befehl Nr. 227: »Keinen Schritt zurück!« »Beharrlich, bis zum letzten Blutstropfen« sollte jede Stellung gehalten und jeder Meter sowjetischen Bodens verteidigt werden. Wer als »Feigling« handelte, wurde – unabhängig vom Dienstgrad – entweder sofort erschossen oder einem der vielen Strafbataillone zugeteilt.

Mit der Beschaulichkeit der Dorfidylle aber war es für Hartnagel schon früher vorbeigewesen. Am 9. Juli 1942 wurde die Nachrichtenkompanie hastig in ein Waldgelände im Gebiet Artemowsk nördlich von Stalino verlegt. Mehrere Pannen behinderten den Vormarsch. Von 73 Fahrzeugen fiel ein Dutzend aus.

Die Beschaffung von Ersatzteilen gehörte an der Front zu den größten Problemen. Manchmal mußten dafür Hunderte von Kilometern zurückgelegt werden. Der Kompaniechef ließ beim Vormarsch zurückgelassene Fahrzeuge vorsorglich auf noch brauchbare Teile untersuchen. Manchmal begab er sich selber auf den Weg, um defekte Geländewagen wieder flottzubekommen. Eines Abends konnte er erst spät mit einem reparierten Fahrzeug die Rückfahrt antreten. Ohne Licht durchquerte er die Steppe. Gegen 3 Uhr morgens passierte es. Der Wagen fuhr in ein Schlagloch, so daß die Achse brach. An eine Weiterfahrt war nicht mehr zu denken. Hartnagel stellte sich an den Straßenrand – in der Hoffnung, ein anderes Fahrzeug werde ihn mitnehmen. Erst in den Morgenstunden hatte er Glück. Gegen Mittag kehrte er zu seiner Kompanie zurück – erschöpft, die Uniform voller Dreck und Schlamm und ausgehungert bis zum Umfallen.

Die Nachrichtenkompanie rückte jetzt immer weiter in Richtung Osten vor und erreichte am 18. Juli die Stadt Woroschilowgrad, die am Vortag von deutschen Truppen eingenommen worden war. Das Wetter war inzwischen umgeschlagen. Es regnete in Strömen, und die Fahrzeuge wühlten sich durch den Morast und kamen nur langsam voran. Die Soldaten bemühten sich vergeblich, auf dem durchnäßten und aufgeweichten Boden Zelte aufzustellen. Fritz Hartnagel kampierte wieder in seinem Wagen, wenn er sich nicht gerade um die Unterbringung, Verpflegung und Sicherung seiner Kompanie kümmerte.

Ende Juli geriet der deutsche Vormarsch vorübergehend ins Stocken: Stalins Durchhaltebefehl zeigte erste Wirkungen. Jedenfalls verharrte die Nachrichtenkompanie mehrere Tage an ein und derselben Stelle mitten in der Steppe. Ringsum gab es weder Bäume noch Sträucher, die Schutz vor der brütenden und schwülen Hitze hätten bieten können. Die nächsten Dörfer lagen 30 bis 40 Kilometer entfernt, und das Trinkwasser mußte aus 20 Kilometer Entfernung herangeschafft werden. Abends dagegen wurde es ganz plötzlich empfindlich kühl. Auch in dieser Umgebung verlor Hartnagel nicht den Blick für die Natur. In der öden Steppe entdeckte er eine lebendige Fauna, Insekten, Käfer, Echsen und Vögel in großer Mannigfaltigkeit, wie Sophie aus seinem Brief vom 30. Juli 1942 erfuhr.

In diesen Tagen wurde Hartnagel zum Hauptmann befördert. Den Aufstieg nahm er mit gemischten Gefühlen auf. »Nun bin ich wieder eine Stufe in ein System gedrängt, dem ich am liebsten den Rücken kehren möchte«, schrieb er seiner Freundin am 1. August 1942. »Ich komme mir vor wie eine Puppe, die nach außen etwas darstellt, was sie innerlich gar nicht ist. Könnte ich nur ein einfacher Soldat sein, der sich geben kann, wie er ist.«[113]

Wegen der extremen Temperaturschwankungen hatte die Nachrichtenkompanie mit der sogenannten »Rußland-Krankheit« zu kämpfen. Es handelte sich um eine Art Ruhr, die mit hohem Fieber einherging. Etwa jeder zehnte Soldat der Nachrichteneinheit litt darunter. In der Steppe, wo es wenig Obst und Gemüse gab, häuften sich außerdem die Zahnfleischentzündungen. Es gab Tage, an denen sich Hartnagel als Kompaniechef fast nur um seine Patienten kümmerte.

Das Warten trug nicht gerade dazu bei, die Disziplin der Truppe zu stärken. In einer Nacht wurden dem Kompaniechef zwei Fälle von Wachvergehen gemeldet. Den ganzen Tag über vernahm Hartnagel die Soldaten. Doch diesmal glaubte er, schon der eigenen Autorität wegen handeln zu müssen, nachdem er erst wenige Stunden vorher die Kompanie auf die Folgen von Wachvergehen hingewiesen hatte. Er leitete die Angelegenheit an das zuständige Militärgericht weiter.

Sobald der Vormarsch wieder in Gang kam, nahmen die Kämpfe an Härte zu. An einem einzigen Tag wurden allein in Hartnagels Frontabschnitt tausend Verwundete ausgeflogen. Die Not der Bevölkerung war furchtbar. Soldaten hatten die wenigen Gemüsegärten geplündert und fast den gesamten Viehbestand abgeschlachtet. Am Straßenrand lagen tote sowjetische Kriegsgefangene, die vor Erschöpfung zusammengebrochen und von ihren deutschen Bewachern offenbar erschossen worden waren.

Fritz Hartnagel empfand es als grauenhaft, daß auf beiden Seiten der Front Millionen von Soldaten damit beschäftigt seien, sich gegenseitig zu töten, und daß wiederum Millionen von Familien getrennt und in tiefes Leid gestürzt würden. Dies schrieb Hartnagel, nachdem er eine ganze Nacht mitten in der Steppe verbracht hatte: »Eine lange Nacht zum Nachdenken angesichts des Krieges und eines klaren Sternenhimmels.«[114]

Wieder einmal hatte er an Bord eines »Fieseler Storchs« notlanden müssen. Die Maschine hatte auf dem Flug zu einem Gefechtsstand irrtümlich die vorderste Frontlinie überquert und wäre mit Sicherheit von Soldaten der Roten Armee abgeschossen worden, wenn diese nicht gerade von deutschen Infanteristen zum Aufgeben gezwungen worden wären. Die öde, gleichförmige Steppe bot nur wenige Orientierungspunkte. Außerdem waren die Flugkarten ungenau und überholt. Der Pilot machte schnell kehrt und steuerte den nächsten deutschen Truppenteil an, um sich dort nach der richtigen Flugroute zu erkundigen. Als er die Maschine erneut gestartet hatte, setzte plötzlich die Dunkelheit ein, und an einen Weiterflug war nicht mehr zu denken. Der »Fieseler Storch« mußte mitten in der Steppe notlanden. Hartnagel und sein Flugzeugführer – beide waren unbewaffnet und nur luftig gekleidet – krochen unter die Maschine, um Schutz vor der Kälte zu suchen und den nächsten Tag abzuwarten. Beim ersten Morgengrauen starteten sie dann zum Weiterflug.

Ein Lichtblick im Kriegsalltag war für Hartnagel immer wieder ein junger Soldat, der ihm als Fahrer und »Bursche« zugeteilt war. Dieser stand, wie er feststellte, dem NS-Regime genauso ablehnend gegenüber wie sein Vorgesetzter. Er beschaffte Hartnagel regimekritische Texte, darunter Predigten des katholischen Bischofs von Münster, Clemens August Graf von Galen, der von der Kanzel die Euthanasie, die Vernichtung sogenannten »unwerten Lebens«, anprangerte und sich den Ruf als »Löwe von Münster« erwarb.

Manchmal aber streifte Fritz Hartnagel alles ab, was um ihn herum geschah, und empfand trotz der langen Trennung und der großen Entfernung dieses tiefe Gefühl, das ihn mit Sophie Scholl verband. In Gedanken sei sie immer in seiner Nähe, am Abend beim Einschlafen genauso wie am Morgen beim Aufstehen, schrieb er ihr in einem seiner Feldpostbriefe.

Sophie Scholl ihrerseits sorgte sich um ihren Freund. In ihren Tagebuchaufzeichnungen setzte sie sich mit den Gefahren auseinander, die im Kriegsjahr 1942 nicht nur den Soldaten an der Front, sondern auch der Zivilbevölkerung in Deutschland durch die Luftangriffe der Alliierten drohten. »Viele Menschen glauben von unserer Zeit, daß sie die letzte sei. All die schrecklichen Zeichen könnten es glauben machen. Aber ist dieser Glaube nicht von nebensächlicher Bedeutung?... Weiß ich denn, ob ich morgen früh noch lebe? Eine Bombe könnte uns heute nacht alle vernichten. Und dann wäre meine Schuld nicht kleiner, als wenn ich mit der Erde und den Sternen zusammen untergehen würde.«[115]

Mit Ablauf des Monats September 1942 ging für Sophie Scholl die Arbeit in der Ulmer Rüstungsfabrik Rauch zu Ende. Kurz darauf kehrte sie nach München zurück – nicht nur, um sich auf das Wintersemester vorzubereiten, sondern sie erwartete auch ihren Bruder Hans aus Rußland zurück. Ihr Brief vom 7. Oktober 1942, in dem sie Fritz Hartnagel darüber unterrichtete, ist erhalten geblieben. Ihre Gedanken wanderten auch zu ihrem Freund, den sie sich ebenfalls in ihrer Nähe wünschte.

»Heute abend kommt Hans aus Rußland zurück. Nun sollte ich mich wohl freuen, daß er wieder bei uns ist, und ich tue es auch und male mir schon die Tage aus, die wir gemeinsam in München verbringen werden, in unserer kleinen Wohnung, und die wohl fruchtbar sein könnten.«[116] Und doch könne sie sich nicht ungetrübt freuen, fuhr Sophie fort. Die ständige Unsicherheit verbiete ein fröhliches Planen und werfe einen Schatten auf die nächste Zeit. Das bedrücke sie Tag und Nacht. »Ich möchte einmal wieder mit Dir durch den Wald laufen, oder egal wo; doch das steht noch in der Ferne, wenn auch nicht in der unerreichbaren. Einstweilen muß mir ein Briefbogen genügen, der Dir viele herzliche Grüße zuträgt von Deiner Sophie.«

12

Der Tod verliert seinen Schrecken

Die wechselnden Namen verweisen auf die Geschichte von Stalingrad: Bis 1925 hieß die verschlafene Hafenstadt an der unteren Wolga noch Zaryzin. Als der Bürgerkrieg zwischen Rot- und Weißgardisten zu Ende ging, wurde aus Zaryzin Stalingrad. Angeblich hatte der zum Revolutionsführer aufgestiegene Georgier Josef Stalin die Stadt vor der Konterrevolution gerettet. Heute wird sie Wolgograd genannt.

Nach der Umbenennung 1925 dauerte es kaum 15 Jahre, bis Stalingrad sich zu einem Industrie- und Rüstungszentrum und zugleich zu einem wichtigen Verkehrsknotenpunkt entwickelt hatte. 1940 zählte die Stadt bereits 400 000 Einwohner. Auf einer Länge von 60 Kilometern erstreckten sich entlang der Wolga Wohnsilos, öffentliche Gebäude und Fabriken. Der Hafen war Umschlagplatz für Öl und Getreide aus dem Kaukasus. Der Norden der Sowjetunion wurde von hier aus mitversorgt.

Für Josef Stalin war Stalingrad nicht nur aus wirtschaftlichen und militärischen Gründen unverzichtbar. Die Stadt sollte vor allem zum Symbol einer neuen Widerstandskraft gegen die deutschen Angreifer werden. In der Strategie seines Gegenspielers Adolf Hitler besaß Stalingrad zunächst nicht den alles entscheidenden Prestigewert. Als Schauplatz einer Entscheidungsschlacht wäre auch eine andere Stadt oder ein anderer Ort möglich gewesen. Ohnehin glaubte Hitler, die Eroberung der Wolga-Metropole sei nur eine Frage von Tagen oder Wochen.

Die Nachrichtenkompanie von Fritz Hartnagel war Teil der Heeresgruppe B, die laut Hitlers Weisung Nr. 45 vom 23. Juli 1942 den Auftrag hatte, Stalingrad zu erobern. Ende August erreichte sie das westliche Ufer des Don. Auf der anderen Seite lagen sowjetische Verbände. Bei der anhaltenden Hitze hätten die Soldaten am liebsten in dem Fluß ein erfrischendes Bad genommen. Aber das erschien zu gefährlich, denn der Don war an dieser Stelle nicht breiter »als die Donau bei Regensburg«[117]. Auch Hartnagel rechnete damit, daß Stalingrad in absehbarer Zeit erobert würde. Schließlich drangen in der ersten Septemberhälfte die 6. Armee und die 4. Panzer-Armee bereits in die Vororte der Hafenstadt ein. Und zwei Monate später waren nach einem erbitterten und verlustreichen Häuserkampf 90 Prozent der Stadt in deutscher Hand. Somit machte sich Hartnagel schon Gedanken, was nach Stalingrad das nächste Ziel sein könnte. Er wünschte sich eine Verlegung in den Kaukasus.

Die Nachrichtenkompanie kampierte inzwischen wieder in der Steppe, und zwar in einer Mulde, die an einen provisorischen Flugplatz grenzte, und wartete dort auf einen neuen Einsatzbefehl. Auch in dieser Gegend war das Wasser knapp und der Kontakt zur russischen Bevölkerung nahezu unmöglich.

Hartnagels Hoffnung, vor dem Einbruch des Winters die Don-Wolga-Region verlassen und weiter in Richtung Süden ziehen zu können, erfüllte sich jedoch nicht. Mitte September stand fest, daß die Region um Stalingrad bis auf weiteres sein Einsatzgebiet bleiben würde. Die Kompanie war inzwischen näher an Stalingrad herangerückt und bereitete sich auf den Ausbau der Winterquartiere vor. In Stalingrad erkundete Hartnagel die Möglichkeit, Holz zu beschaffen. »Es war wohl der erschütterndste Eindruck von Elend und Trostlosigkeit, den ich in diesem Feldzug gewonnen habe. Schon die ganze Straße vom Don nach Stalingrad ziehen Tausende von Flüchtlingen, Frauen und kleine Kinder und alte Männer ohne Unterkunft, ohne etwas zu essen, denn aus dem Lande gibt es nichts mehr zu holen.«[118]

Mit diesen Menschen empfand Hartnagel spontan Mitleid. Auf dem Rückweg zu seiner Kompanie nahm er russische Flüchtlinge mit, einen alten Mann, der kaum noch gehen konnte, sowie eine ältere und eine junge Frau. »Wie die sich freuten und andächtig hinten drin saßen – wie Kinder. Die ältere Frau hat sich immer wieder bekreuzigt.«

Der erste Vorbote des russischen Winters ließ nicht lange auf sich warten. Noch im Laufe des September sanken abends und nachts die Temperaturen rapide. Die Soldaten suchten Schutz vor der Kälte und dem eisigen Ostwind, indem sie Erdlöcher gruben und diese notdürftig abdeckten. Hartnagel selber war, wie er Sophie schrieb, schon abends um sieben in seinen Schlafsack gekrochen, weil er jämmerlich fror. Der Ausbau der Winterquartiere wurde zu einem Wettlauf gegen die Zeit. Es gab keine Nägel, keine Steine, vor allem kein Werkzeug.

Die Wirkung seiner Briefe, in denen Hartnagel die Lage in und um Stalingrad schildert, blieb nicht aus. In Ulm entstand der Eindruck, er befände sich in ständiger Gefahr. Dieser Vorstellung trat er jedoch energisch entgegen. Nur an einzelnen Tagen sei die Situation gefährlich gewesen, versicherte er Sophie. Ansonsten lebe er genauso sicher wie sie in Ulm und München. Wohl auch, um keine neuen Sorgen aufkommen zu lassen, unterstrich er in einem der nächsten Briefe demonstrativ, wie gut die Verpflegung an Sonntagen sei. Tatsächlich war die Versorgungslage eher schwierig, wie Hartnagel selber bald einräumen mußte. Denn es war nicht einfach, für die Feldküche ein paar Schweine oder Rinder aufzutreiben.

Die Postverbindung klappte weiterhin erstaunlich gut. Briefe und selbst Päckchen fanden ihren Weg in den Bunker von Fritz Hartnagel vor Stalingrad. Für ihn waren solche Sendungen Lichtblicke in einem Alltag, der immer trostloser wurde. Allmählich begriff er, daß alle Hoffnungen auf einen schnellen Sieg verfrüht gewesen waren und daß Stalingrad den Winter über noch Kampfgebiet bleiben würde. Die sowjetische Seite warf immer neue Truppen in die Schlacht. Verluste von Hunderttausenden von Soldaten spielten nun für Stalin ebensowenig eine Rolle wie für Hitler. Der Kremlherrscher und der NS-Diktator schaukelten sich in ihrem Fanatismus gegenseitig hoch.

»In Stalingrad wurde uns klar, daß dieser Mammutfeldzug ins Verderben führte und die Wehrmacht diesen Koloß Sowjetunion auf Dauer nicht bezwingen konnte«, berichtete Hartnagel. »Insofern dachten wir, das Kriegsende käme bald in Sicht. Rückblickend muß ich gestehen, daß es damals konsequent gewesen wäre, zur sowjetischen Seite überzulaufen. Aber das habe ich nicht fertiggebracht, denn ich wollte nicht in russische Kriegsgefangenschaft. Ich wollte nach Hause.«[119]

Die Rückkehr der Münchner Studenten Ende Oktober 1942 aus Rußland bedeutete für die »Weiße Rose« eine Art Neubeginn. Hans Scholl, Alexander Schmorell, Willi Graf und Jürgen Wittenstein, der ebenfalls der Studentenkompanie angehörte und an den Flugblattaktionen beteiligt war, hatten nicht nur wie Fritz Hartnagel die Weite und Schönheit der russischen Landschaft kennengelernt, sie hatten wie er mit eigenen Augen das ganze Elend des Krieges und den Vernichtungsfeldzug der Einsatzgruppen und von Teilen der Wehrmacht gesehen. Sie waren hauptsächlich im Gebiet von Smolensk als Sanitäter eingesetzt worden.

In München nutzten die Studenten die Wochen vor Weihnachten 1942, um neue Kontakte zu knüpfen und die Widerstandsgruppe behutsam zu erweitern. Professor Kurt Huber und der Buchhändler Josef Soehngen kamen hinzu. Huber, der Philosophie lehrte und dessen Vorlesungen die Geschwister Scholl und ihre Freunde besonders schätzten, wurde bald der Mentor der Widerstandsgruppe. Er verstand es, in seinen Vorlesungen seine Kritik an den Nationalsozialisten literarisch und philosophisch so elegant zu verpacken, daß seine Zuhörer sofort Bescheid wußten, die staatliche Zensur jedoch keine Angriffsflächen entdeckte.

Josef Soehngen war ein enger Freund von Hans. Bei Soehngen versteckten sie das Vervielfältigungsgerät, wenn sie eine Warnung erhielten. Bei ihm konnten die Studenten sich bei einem Glas Wein gelegentlich entspannen. Durch seine Auslandskontakte gelang es ihm, Verbindungen zum italienischen Widerstand zu knüpfen.

Unter Mitwirkung von Huber, der einige stilistische Verbesserungen einfügte, entstand vermutlich in der ersten Dezemberhälfte 1942 das an »alle Deutschen« gerichtete fünfte Flugblatt. Es enthält den Aufruf an die Bevölkerung, angesichts der drohenden militärischen Niederlage sich von den Nationalsozialisten loszusagen. Das Flugblatt beginnt mit dem Satz: »Der Krieg geht seinem sicheren Ende entgegen.«[120] Und einige Zeilen weiter heißt es: *»Hitler kann den Krieg nicht gewinnen, nur noch verlängern!«* Die sich abzeichnende deutsche Niederlage in der Schlacht um Stalingrad spornte die Studenten an. Ein Ende des Regimes schien in Sicht zu kommen.

In diesem fünften Flugblatt der »Weißen Rose«, an dessen Entstehung und Verbreitung Sophie Scholl unmittelbar mitgewirkt hat, äußerten die Verfasser erstmals eigene Vorstellungen von der Zeit nach der Hitler-Diktatur: »Das kommende Deutschland kann nur föderalistisch sein. Nur eine gesunde föderalistische Staatenordnung vermag heute noch das geschwächte Europa mit neuem Leben zu erfüllen. Die Arbeiterschaft muß durch einen vernünftigen Sozialismus aus ihrem

Zustand niedrigster Sklaverei befreit werden. Das Truggebilde der autarken Wirtschaft muß in Europa verschwinden. Jedes Volk, jeder einzelne hat ein Recht auf die Güter der Welt!« – Gedanken, die sich übrigens zum Teil in den Nachkriegsprogrammen der politischen Parteien der Bundesrepublik Deutschland, etwa im Ahlener Programm der CDU, wiederfinden.

Das neue Flugblatt wurde in einer Auflage von mehreren tausend Exemplaren gedruckt. Beim Inhalt und auch beim Verteilen achteten die Studenten darauf, daß München als Herstellungsort nicht erkennbar war. Der Überschrift »Aufruf an alle Deutschen« geht die Zeile voraus: »Flugblätter der Widerstandsbewegung in Deutschland«. Der neue erweiterte Aktionsradius der »Weißen Rose« sollte darin zum Ausdruck kommen.

Im Verteilersystem hatte jeder seine Aufgabe: Alexander Schmorell nahm den Zug nach Salzburg, obwohl er als Soldat dafür nicht den erforderlichen Urlaubsschein besaß. Sophie Scholl übernahm die Städte Augsburg, Ulm und Stuttgart. Sie fuhr mit dem Zug nach Augsburg und steckte die Umschläge, die bereits in München mit Adressen und Briefmarken versehen worden waren, in verschiedene Briefkästen. Von Augsburg ging es weiter nach Ulm, wo der Schüler Hans Hirzel die Flugblätter übernahm und zusammen mit Franz Josef Müller in Umlauf brachte.

Wenn ein Gestapobeamter den Inhalt ihrer Tasche kontrolliert hätte, wäre sie sofort verhaftet worden. Um einer solchen Gefahr zu entgehen, wurde der Rucksack in einem Abteil abgelegt, und sie suchte das nächste Abteil auf. Kurz vor der Ankunft nahm sie das Gepäckstück wieder an sich. Ein weiterer Gefahrenpunkt war die Sperre beim Verlassen des Bahnhofs. Dort standen häufig Polizisten in Zivil, um verdächtige Personen zu kontrollieren. In solchen Situationen hatte sich Sophie völlig unter Kontrolle. Sie passierte die Sperre, als sei es das Selbstverständlichste der Welt.

An einem der Novemberwochenenden 1942 fuhren Hans Scholl und Alexander Schmorell nach Chemnitz, um Falk Harnack zu treffen, den Bruder von Arvid Harnack, der als einer der Führer der Berliner Widerstandsgruppe »Rote Kapelle« inhaftiert war. Die Regimegegner wollten ihre Aktionen aufeinander abstimmen. Ferner sollten an möglichst vielen Universitäten in Deutschland Zellen gebildet werden, um nach dem Vorbild der Münchner Gruppe die Verbrechen der Nationalsozialisten anzuprangern. In Hamburg bestand bereits ein loser Zusammenschluß. Traute Lafrenz reiste im November für einige Wochen in ihre Heimatstadt, um die studentische Opposition mit den Plänen der »Weißen Rose« bekannt zu machen. Ihre Vorschläge fanden viel Zuspruch. Die praktische Untergrundarbeit wurde auch in der Hansestadt bald verstärkt.

Für die Herstellung und den Vertrieb der Flugblätter suchten die Studenten jede nur mögliche Unterstützung. So endete zum Beispiel Sophie Scholls Brief vom 19. November 1942 an ihren Freund im fernen Rußland mit der Frage: »Kannst du mir nicht einmal einen Pack Briefumschläge beschaffen?«[121]

Vor allem jedoch brauchten die Studenten Geld. Die Beträge, die Sophie Scholl von Fritz Hartnagel erhielt, reichten nicht für den Ausbau der Aktivitäten. Aus diesem Grunde reisten Hans und Sophie Scholl Anfang Dezember nach Stuttgart, wo Hans den Steuerberater Eugen Grimminger aufsuchte. Grimminger war mit einer Jüdin verheiratet und hatte das Büro von Robert Scholl betreut, als dieser im Gefängnis saß. Während Hans Scholl mit ihm die Möglichkeit einer finanziellen und ideellen Zusammenarbeit besprach, besuchte Sophie Scholl ihre Freundin aus dem Fröbel-Seminar, Susanne Hirzel, die in Stuttgart Musik studierte, der sie vertrauen konnte und der sie ihre Einstellung zum Nationalsozialismus nicht verhehlte.

In einem Brief an Inge Aicher-Scholl schilderte Susanne Hirzel nach dem Krieg ihre Begegnung: »Sophie besuchte mich in Stuttgart, solange Hans bei Grimminger um Geld nachsuchte. Sophie wollte mich überreden, zu einer Zusammenkunft im Atelier Eickemeyer zu kommen. Weil aber die Hochschule ein Haydn-Oratorium aufführte und ich eines der wenigen Celli war, konnte ich nicht kommen.

Sophie machte Andeutungen von Flugblattaktionen. Als wir die Römerstraße hinuntergingen, um in der Calwer Straße dann Hans zu treffen, meinte sie: ›Wenn hier Hitler mir entgegenkäme und ich eine Pistole hätte, würde ich ihn erschießen. Wenn es die Männer nicht machen, muß es eben eine Frau tun.‹ Ich beneidete sie um ihre entschiedene Meinung, da ich selbst von Zweifeln geplagt war. Ich entgegnete: ›Da wäre doch gleich der Himmler zur Stelle und nach diesem genügend andere.‹ Sie erwiderte: ›Man muß etwas machen, um selbst keine Schuld zu haben.‹

Das waren die letzten wichtigen Worte, die wir gewechselt haben. Wir trafen Hans im Café und aßen Kirschkuchen. Hans befand sich in einer wahren Euphorie, denn er hatte Erfolg bei Grimminger gehabt, in ihm einen Gesinnungsgenossen gefunden. Er war überzeugt, daß, wenn ein Anstoß käme, das Volk sich erheben würde.«[122]

Susanne Hirzel überwand später ihre Bedenken und half ihrem Bruder Hans beim Verteilen der Flugblätter der »Weißen Rose«. Sie wurde beim zweiten Prozeß gegen Anhänger der Widerstandsgruppe vom Volksgerichtshof zu einer Gefängnisstrafe von sechs Monaten verurteilt.[123]

Die Flugblätter der »Weißen Rose« tauchten bald in vielen deutschen Städten auf, in Frankfurt am Main, Berlin, Hamburg, Freiburg, Saarbrücken, auch in Salzburg und Wien. Einzelne Exemplare gelangten später sogar ins Ausland, nach Norwegen, England und Schweden. In München war die Gestapo aufs höchste alarmiert. Sie bildete eine Sonderkommission mit Kriminalobersekretär Robert Mohr an der Spitze, die ausschließlich den Auftrag hatte, die Widerstandsgruppe ausfindig zu machen.

Hartnagels Situation verschlechterte sich von Woche zu Woche. Kaum hatte er unter unvorstellbaren Mühen ein Winterquartier für sich und seine Leute angelegt, kam neue Order. Die Nachrichtenkompanie mußte wieder abrücken. Etwa 2000 Kubikmeter härtesten Boden hätten sie ausgeschachtet, heißt es in seinem Brief vom 31. Oktober 1942, sie hätten viele Wagenladungen Holz aus Stalingrad herangefahren, und dann sei alles umsonst gewesen.

Die gleiche Strapaze des Eingrabens wiederholte sich, nur mit dem Unterschied, daß der Boden noch tiefer gefroren war. Obwohl es der Kompanie untersagt war, das bereits verwendete Holz für die neuen Bunker zu benutzen, mißachteten die Soldaten die Anordnung. Die alten Erdbehausungen wurden eingerissen, um die Balken und Bretter an anderer Stelle wieder zu verwenden.

Wie viele der Briefe, die Sophie Scholl in den Monaten Ende 1942 und Anfang 1943 an Fritz Hartnagel richtete, diesen tatsächlich in Stalingrad erreichten, ist unklar. Einige wurden jedenfalls wieder zurückgeschickt. Andere fanden ihren Weg ins Winterquartier der Nachrichtenkompanie nahe der Wolga.

Anfang November 1942 brachte Sophie Scholl einen Gruß an den Freund zu Papier, »nachdem ich noch ein wenig vor dem Klavier gesessen bin, bei Kerzenlicht und dem köstlichen Geruch verbrannten Tannenreises«[124]. Ihre Zeilen sind voller Wärme und Zuneigung. »... den Gang an den Briefkasten an der Bahn will ich in Gedanken an Dich tun, durch die dunklen Gassen, die kaum die Sterne erhellen können, obwohl sie heute wieder durch die Wolken auf uns heruntersehen. Auch auf Dich!« Über den eigentlichen Grund ihrer Bedrückung, die Widerstandstätigkeit unter konspirativen Bedingungen, konnte sie natürlich keine Zeile schreiben.

In Stalingrad kamen die Schanzarbeiten für die neuen Bunker nur langsam voran. Der Kompaniechef setzte alles daran, die Behausungen fertigzustellen, bevor es noch kälter wurde. Das war seine größte Sorge. Hartnagel wollte sich später nicht vorwerfen müssen, nicht genug unternommen zu haben, seine Männer vor der Kälte zu schützen.

Die militärische Lage in Stalingrad war ihm ein Rätsel, denn die Rotarmisten kontrollierten nur noch wenige hundert Quadratmeter entlang der Wolga. In diesen Trümmerhaufen schleuderten deutsche Stukas zusammen mit der Artillerie ununterbrochen Bomben und Granaten, obwohl sich dort kaum noch Menschen halten konnten. Trotzdem werde nun schon wochenlang um dieses kleine Fleckchen gekämpft, meinte Hartnagel resignierend. Man könne fast von einem zweiten Verdun sprechen.

Die Gegenwehr der Roten Armee war nach wie vor ungebrochen. Immer neue Einheiten wurden zur Verstärkung herangezogen. An der Gegenoffensive beteiligte sich jetzt auch die sowjetische Luftwaffe. 15 Maschinen attackierten die Nachrichtenkompanie Hartnagels, als dieser gerade dabei war, mit seinem Hauptfeldwebel die Urlaubspläne für die kommenden Wochen festzulegen. Weil er Schlimmes befürchtete, hatte Hartnagel beschlossen, möglichst viele Soldaten nach Hause zu schicken. Als beide unter einem Tisch Deckung suchten, meinte der Hauptfeldwebel trocken: »Hoffentlich brauchen wir keinen von der Urlaubsliste zu streichen.«[125]

Mit Sarkasmus versuchte Hartnagel, über die schwierige Lage hinwegzukommen. Neben der Unterbringung war die Versorgung der Soldaten mit Lebensmitteln das zweite große Problem. Immerhin trafen für die Kompanie noch einmal hundert Zentner Kartoffeln ein. Dafür wurde sofort ein Keller angelegt, damit der Frost die Vorräte nicht zunichte machte.

Hartnagel schickte einen Feldwebel los, um zusätzlich Gemüse und Früchte zu beschaffen. Wie sich nach dessen Rückkehr herausstellte, hatte er bei einem Russen vier Zentner Weißkohl gegen ein Paar Damenschuhe eingetauscht, die er seiner Freundin schicken wollte. Erneut befand sich der Kompaniechef in einem Dilemma: Eine Strafe einschließlich Degradierung wäre angemessen gewesen. Jedenfalls konnte er die Angelegenheit nicht auf sich beruhen lassen, denn ein Untergebener hatte ihm die Unterschlagung gemeldet. Hartnagel beließ es wahrscheinlich bei einer geringen Bestrafung, denn vor ihm türmten sich ganz andere Probleme auf.

An manchen Tagen erfaßte ihn tiefe Niedergeschlagenheit. Die Verbindung zu Sophie, die Verantwortung für seine Truppe und manchmal auch das schlichte Gebet, das er sich anzugewöhnen versuchte, halfen ihm dann über solche Phasen hinweg.

Sophie, die sich in diesen Wochen eindeutig radikalisierte, spürte die zunehmende Verunsicherung Hartnagels und bemühte sich, ihn in seiner Haltung zu bestärken. »Ich freue mich, daß Du die Öde, die ja doch in Dir eintreten mußte, in Deiner Arbeit und Abgeschnittenheit (schon 5 Jahre, oder noch länger, lebst Du in dieser Wüste) zu überwinden entschlossen bist, und wenn ich könnte, so würde ich Dich immer mehr aufhetzen gegen die Gleichgültigkeit, die über Dich kommen könnte, und ich wünsche, die Gedanken an mich wären ein steter Stachel gegen sie.«[126]

Noch nie zuvor hat Sophie Scholl in ihren Briefen, soweit sie erhalten sind, ihren Freund so direkt und unmißverständlich gegen die Wehrmacht aufgestachelt. Sie registrierte hellwach die Entwicklung, die Hartnagel bereits vollzogen hatte, und forderte ihn auf, kompromißlos seinen Weg zu Ende zu gehen.

Sie selber befand sich ebenso wie ihr Freund in einer wenn auch anders gearteten, aber dennoch immer schwieriger werdenden Situation. Die Kehrseite des Widerstandes, für den sie sich entschieden hatte, waren Verzweiflung und Angst. In demselben Brief flehte sie Hartnagel an: »Denke an mich in Deinem Gebet.« Zugleich war ihr bewußt, daß auch dieses »Wir müssen beten« nicht mehr sein konnte als ein Strohhalm. Sie könne ihm nichts anderes schreiben, »weil ich Angst in mir habe und nichts als Angst und mich nur nach dem sehne, der mir diese Angst abnimmt«.

Auch aus Ulm nahmen die bedrückenden Nachrichten kein Ende. Bald nach seiner Entlassung aus dem Gefängnis erhielt Robert Scholl Berufsverbot mit der Begründung, er sei politisch unzuverlässig. Die Eingaben von 30 seiner Kunden, die sich für den Steuerberater eingesetzt hatten, blieben wirkungslos. Berufsverbot – das hieß, die materielle Grundlage der Familie Scholl geriet ernsthaft in Gefahr. Die Miete für die Wohnung in Ulm, das Studium von Sophie und Hans, der Lebensunterhalt überhaupt – Robert Scholl suchte nach Möglichkeiten, um Geld zu verdienen. Sophie wandte sich erneut an Fritz Hartnagel: »Da Du uns in finanzieller Beziehung schon Deine Hilfe angeboten hast – jetzt werden wir sie brauchen können.«[127]

Die Lage in und um Stalingrad hatte sich inzwischen dramatisch verändert und Hartnagels schlimmste Befürchtungen noch übertroffen. Am 19. November 1942 waren die sowjetischen Streitkräfte zu einer Gegenoffensive angetreten. Vom Nordwesten und Süden stießen sie zangenförmig gegen die deutschen Verbände vor. Dabei gelang es der Roten Armee, die Deutschen auf einem Gebiet von 40 mal 50 Quadratkilometern einzukesseln. Eine Versorgung war nur noch aus der Luft möglich. Drei Flugplätze standen dafür zur Verfügung.

Ein in der Kriegsgeschichte kaum dagewesenes Drama nahm seinen Lauf. Stalingrad sollte unter allen Umständen zum Fanal des deutschen Siegeswillens werden. Kategorisch untersagte Hitler dem Oberbefehlshaber der 6. Armee, Generaloberst Friedrich Paulus, jeden Ausbruch aus dem Kessel.

Auch Hartnagels Kompanie wurde von der Roten Armee erneut angegriffen, so daß sie die neuen Stellungen fluchtartig verlassen mußte und einen großen Teil ihrer Fahrzeuge und Ausrüstung verlor. Das noch übriggebliebene fliegende Personal wurde mit den Maschinen ausgeflogen. Als dienstältester Offizier erhielt Hartnagel den Auftrag, aus den restlichen Infanterieeinheiten innerhalb von sechs Stunden ein Bataillon von etwa 1000 Mann zu bilden.

In seinem Brief vom 9. Dezember 1942 ist von »furchtbaren Tagen« die Rede. Es falle ihm schwer, Entschlüsse zu fassen, denn jedesmal entscheide er über Menschenleben. »Als gestern der Russe ein recht heftiges Feuer auf unsere Stellungen legte und ringsherum der Kriegslärm tobte, saß plötzlich ein Vöglein am Rand meines Schützenlochs und piepste vergnügt, als ob es sich darum gar nicht kümmern würde. Ich weiß nicht, was mich dazu bewegte, in diesem Augenblick so sicher anzunehmen, daß dies nur ein Gruß von Dir sein kann...«[128]

Einheiten der Roten Armee lagen inzwischen stellenweise nur 300 Meter von dem Infanteriebataillon entfernt, das Hartnagel befehligte. Fast täglich beschossen sie die deutschen Stellungen mit Granaten. Die Gedanken und Gespräche der eingeschlossenen Soldaten drehten sich nur noch um ihre Befreiung aus dem Kessel, die Hitler immer wieder versprach.

Am 23. Dezember 1942, einen Tag vor Heiligabend, richtete Hartnagel erneut einen Brief an seine Freundin. Die Umstände, unter denen er ihn verfaßt hat, müssen unvorstellbar gewesen sein. Trotz der bitteren Kälte und des Kriegslärms um ihn herum schilderte er den bislang »schlimmsten Angriff seines Lebens«[129]. Sein Infanteriebataillon hatte in der Nacht zum 19. Dezember einen neuen Frontabschnitt übernommen und war unter massiven Artilleriebeschuß geraten. Einen Tag lang bebte und kochte die Erde. Die Verluste waren derartig hoch, daß vom ganzen Bataillon gerade noch die Stärke einer Kompanie, insgesamt nicht mehr als 150 Mann, übrigblieb. »Auch der Tod verliert allmählich seinen Schrecken.«

Noch flogen Transportflugzeuge einen der Flugplätze im Kessel an und nahmen auf dem Rückweg schwer verwundete Soldaten und die Post mit. Von Sophie aber hatte Hartnagel seit Wochen keine Nachricht mehr bekommen, obwohl sie alles unternahm, die Briefverbindung aufrechtzuerhalten. Am 30. Dezember schickte sie gleich zwei Briefe nach Stalingrad – wohl in der Hoffnung, daß wenigstens einer davon durchkommen würde.

Beim Schreiben hatte sie den Volksempfänger eingeschaltet. »Ich habe mir aus dem Radio eine schöne alte Musik hergeholt, eine Musik, die die Sinne beruhigt, die mit ordnender Hand durch das verwirrte Herz geht. Diese Schönheit kann niemals schlecht sein, sie atmet ja das Leben eines reinen Geistes und eines klaren, manchmal mathematisch klaren Geistes.«[130]

Sie hoffte, bald wieder mit Hartnagel durch die Stadt schlendern zu können. Es müsse ja nicht unbedingt Freiburg sein. »Doch wenn Du diese Zeit nur überstehst, das Wie ist dann nicht so wichtig ... Vielen vielen Dank für Deinen Gruß, ich habe mich so gefreut, daß Du das Vöglein gesehen hast. Wenn Du nur den Blick für diese Dinge nicht verlierst!«

Am 16. Januar 1943 eroberte die Rote Armee den wichtigsten Flugplatz im Kessel. Die ohnehin schlechte Versorgung kam fast zum Erliegen. Zudem trieben die sowjetischen Verbände einen tiefen Keil in die deutschen Linien, so daß sich ein

Nord- und ein Südkessel bildete und die 6. Armee auseinandergerissen wurde. Dieser Vorstoß war die Antwort darauf, daß Generaloberst Paulus eine Kapitulationsforderung des Oberkommandierenden der Don-Front, Konstantin Rokossowski, vom 8. Januar zurückgewiesen hatte.

Seinen Truppen gegenüber vertrat Paulus harte Durchhalteparolen. In Wahrheit wußte er, daß der Kampf aussichtslos war. Mehrfach teilte er dem Oberkommando des Heeres per Funk mit, wie er die Situation beurteilte: »Die Armee hungert, friert, hat nichts zu schießen und kann ihre Panzer nicht bewegen.« Lebensmittel, Munition, Treibstoff – es fehlte an allem. Nur noch Bruchteile des Nachschubs, den Hitler großspurig versprochen hatte, gelangten zu den eingeschlossenen Soldaten. Und im Kessel von Stalingrad grassierten Krankheiten wie Fleckfieber, Gelbsucht und Steppenruhr. Das einzige, was bis zuletzt halbwegs funktionierte, war die Feldpost.

Paulus schickte seinen persönlichen Ordonnanzoffizier Winrich Behr ins Führerhauptquartier Wolfsschanze in Ostpreußen. Dieser sollte berichten, unter welchen katastrophalen Bedingungen die 6. Armee in Stalingrad dahinvegetierte. Paulus wollte die Zustimmung Hitlers zur Kapitulation gewinnen. Doch dieser ließ sich in keiner Weise beeindrucken. »Stalingrad muß durchhalten« – mit dieser Devise gab er die Soldaten dem Untergang preis.

In der Nacht zum 31. Januar 1943 beförderte Hitler Friedrich Paulus zum Generalfeldmarschall – in der Erwartung, Paulus werde sich der Gefangenschaft durch Freitod entziehen. Diesmal folgte dieser seinem »Führer« nicht. Wie seine Soldaten – insgesamt noch 91 000 – begab auch er sich am selben Tag in sowjetische Gefangenschaft.

Hartnagels Brief vom 17. Januar 1943 weist an den Rändern schwarze Wasserflecken auf. Was er mitzuteilen hatte, alarmierte seine Freundin, die Familie Scholl und seine Angehörigen: »Seit acht Tagen sind wir bei 30 Grad Kälte im Freien, ohne eine Möglichkeit, uns aufzuwärmen. Mein Bataillon ist vollkommen aufgerieben. Ich selbst habe beide Hände erfroren, davon zwei Finger mit Erfrierungen 3. Grades.«[131]

Hartnagel schleppte sich zum Hauptverbandsplatz, doch man wies ihn ab. Dort würden nur Schwerverletzte aufgenommen. Schließlich fand er einen Offizier, der ihn in seinen warmen Bunker aufnahm. Er wisse nicht, wie alles weitergehen werde, berichtete Hartnagel. Die Lage sei ziemlich hoffnungslos. Er rechne fest damit, bald in russische Gefangenschaft zu kommen.

Wie zum Abschied wandte er sich an die, denen er sich am engsten verbunden fühlte. »Sei nun von ganzem Herzen und in inniger Liebe gegrüßt, meine liebe, gute Sophie. Grüße Deine Eltern, Deine Geschwister, und auch um einen Gruß an meine Angehörigen möchte ich Dich bitten, falls ich nicht mehr dazu kommen sollte, ihnen zu schreiben.«

Kurz darauf konnte Fritz Hartnagel dem Kessel von Stalingrad doch noch entkommen. Als eines der letzten deutschen Flugzeuge, die Stalingrad überhaupt verließen, hob am Abend des 22. Januar 1943 eine Transportmaschine ab und brachte die Verwundeten nach Stalino im Donezgebiet (Ost-Ukraine). Fritz Hartnagel war unter ihnen. Er mußte sein gesamtes Gepäck, seine persönlichen Dinge, Bücher sowie zahlreiche Briefe von Sophie Scholl zurücklassen. Diese Rettung in letzter Minute kam ihm wie ein Wunder vor. Eigentlich verdankte er sie eher einem Zufall. Elisabeth Hartnagel erfuhr später die Einzelheiten:

»Fritz hatte nicht nur beide Hände erfroren; seine Füße waren so stark geschwollen, daß er die Stiefel aufschneiden und ausziehen mußte. Die Füße umwickelte er mit Lappen. Sein Stabsarzt hatte ihm eine Verwundetenkarte umgehängt und erklärt, Verwundete wie er hätten Anspruch darauf, ausgeflogen zu werden, nicht die gesunden Soldaten. Zwei Flugzeuge standen abflugbereit, umringt von Hunderten von Soldaten. Im allgemeinen Durcheinander kümmerte sich kaum noch jemand um die Schwerverletzten. Als das Gedränge um die beiden Maschinen immer stärker wurde, wußten die Piloten keinen Ausweg mehr: Sie starteten die Propeller. Fritz stand hinten in der Menge. Mit seinen kaputten Füßen und erfrorenen Händen schaffte er es nicht weiter nach vorn, während die gesunden Soldaten sich um die Maschinen drängten. Die Propeller rotierten, und so entstand ein Druck bzw. ein Sog, so daß die Umstehenden zurückwichen und Fritz plötzlich ganz vorn stand. Dadurch gelangte er in das Flugzeug. In der Maschine war ja nur für wenige Platz. Als sich weitere Soldaten an den Bombenschacht der Maschine klammerten, wurden sie gewaltsam abgedrängt, damit die Maschine überhaupt starten konnte.«[132]

Von Stalino ging die Reise der Verwundeten mit der Bahn weiter in Richtung Westen nach Lemberg (heute Lviv). Diesen Teil seiner Rettung schilderte Hartnagel in seinem Brief vom 12. Februar 1943 an Sophie Scholl: Er hatte einen Lazarettzug erwartet, wie er ihn aus Illustrierten und Wochenschauen kannte. Tatsächlich mußten die Verwundeten mit einem Viehwaggon vorliebnehmen. Sechs Tage dauerte die Fahrt, die ursprünglich bis Lublin in Ostpolen gehen sollte. Doch es regnete in Strömen. Das Dach des Waggons war undicht, so daß die Verwundeten im Wasser lagen.

»Auf unseren energischen Protest beim Transportführer wurde dann zum Glück in Lemberg der ganze Waggon geräumt... Gleich am andern Tag nach meiner Ankunft wurden dann meine beiden erfrorenen Finger amputiert, es war gerade mein Geburtstag.«[133]

Zum Oberstabsarzt, einem Spezialisten für komplizierte

Knochenverletzungen, der nach einer eigenen Methode wieder zusammenflickte, was andere Ärzte längst amputiert hätten, faßte Hartnagel schnell Vertrauen. Mit den Krankenschwestern kam er weniger gut zurecht. Diese betrieben bei der Verpflegung »Günstlingswirtschaft«. Immerhin beschaffte ihm eine von ihnen Briefpapier, Umschläge und Schreibutensilien aus der Stadt.

Natürlich wäre Hartnagel am liebsten gleich nach Hause gefahren. Aber die offene Wunde an der Hand und die Erfrierungen an den Füßen fesselten ihn weiterhin ans Krankenbett. Außerdem hatte die Führung der Wehrmacht kein Interesse daran, die Stalingradkämpfer schnell »zurückzuholen«. Sie hätten das von der Propaganda aufgebaute Bild einer heroischen Schlacht leicht zerstören können.

13

Zwei Blütenblätter

Von Sophie Scholl hatte Hartnagel seit Wochen keine Post mehr erhalten. Umgekehrt waren immerhin einige seiner Feldpostbriefe zu ihr gelangt, wenngleich mit Verzögerung. Nun, am 12. Februar 1943, fügte er seine neue Adresse hinzu – in der Hoffnung auf eine baldige Nachricht: »Reservelazarett IV, Lemberg, Bergsanatorium, Postfach 77«[134].

Dabei hatte Sophie Scholl den Briefkontakt gleich zu Beginn des Jahres 1943 noch intensiviert. Am 1. Januar brachte sie Zeilen auf den Weg, die den Freund wohl in erster Linie etwas ablenken und wenigstens in Gedanken ins heimatliche Ulm entführen sollten: »Heute haben wir zusammen einen schönen Spaziergang nach Geislingen gemacht, den Bergrand entlang durch den lichten Buchenwald und den herrlichen frisch gefallenen Schnee.«[135]

Ihre Sorge um Fritz Hartnagel aber wuchs von Tag zu Tag. Seitdem sie wußte, daß Hartnagel in Stalingrad eingekesselt war, verfolgte Sophie die Meldungen noch intensiver als vorher. Sie wünschte ihrem Freund, daß der Krieg und das Elend ihn nicht aus der Bahn warfen, und wiederholte ihr Motto: »Un esprit dur, du cœur *tendre*! ... In Gedanken bin ich jetzt so viel bei Dir, daß ich oft meine, wir müßten uns begegnen... Du weißt, wie schwer ein Menschenleben wiegt, und man muß wissen, wofür man es in die Waagschale wirft. Welche Verantwortung, die Du trägst!« Ein Leben in die Waagschale werfen – Fritz Hartnagel riskierte sein Leben in Stalingrad, Sophie Scholl ihr Leben im Widerstand.

Am 2. Februar 1943 schrieb sie von München aus einen längeren Brief an ihre Freundin Lisa Remppis. Ihr vertraute sie sich an. Lisa Remppis war die einzige, der Sophie ihre innere Verfassung schildern konnte. »Ich befinde mich in einem Zustand der Zerstreutheit, den ich selbst ganz schlecht an mir kenne (nur aus der Zeit, da ich einmal verliebt war. Doch das trifft jetzt nicht zu) ...«[136] An einer anderen Stelle des Briefes ist von »diesem Gefühl der Müdigkeit« die Rede. »... ich bin oft von einer Traurigkeit, beinahe dauernd, befallen, die mir fast schon lieb zu werden droht.«

Im letzten Absatz berichtete Sophie fast kühl vom Schicksal ihres Freundes: »Von Fritz habe ich Post vom 17. Januar, sein Bataillon ist auch aufgerieben, er erwartete nur noch Gefangenschaft oder Tod. Er hat sich beide Hände erfroren, weil sie wochenlang Tag und Nacht im Freien waren bei 30° Kälte. Vielleicht ist dies der letzte Brief (er glaubt so), den ich im Krieg von ihm erhalte, das Kriegsende rückt ja spürbar näher.« Kein Wort der Angst um ihn, die sie Hartnagel selbst gegenüber seit Wochen immer wieder äußerte.

Sophie Scholl hatte den Brief an Lisa Remppis bereits in einen Umschlag gesteckt, als aus Ulm ein Anruf kam: Hartnagel habe Stalingrad überlebt und liege in Lemberg in einem Lazarett – so lautete die erlösende Nachricht. Schnell fügte Sophie ihrem Brief noch einen Satz an: »... zwar werden ihm einige Finger, die Fersen vielleicht auch, abgenommen werden, doch er ist gerettet. Gott sei Dank!«

Seitdem Sophie wußte, daß Fritz Hartnagel die Schlacht um Stalingrad überlebt hatte, waren die düsteren Wolken der vorausgegangenen Tage verflogen. »Ich warte ungeduldig auf Deine nächste Nachricht. Hoffentlich bist du weitertransportiert worden und kannst es bewerkstelligen, wenigstens in meine Nähe zu kommen. Das heißt, solange ich noch frei bin (das ist ja sehr bemessen), fahre ich natürlich zu Dir. Ich bin schon voller Freude in dem Gedanken, mit Dir zusammenzusein.«[137]

Diesen Brief schrieb Sophie aus Ulm, wohin sie zusammen mit ihrer Schwester Elisabeth, die sich zuvor bei ihr in München aufgehalten hatte, Anfang Februar für zehn Tage zurückgekehrt war. Sie wollte ihrer kranken Mutter helfen. In München hatte Theodor Haecker im Atelier Eickemeyer vor einem Kreis von etwa 35 Personen – darunter die drei Geschwister Scholl und Willi Graf – aus seinem Buch *Schöpfer und Schöpfung* sowie aus seinem Tagebuch gelesen. Dazu bemerkte Sophie in ihrem Brief an Fritz Hartnagel: »An Deinem Geburtstag [4. Februar] war Haecker bei uns. Dies waren eindrucksvolle Stunden... Er hat ein sehr stilles Gesicht, einen Blick, als sähe er nach innen. Es hat mich noch niemand so mit seinem Antlitz überzeugt wie er.«

Tatsächlich konnte Sophie Scholl ihre Vorfreude auf ein Wiedersehen mit Fritz Hartnagel nur mit Mühe unterdrükken. Täglich ging sie in Ulm zum Briefkasten, in der Hoffnung, daß in der Post für sie etwas dabei war. Sie war überzeugt, Hartnagel bald wiedersehen zu können, und plante ernsthaft die lange Bahnreise nach Lemberg. »Ich freue mich so, bis ich endlich wieder mit Dir sprechen kann. Denn was ich so schreiben kann, ist doch bloß ein Tropfen aus dem großen Reservoir, das sich allmählich angesammelt hat.«[138] Dies schrieb sie am 13. Februar, fünf Tage vor ihrer Verhaftung.

Zurückgekehrt nach München, richtete sie – zwei Tage vor ihrer Verhaftung – gleich zwei Briefe an Fritz Hartnagel:

»Mein lieber Fritz! Noch einen kurzen Gruß, bevor ich wieder in meine Vorlesungen laufe... Wie geht es Dir? Schon 14 Tage sind vergangen seit Deinem letzten Brief aus Stalino, und ich bin ein bißchen unsicher, wenn ich mich an Dich wende, weil ich nicht weiß, wie es um Dich steht und welche Gefühle ich Dir entgegenbringen darf. Doch sei versichert, daß es immer die der Liebe und Dankbarkeit sind. Deine Sophie«[139]

Dem zweiten Brief heftete sie zwei Blütenblätter an – gewissermaßen als Frühlingsboten. Sie sind bis heute erhalten geblieben. Diese letzten Zeilen waren von einer so starken Zuneigung zu Fritz Hartnagel getragen wie nie zuvor. Die Auseinandersetzung mit dem NS-Regime war für einen Augenblick verstummt, auch die Gedanken über Gott und das Christentum blieben unausgesprochen. Am Ende ging es um einen blühenden Stock mit lila Blüten und schließlich um Sophies innigen Wunsch, Fritz Hartnagel wiederzusehen, mit dem sie sich so etwas wie eine gemeinsame Zukunft vorstellen konnte.

»Mein lieber Fritz! Gestern habe ich einen wunderbaren blühenden Stock gekauft, er steht vor mir auf dem Schreibtisch am hellen Fenster, seine graziösen Ranken, über und über mit zarten lila Blüten besetzt, schweben vor und über mir. Er ist meinen Augen und meinem Herzen eine rechte Freude, und ich wünsche mir nur, daß Du kommst, bevor er verblüht ist. Wann wirst du nur kommen?...«[140]

Am Tag darauf, am 17. Februar 1943, schilderte Hartnagel seiner Freundin den Tagesablauf im Lazarett in Lemberg, der aus Schlafen, Essen und Lesen bestand. Was die Lektüre anging, war er auf die Hausbibliothek angewiesen, die seinen Interessen überhaupt nicht entsprach. Deshalb bat er um Zusendung von Büchern, damit er seine Freizeit sinnvoll nutzen könne. Die Genesung seiner linken Hand machte gute Fortschritte. Die Wunde infolge der Amputation war inzwischen zur Hälfte zugewachsen.

Allerdings hatten sich die Handflächen entzündet. Der Arzt wollte aber mit einem Eingriff noch warten. Die eigentlichen Wunden schmerzten kaum noch, dagegen empfand er in den beiden amputierten Fingern heftige Phantomschmerzen, als seien sie in einen Schraubstock gezwängt worden.

In der zweiten Februarhälfte hatte Hartnagels Warten auf ein Lebenszeichen von Sophie ein Ende. Mehrere Briefe von ihr fanden den Weg zu ihm ins Lazarett. Am 22. Februar 1943 – es war der Tag der Hinrichtung von Sophie Scholl – trafen auch ihre letzten beiden Briefe vom 16. Februar ein. Er antwortete ihr noch am selben Tag:

»Meine liebe Sophie! Ich danke Dir sehr, daß Du mir so fleißig schreibst, trotzdem Du anscheinend immer noch keine Post von mir erhalten hast. Du tust mir soviel Gutes damit. Wieder hat mich heute ein Gruß erreicht, von dem mir als erstes zarte lilarote Blütenblätter in den Schoß fielen, und wie ich dann Deinen Brief in den Händen halte und dazu die Sonne ganz warm zum Fenster hereinstrahlt, muß da nicht der Frühling bei mir einkehren oder zumindest eine Vorahnung und eine starke Hoffnung auf seine Nähe. Und wenn ich nicht zu früh oder ohne jeden Urlaub an die Front geschickt werde, dann werden wir ihn sogar gemeinsam erleben dürfen...«[141]

Ein Brief, der ins Leere ging, denn Sophie Scholl, seine Freundin, die ihm alles bedeutete, lebte nicht mehr.

Februar 1943

»Verwerfen Sie jetzt nicht das Leben.«
Magdalene Scholl

Sophie Scholl zusammen mit Hans Scholl (li.)
und Christoph Probst (re.). Sie wurden
am 22. Februar 1943 hingerichtet.

14

Das wird Wellen schlagen

Als die Briefverbindung zwischen Fritz Hartnagel und Sophie Scholl wieder funktionierte, war das Schicksal der Münchner Widerstandsgruppe »Die Weiße Rose« schon fast besiegelt. Die Beamten der Sonderkommission sammelten verschiedene Hinweise, tappten aber noch im dunkeln. Daß es Studenten sein könnten, die sich gegen das Regime auflehnten, indem sie seine Verbrechen öffentlich machten – das dämmerte den Ermittlern erst allmählich.

Es gibt Anhaltspunkte dafür, daß Sophie Scholl in dem kleinen Kreis der Münchner Studenten äußerst aktiv war. Die Briefe ihres Freundes Fritz Hartnagel, vor allem seine Schilderungen aus Stalingrad, haben sie, wie schon erwähnt, dabei wahrscheinlich noch zusätzlich motiviert. Denkbar ist auch, daß das sechste Flugblatt unter dem Eindruck der Berichte Hartnagels entstanden ist. Bei ihrer Vernehmung erklärte sie: »Es war unsere Überzeugung, daß der Krieg für Deutschland verloren ist und daß jedes Menschenleben, das für diesen verlorenen Krieg geopfert wird, umsonst ist. Besonders die Opfer, die Stalingrad forderte, bewogen uns, etwas gegen dieses unserer Ansicht nach sinnlose Blutvergießen zu unternehmen.«[142]

Wenig spricht dafür, daß Sophie Scholl das Risiko bewußt gesucht hat. In gefährlichen Situationen handelte sie vielmehr kühl und kontrolliert. Außerdem: Über Nachlässigkeiten wie etwa eine herumliegende Bahnfahrkarte, die als Indiz angesehen werden konnte, empörte sie sich. Sie mochte es auch nicht, wenn vor Dritten Andeutungen über die Aktionen gemacht wurden.

Zwischen Ende Januar und Anfang Februar 1943 hatte sich Sophies Schwester Elisabeth etwa zehn Tage bei ihren Geschwistern in der Franz-Joseph-Straße in München aufgehalten, wo die beiden seit August 1942 wohnten. Elisabeth war somit vor der Verhaftung von Hans und Sophie am 18. Februar 1943 am längsten mit den beiden zusammen. Im Gespräch erinnert sie sich an diese denkwürdige Begegnung, von der sie nicht wußte, daß es die letzte sein würde:

»Während meines Aufenthaltes konnte ich keine Spur der Aktionen meiner Geschwister wahrnehmen. Ich erbot mich, die Wohnung der beiden einer gründlichen Frühjahrsreinigung zu unterziehen, wozu wir uns zwei Tage Zeit nahmen. Auch dabei konnte ich keine Gegenstände entdecken, die Verdacht erregt hätten. Unverständlich war mir allerdings Sophies Aufregung, als Alex [Alexander Schmorell] einmal einen Militärfahrschein hatte liegen gelassen. Sie war aufgebracht über diese ›Unvorsichtigkeit‹.

Ein Russenkittel von Alexander Schmorell hing in der Wohnung. Sophie sagte damals halb im Scherz: ›Den zieht er an, wenn er ab und zu mit russischen Fremdarbeiterinnen und Fremdarbeitern in einen Kellerraum geht, um dort russische Tänze zu tanzen. Das gibt ihm das Gefühl, in Rußland zu sein.‹

Einmal kam Christl Probst auf der Durchfahrt durch München zu einem kurzen Aufenthalt zu uns. Ich war erstaunt, daß er trotz eines Aufenthalts von nur eineinhalb Stunden die Uniform mit Zivilkleidern tauschte. Er zog sich sofort mit Hans in dessen Zimmer zurück. Anschließend tranken wir zusammen Tee und sprachen über Christls Frau, die nach der Geburt ihres dritten Kindes mit Wochenbettfieber in einer Klinik lag.

An einem Abend ging Hans mit Alex Schmorell weg, in die Frauenklinik, wie sie sagten. Kurz darauf erschien Willi Graf in der Wohnung. Als ich ihm sagte, die beiden seien zur Frauenklinik, lachte er und meinte, die würden ohne ihn nicht dorthin gehen. Sophie machte mir an diesem Abend einen nervösen Eindruck. Wir unternahmen einen Spaziergang im Englischen Garten. Dabei hat sie viel erzählt. Kurz zuvor hatte sie erfahren, daß Fritz aus Stalingrad entkommen war. Sie sagte damals, von allen kenne Fritz sie noch am besten. Dem könne sie nichts vormachen.

Während unseres Spaziergangs sagte Sophie dann, man müsse etwas tun, zum Beispiel Maueranschriften machen. ›Ich habe einen Bleistift in der Tasche‹, sagte ich. Sophie: ›Mit Teerfarben muß man so etwas machen.‹ Ich: ›Das ist aber wahnsinnig gefährlich.‹ Sophie ablenkend: ›Die Nacht ist des Freien Freund.‹

Als wir in der Wohnung zurück waren, rief Hans an und bat: ›Besorgt eine Flasche Wein. Ich habe noch 50 Mark in der Tasche gefunden.‹ Im Hause wohnte noch ein Schwarzhändler, bei dem man für besondere Gelegenheiten eine Flasche Wein kaufen konnte, zum Preis von 20 Reichsmark. Hans, Alex und Willi Graf kamen kurz darauf in gelöster Stimmung in die Wohnung, und wir verbrachten noch einen entspannten und gemütlichen Abend und haben Gedichte von Mörike und Hölderlin gelesen.

Am nächsten Morgen begleitete ich Sophie und Hans in eine Vorlesung von Professor Huber über Leibniz in die Uni. Neben dem Eingang in der Universität stand eine große Ansammlung von Studenten und starrte auf die Mauer. Als wir näher kamen, sahen wir an dieser Mauer in über einen Meter großen Buchstaben in schwarzer Farbe das Wort ›FREIHEIT‹ angeschrieben. Mehrere Putzfrauen waren emsig bemüht, diese Anschrift abzuschrubben. Ein älterer Student sagte zu

Sophie: ›Diese Schweinehunde.‹ Hans drängte darauf weiterzugehen und sagte: ›Wir wollen nicht auffallen.‹ Im Weggehen sagte Sophie leise zu mir: ›Da können sie lange schrubben, das ist Teerfarbe.‹«[143]

Als Sophie Scholl am 16. Februar 1943 ihre beiden letzten Briefe an Fritz Hartnagel in Lemberg schickte, war das sechste und letzte Flugblatt der »Weißen Rose« bereits fertiggestellt. Es richtete sich, ähnlich wie die Mauerparolen, von denen Elisabeth Scholl berichtet, vor allem an die Studentenschaft, die in der Überschrift direkt angesprochen wurde: »Kommilitoninnen! Kommilitonen! Erschüttert steht unser Volk vor dem Untergang der Männer von Stalingrad. Dreihundertdreißigtausend deutsche Männer hat die geniale Strategie des Weltkriegsgefreiten sinn- und verantwortungslos in Tod und Verderben gehetzt. Führer, wir danken dir!«[144]

Den Text dieses Flugblattes hatte Professor Kurt Huber formuliert. Hans Scholl hatte ihn an wenigen Stellen verändert. »Wollen wir weiter einem Dilettanten das Schicksal unserer Armeen anvertrauen? Wollen wir den niedrigen Machtinstinkten einer Parteiclique den Rest unserer deutschen Jugend opfern? Nimmermehr! Der Tag der Abrechnung ist gekommen, der Abrechnung der deutschen Jugend mit der verabscheuungswürdigsten Tyrannis, die unser Volk je erduldet hat.«

In dem Flugblatt wurde auch ein Vorfall aufgegriffen, der sich im Januar 1943 an der Universität München zugetragen hatte und beinahe eine Revolte ausgelöst hätte. Anläßlich der 470-Jahr-Feier der Hochschule hatte Gauleiter Paul Giesler die Studentinnen aufgefordert, sie sollten lieber dem Führer ein Kind schenken, statt sich an der Universität herumzudrücken. Weniger hübschen Mädchen versprach Giesler, ihnen einen seiner Adjutanten zuzuweisen.

Innerhalb von Minuten entlud sich wilder Protest, der in

einen Tumult mit Festnahmen ausartete und einige Tage später neue Versammlungen nach sich zog. Das Erstaunliche: Die Studenten konnten den Gauleiter schließlich zu einer Entschuldigung bewegen. Ferner erreichten sie die Freilassung der festgenommenen Kommilitoninnen und Kommilitonen. Dazu heißt es in dem Flugblatt der »Weißen Rose«: »Deutsche Studentinnen haben an der Münchner Hochschule auf die Besudelung ihrer Ehre eine würdige Antwort gegeben, deutsche Studenten haben sich für ihre Kameradinnen eingesetzt und standgehalten. Das ist der Anfang zur Erkämpfung unserer freien Selbstbestimmung...«

Das Verteilen des sechsten Flugblattes sollte der »Weißen Rose« zum Verhängnis werden. Die Umstände, wie Hans und Sophie Scholl am Vormittag des 18. Februar 1943 mit einem Handkoffer zur Universität gingen, die Flugblätter auf Treppen, Fensterbänken und Mauervorsprüngen verteilten, während der Vorlesungsbetrieb noch lief, das ist oft beschrieben und in Filmen dargestellt worden. Insbesondere wissen viele um jenen tragischen Moment, als die beiden über einen Hinterausgang die Universität verließen, dann in die Universität zurückliefen, die Treppen hinaufstürmten und den Rest der Flugblätter von oben in den Lichthof warfen. Handelte es sich um eine plötzliche Eingebung?

Elisabeth Hartnagel sieht in der Handlung der beiden Geschwister eine gewisse Logik: »Ich stelle es mir so vor, daß Sophie Hans überredete, die Flugblätter in der Universität zu verteilen, ohne daß Alexander Schmorell und Willi Graf davon wußten. Alles klappte, sie wurden nicht erwischt. Als sie schon draußen waren, haben sie vielleicht gedacht, sie müßten die Studenten direkt aufmerksam machen. Deswegen sind sie zurückgerannt und haben den Rest hinuntergeworfen.«[145]

Kurz darauf öffneten sich die Hörsäle. Sophie und Hans

rasten wieder nach unten. Ihnen kam der Hausmeister, der Pedell Josef Schmied, entgegen, ein ehemaliger Maschinenschlosser, der gesehen hatte, wie die Blätter herunterflogen. In großer Erregung packte er die beiden am Arm und schrie mehrmals: »Sie sind verhaftet!«

Hans und Sophie waren plötzlich ganz ruhig und ließen alles weitere mit sich geschehen. Schmied führte sie zum Hausverwalter, dieser zum Rektor, dem SS-Oberführer Professor Dr. Walter Wüst. Die Gestapo wurde alarmiert. Noch in der Universität mußten die beiden erste Fragen beantworten. In ruhigem Ton erklärten sie, sie hätten mit den Flugblättern nichts zu tun. Sie seien zufällig vorbeigekommen und vom Hausmeister zu Unrecht festgehalten worden.

Im Wittelsbacher Palais, der Gestapozentrale, begann das eigentliche Verhör. Es dauerte bis in die Morgenstunden und wurde an den folgenden Tagen fortgesetzt. Während am Abend des 18. Februar 1943 Propagandaminister Joseph Goebbels im Berliner Sportpalast zum »totalen Krieg« aufrief, leugneten beide zäh und unnachgiebig jede Verbindung zu einer Widerstandsbewegung, so daß Robert Mohr, einem der Vernehmungsbeamten, Zweifel kamen, ob sie mit der »Weißen Rose« etwas zu tun hatten.

Doch dann wurde im Laufe der Abendstunden das Ergebnis einer Durchsuchung ihrer Zimmer an der Franz-Joseph-Straße 13 bekannt. Dort fand die Gestapo 180 Acht-Pfennig-Briefmarken – ein gefährliches Indiz. Noch verhängnisvoller in seiner Wirkung war ein anderes Beweisstück. In der Wohnung entdeckten die Beamten Briefe an Hans Scholl, und zwar in der gleichen Handschrift, die die Gestapo von einem Zettel kannte, den Hans Scholl bei seiner Verhaftung in der Jackentasche aufbewahrte und vergeblich zu zerreißen versucht hatte. Es handelte sich um einen Flugblattentwurf von Christoph Probst, der Hans auch die Briefe geschrieben hatte. Christoph

Probst wurde am nächsten Tag, am Freitag, den 19. Februar 1943, festgenommen.

Als die Indizienlast stärker wurde, gaben zunächst Hans und dann auch Sophie in den Morgenstunden des 19. Februar 1943 das Leugnen auf und bekannten sich zu zwei Flugblattaktionen. Unabhängig voneinander verfolgten sie ein Ziel: Sie versuchten, die Freunde zu entlasten, indem sie alle Verantwortung auf sich nahmen und ihre Aktionen mit Einzelheiten belegten.

Bei der Vernehmung wollte der Gestapobeamte Robert Mohr von Sophie Scholl wissen, ob sie zur Herstellung der Flugblätter finanzielle Zuwendungen von dritter Seite erhalten habe. Sie erwiderte, sie habe sich von Freunden Geld geliehen, u. a. von Alexander Schmorell. Außerdem habe sie von ihrem Freund Fritz Hartnagel Beträge zwischen 100 und 300 Mark erhalten, die für den Ankauf von Büchern, vor allem aber für die Flugblattaktionen verwendet worden seien. Sie nannte Hartnagels Dienstgrad und schilderte, wie dieser mit Erfrierungen dem Kessel von Stalingrad entkommen und in ein Lazarett in Lemberg transportiert worden sei. Dann machte sie eine Bemerkung, die letztlich nur aus der Situation des Verhörs zu verstehen ist: »Mit Hartnagel verbindet mich seit 1937 ein Liebesverhältnis, und wir hatten auch die Absicht, uns später einmal zu heiraten.«[146]

In dem Protokoll der Vernehmung heißt es ferner: »Ich war mir ohne weiteres im klaren darüber, daß unser Vorgehen darauf abgestellt war, die heutige Staatsform zu beseitigen und dieses Ziel durch geeignete Propaganda in breiten Schichten der Bevölkerung zu erreichen ... Wenn die Frage an mich gerichtet wird, ob ich auch jetzt noch der Meinung sei, richtig gehandelt zu haben, so muß ich hierauf mit Ja antworten ...«

Am Ende des langen Verhörs unternahm Mohr den letzten Versuch, Sophie Scholl zu einer Distanzierung von der »Weißen Rose« zu bewegen. Damit wollte der Gestapobeamte eigenen Angaben zufolge Sophie Scholl vor dem Todesurteil bewahren.[147] Mohr wollte von ihr wissen, ob ihre Handlungsweise und das Vorgehen zusammen mit ihrem Bruder gerade in der jetzigen Phase des Krieges nicht ein Verbrechen an der Gemeinschaft und insbesondere an den hart kämpfenden Truppen im Osten sei, worauf Sophie Scholl erwiderte: »Von meinem Standpunkt aus muß ich diese Frage verneinen. Ich bin nach wie vor der Meinung, das Beste getan zu haben, was ich gerade jetzt für mein Volk tun konnte. Ich bereue deshalb meine Handlungsweise nicht und will die Folgen, die mir aus meiner Handlungsweise erwachsen, auf mich nehmen.«[148]

Die Frage, ob eine andere Entgegnung etwas an ihrem Schicksal geändert hätte, muß offenbleiben, ebenso wie nicht mehr zu klären ist, weshalb die Geschwister Scholl am 18. Februar noch einmal in die Universität gegangen sind, um auch den Rest der Flugblätter zu verteilen.

Mit großer Eile wurde der Prozeß vorangetrieben. Zwischen Verhaftung und Verurteilung vergingen nur vier Tage. In dieser Zeit teilte Sophie ihre Zelle mit Else Gebel, die ebenfalls aus politischen Gründen inhaftiert war. Zu ihr faßte Sophie Scholl schnell Vertrauen. Auf Veranlassung von Fritz Hartnagel hat Else Gebel darüber nach dem Krieg einen Bericht verfaßt. In einer Art Zwiegespräch dokumentierte sie ihre Bewunderung für die unerschrockene Haltung ihrer Mitgefangenen. Über die Nacht von Sonntag auf Montag, den 22. Februar 1943, den Tag der Gerichtsverhandlung, heißt es:

»Kurz vor sieben Uhr muß ich Dich für diesen schweren Tag wecken. Du bist sofort munter und erzählst mir, noch im Bett sitzend, Deinen gehabten Traum: Du trugst an einem schönen Sonnentag ein Kind in einem langen weißen Kleid zur Taufe. Der Weg zur Kirche führte über einen steilen Berg hinauf. Aber fest und sicher trugst du das Kind. Gänzlich unerwartet tat sich auf einmal eine Gletscherspalte auf. Du hattest gerade noch Zeit, das Kind auf die gesicherte Seite zu legen, da stürztest Du in die Tiefe.

Du legtest Dir den Traum so aus: Das Kind in weißem Kleid ist unsere Idee, sie wird sich trotz aller Hindernisse durchsetzen. Wir durften Wegbereiter sein, müssen aber vorher sterben, für sie.«[149]

Zwei Beamte holten Sophie kurz nach neun Uhr ab und brachten sie zum Justizpalast im Zentrum unweit des Münchner Hauptbahnhofs. Um zehn Uhr begann die Verhandlung des Volksgerichtshofs gegen Hans Scholl, Sophie Scholl und Christoph Probst. Den Vorsitz führte Roland Freisler, Präsident des Volksgerichtshofes, ein Fanatiker, der Recht und Gesetz den Interessen des NS-Regimes völlig unterordnete.

Die Eltern von Hans und Sophie Scholl waren von Jürgen Wittenstein angerufen und informiert worden. Sie wurden Zeuge, wie Freisler Sophie wegen des Geldes zur Rede stellte, das sie von Fritz Hartnagel bekommen hatte. Freisler: »Dann war Ihr Freund auch noch beteiligt?« Sophie erwiderte: »Er hat mir das Geld für den Kauf von Büchern gegeben.« Freisler schrie in den Saal: »Dann sind Sie also eine Betrügerin!«[150]

Elisabeth Hartnagel beschreibt die Reaktion von Magdalene Scholl:

»Daß ihre Tochter als Hochverräterin bezeichnet wurde, das konnte sie hinnehmen, weil es letztlich eine Ehre war. Aber die Beschimpfung als Betrügerin hat meine Mutter in tiefster Seele empört.« Als Robert Scholl merkte, daß die Vernichtung seiner Kinder beschlossene Sache war, versuchte er verzweifelt, sich Gehör zu verschaffen. Freisler reagierte unverzüglich und ließ die Eltern aus dem Saal entfernen.

Gegen 13.30 Uhr zogen die Richter sich zur Beratung zurück. Nach kurzer Unterbrechung sprach Freisler das Urteil:

Hinrichtung durch das Fallbeil, eine Form der Tötung, wie sie in der Französischen Revolution gehandhabt worden war. Begründung: Die Angeklagten hätten im Krieg in Flugblättern zur Sabotage der Rüstung und zum Sturz der nationalsozialistischen Lebensform des deutschen Volkes aufgerufen, defätistische Gedanken propagiert und den »Führer« aufs gemeinste beschimpft, dadurch den Feind des Reiches begünstigt und die Wehrkraft zersetzt. »Sie werden deshalb mit dem Tode bestraft. Ihre Bürgerehre haben sie für immer verwirkt.«

Bereits für 17 Uhr war die Hinrichtung angesetzt. Nur wenige Stunden blieben den Angeklagten noch. Die drei wurden in das Vollstreckungsgefängnis München-Stadelheim gebracht, das neben dem Friedhof am Rande des Perlacher Forstes lag. Gegen 16 Uhr erhielten die Eltern der Geschwister Scholl die Erlaubnis, ihre beiden Kinder noch einmal zu sehen. Im Gegensatz zu Hans und Sophie, die den Tod unmittelbar erwarteten, war Magdalene und Robert Scholl zu diesem Zeitpunkt nicht klar, daß die Hinrichtung anschließend vollzogen werden sollte.

Nach der Schilderung von Inge Scholl in ihrem berühmt gewordenen Buch *Die Weiße Rose* wurde Sophie von einer Wachtmeisterin hereingeführt. »Sie trug ihre eigenen Kleider und ging langsam und gelassen und sehr aufrecht (Nirgends lernt man so aufrecht gehen wie im Gefängnis). Sie lächelte immer, als schaue sie in die Sonne. Bereitwillig und heiter nahm sie die Süßigkeiten, die Hans abgelehnt hatte: ›Ach ja, ich habe noch gar nicht Mittag gegessen...‹ Dann betonte auch sie, wie Hans, fest, überzeugt und triumphierend: ›Wir haben, alles, alles auf uns genommen‹ und fügte hinzu: ›Das wird Wellen schlagen.‹«[151]

Kurz vor 17 Uhr erlaubten die Gefängniswärter Hans und Sophie Scholl und Christoph Probst, Vater von drei kleinen Kindern, der sich nicht mehr von seiner Familie hatte verabschieden können, gemeinsam eine Zigarette zu rauchen. Um 17 Uhr starben unter dem Fallbeil des Scharfrichters Reichart zunächst Sophie, dann Hans und schließlich Christoph.

Die Eltern waren nach Ulm zurückgekehrt in dem Glauben, daß ihre Kinder noch am Leben seien. Am Vormittag des 23. Februar 1943 schrieb Magdalene Scholl an Fritz Hartnagel. Sie wollte Sophies Freund bewegen, ein Gnadengesuch für ihre beiden Kinder einzureichen. Allerdings war ihr klar, daß nur noch wenig Aussicht bestand, sie zu retten. Aber sie wollte nichts unversucht lassen. Zugleich ging es ihr darum, Hartnagel von Kurzschlußhandlungen abzuhalten. »Es braucht sich ihrer niemand zu schämen. Was sie taten, geschah aus ganz reinem Herzen. Bei der Hauptverhandlung waren sie so vollkommen wahr, daß wir uns nur wundern mußten. Wie eine Fügung Gottes kam Werner am 19. Februar in Urlaub. Er war auch bei uns in München. Heute ist Inge hingefahren. Sie hofft, wenigstens Sophie noch sehen zu dürfen. Sie nahm auch einen Brief von Ihnen mit, den Sie am 18. dieses Monats abschickten.«[152]

Die Mutter der Geschwister Scholl berichtete weiter, Sophie habe ihm während ihrer Haft geschrieben. Wie andere Unterlagen aus dem Prozeß ist auch dieser Brief an Hartnagel verschollen.

»Wir sollten Sie grüßen. Sophie und Hans waren so gefaßt und abgeschlossen mit dem Leben, daß man selbst getröstet war. Sophie lehnte leicht und lächelnd an der Heizung und hatte einen Glanz in ihren Augen, den ich sonst nicht kannte. Sie ließ gar nichts mehr an sich herankommen. Sie hatte wohl in diesen Tagen alles niedergekämpft. Beide rühmten sie die gute Behandlung der Beamten. Hans war sehr abgemagert. Aber seine Augen waren leuchtend, und er versicherte uns, daß ihm das Scheiden keinen Schmerz mache. Alle sollen wir grüßen, dazu gehören auch Sie.

Sophie hatte den Wunsch, Sie in Lemberg zu besuchen.

Lieber Herr Hartnagel, verwerfen Sie jetzt nicht das Leben, das Gott Ihnen neu geschenkt hat. Umsonst ist das nicht. Denken Sie, wie hart es für uns Eltern ist, die Kinder, die wir so sehr liebten, die so gute, reiche Gaben hatten – mehr als andere, für unser ganzes irdisches Leben vermissen zu müssen.

Sie hängen mit einer ganz seltenen Treue und Liebe an Sophie, was sie im tiefsten Herzen auch hegte und gerne an diesen Platz sich flüchtete, wenn so vielerlei Menschen in ihr Leben traten. Wir hatten schon allerlei Pläne mit Ihnen, unbeschadet Ihrer amputierten Finger. Wir möchten fragen: Gab es denn keine zehntausend Legionen Engel, die dies alles hätten vermeiden können? Aber da höre ich schon wieder Sophie sagen: Gott hat es so gewollt.

Sie können sich denken, wie es uns anfällt, immer diesen Doppelnamen ›Hans und Sophie‹. Es ist furchtbar schwer. Ich bin so dankbar, daß wir es gemeinsam tragen, aber meinem Mann gehen seine beiden Lieblinge sehr nahe. Das können wir nicht aus eigener Kraft, und wir müssen uns ganz in Gottes Gnade fallen lassen. Das Warum wollen wir nicht aufkommen lassen, wir ahnen es. Ich will für heute schließen. Hoffentlich kommen Sie bald, Sie sind uns jetzt ein Teil Sophie.

Ich schreibe Ihnen noch mal die Adresse auf, wohin Sie das Gnadengesuch telegraphisch richten sollen als Stalingradkämpfer:

Reichsanwalt beim Volksgerichtshof Berlin

Generalstaatsanwalt.

Ihre L. Scholl«[153]

Nicht zuletzt durch diese Zeilen wurden Sophies Eltern in gewisser Weise auch Hartnagels Eltern. Das Schicksal seiner Freundin brachte sie einander noch näher als bisher. Und bald wechselten sie zum vertraulichen Du über. Hartnagel sprach

Magdalene Scholl mit »Mutter« an und nannte Robert Scholl »Vater«.

Am selben Morgen war Inge Scholl, zusammen mit Otl Aicher, nach München gefahren, um beim Generalstaatsanwalt eine Besuchserlaubnis zu bekommen. Die Sekretärin informierte sie über das Geschehene. Später erzählte Inge Scholl: »Wir sind dann wieder gegangen und haben irgend etwas erledigt. Ich weiß nicht mehr was. Wir sind halt in München so herumgelaufen.«[154]

Schließlich suchten Inge Scholl und Otl Aicher die Zimmer der beiden in der Franz-Joseph-Straße auf. Im Schreibtisch von Sophie entdeckte Inge das Tagebuch der Schwester, das die Gestapo bei der Durchsuchung übersehen hatte: »Ich empfand das als ein Geschenk des Himmels.«

Die andere Schwester, Elisabeth, hatte Sophie am 5. Februar 1943 zum letztenmal gesehen. Nach einem mehrtägigen gemeinsamen Aufenthalt bei den Eltern in Ulm hatte sie die Schwester zum Bahnhof gebracht. »Ach, fahr doch wieder mit«, habe Sophie beim Abschied spontan zu ihr gesagt.

Als am 18. Februar die Gestapo in der elterlichen Wohnung in Ulm auftauchte und nach Briefen von Hans und Sophie fragte, maß Elisabeth, die zu Hause war, dem keine besondere Bedeutung zu. Es war schließlich nicht das erste Mal, daß die Beamten an der Haustür klingelten und etwas wissen wollten.

Noch am selben Tag reiste Elisabeth zu einem Hof in der Nähe von Ingolstadt, wo die Bäuerin gerade ihr siebtes Kind bekommen hatte. Als ausgebildete Säuglings- und Kinderkrankenschwester sollte sie in der Familie aushelfen. Solche Aufträge nahm Elisabeth gern an. Die Betreuung einer großen Familie bereitete ihr Freude, auch wenn sie hart arbeiten mußte. Zumeist ließ sie sich in Naturalien bezahlen, weil Lebensmittel überall knapp geworden waren.

Am Dienstag, den 23. Februar, fuhr Elisabeth Scholl nach Ingolstadt. Sie wollte beim Arbeitsamt ihre neue Stelle anmelden, um Lebensmittelmarken beziehen zu können. Bevor sie mit einem Bus zum Hof zurückfuhr, blieb noch Zeit. Sie ging in ein Café und las die Zeitung. Dabei stieß sie auf einen Artikel, der ihr die Luft abschnürte. Niemand hatte sie darauf vorbereitet, was dort schwarz auf weiß stand: Hans und Sophie Scholl seien wegen Hochverrats zum Tode verurteilt und anschließend hingerichtet worden. In Panik suchte Elisabeth die nächste Zugverbindung nach Ulm.

Am 24. Februar 1943 wurden Sophie und Hans Scholl im Kreis ihrer Eltern und der Geschwister Inge, Elisabeth und Werner auf dem Perlacher Friedhof bestattet. Eine reguläre Beerdigung für zum Tode verurteilte und hingerichtete NS-Gegner war keineswegs eine Selbstverständlichkeit, sondern ein »Entgegenkommen« der Behörden, worum sich vor allem Traute Lafrenz und Werner Scholl bemüht hatten.

Im Gespräch schildert Elisabeth Hartnagel, was danach geschah:

»Dann kehrten wir nach Ulm zurück. An den nächsten Tagen herrschte zu Hause eine Art Apathie. Man wurde einfach mit der Tatsache, daß Hans und Sophie tot waren, nicht fertig. Und mein Vater kam immer wieder aus seinem Büro ins Wohnzimmer – von den acht Zimmern unserer Wohnung waren zwei Räume durch eine Diele mit einer Spanischen Wand als Büro abgetrennt –, also Vater kam zu uns und sagte, er wolle bloß sehen, ob wir alle noch da seien. Und dann am 27. Februar 1943 erschien morgens um acht Uhr schon wieder die Gestapo und forderte uns auf, unsere Sachen zu packen – Zahnbürste und Kleidung. Sie müßten uns mit ins Gefängnis nehmen. Mein Vater kam in Einzelhaft und wir drei – meine Mutter, Inge und ich – in eine Zelle. Als die Wärterin den Raum aufschloß, sagte Inge – und daran erinnere ich mich noch so gut: ›So, und das ist jetzt unser Beitrag zur Weißen Rose.‹«[155]

Inzwischen war auch die Nachricht von der bereits vollzogenen Hinrichtung der Geschwister Scholl an Fritz Hartnagel unterwegs. Magdalene Scholl schilderte die hastig arrangierte Beerdigung und fügte beinahe flehentlich hinzu: »Wenn Sie nur bald heimkommen dürfen, daß wir mündlich einander trösten können.«[156]

Auch Elisabeth Scholl versuchte, Hartnagel über die schweren Stunden hinwegzuhelfen. Sie berichtete ihm von dem langen Gespräch, das sie Anfang des Monats mit Sophie beim Spaziergang im Englischen Garten geführt hatte: »Da hat sie mir so viel von ihren letzten Erlebnissen, vom Arbeits- und Kriegshilfsdienst erzählt und von ihren Wünschen und Hoffnungen in der Zukunft. Und in beiden hattest Du, Fritz, einen großen und guten Platz. Wenige Stunden zuvor hatte sie erfahren, daß Du aus Stalingrad herausgekommen bist, und war so recht von Herzen froh.«[157]

Viele Einzelheiten kehrten Elisabeth ins Gedächtnis zurück, auch eine Bemerkung, die Sophie einmal lachend ihr gegenüber gemacht hatte: »Wenn Fritz in Blumberg war, flüsterten sich die Leute zu, wie kommt so ein wüstes Mädchen zu einem Oberleutnant?«

Im Lazarett in Lemberg erhielt Fritz Hartnagel zuerst den Brief vom 23. Februar von Magdalene Scholl. Wann genau der Brief eintraf, ist nicht mehr festzustellen. Es muß jedoch nach dem 27. Februar 1943 gewesen sein. Denn bis die Nachricht ihn erreichte, schrieb er weiter an Sophie. Am 24. Februar äußerte er sich in wenigen Zeilen über ihre gemeinsame Liebe, die nicht »schwärmerisch« sei, sondern ein »selbstloses Füreinander-Dasein. Vielleicht haben auch die Stalingrader Tage dazu beigetragen, mich zu läutern.«[158] In seinem Brief vom

26. Februar geht es um praktische Dinge, unter anderem um Geld, das er Sophie zukommen lassen wollte, um die Bücher, die er in Stalingrad verloren hatte, sowie um ein Paket, das er von seinen Eltern erwartete.

Nach dem Erhalt des Briefes von Magdalene Scholl reiste Hartnagel überstürzt nach Berlin. Was dann folgte, hat er nach dem Krieg in einem kurzen schriftlichen Bericht festgehalten:

»Ich meldete mich beim Chefarzt. Dieser hatte Verständnis für meine Situation und entließ mich nach Ulm. Ich fuhr über Berlin, um beim Volksgerichtshof ein Gnadengesuch einzureichen. Am Abend zuvor rief ich von Berlin aus in Ulm an. Sophies Bruder Werner war als einziger zu Hause. Von ihm erfuhr ich, daß Sophie und Hans hingerichtet worden waren und daß anschließend die Eltern und die Schwestern Inge und Elisabeth, meine jetzige Frau, in Sippenhaft genommen worden waren. Zunächst war ich wie erstarrt. Die Nachricht wirkte wie ein Schock auf mich. Ich konnte Werner nur noch sagen, ich käme mit dem nächsten Zug nach Ulm. Ich bin kein Mensch großer Gefühlsausbrüche, aber es war eine schlimme Zeit, auch als ich in Ulm ankam und außer Werner niemand da war. Als Verwundeter noch nicht wieder dienstfähig geschrieben und allein in Ulm herumzuirren, das war deprimierend.«[159]

1943–1945

»Der gemeinsame Schmerz um Sophie und Hans hat uns zusammengebracht.«
Elisabeth Hartnagel

Fritz Hartnagel und Elisabeth Scholl nach deren Entlassung aus der Sippenhaft. Sommer 1943

Der Offizier Fritz Hartnagel. Paßfoto

15

Unser gemeinsamer Schmerz

Von einem schweren Schicksalsschlag getroffen, inhaftiert, geächtet und auf sich allein gestellt – das Weiterleben nach der Ermordung zweier ihrer Kinder verlangte von den Eltern Scholl fast übermenschliche Kraft. Inge Scholl berichtet in ihrem Buch *Sippenhaft* von Überlegungen ihres Vaters zu einem kollektiven Suizid der Familie als letzten verzweifelten Protest gegen das NS-Regime. »Wir beschworen ihn, daß dies nicht im Sinne von Hans und Sophie sei.«[160]

Auch bei Magdalene Scholl gab es am Anfang eine Phase, in der sie nicht weiterleben wollte. »Als sich hinter uns, Mutter und den Schwestern Elisabeth und Inge, die Zellentür geschlossen hatte, erlosch Mutters Lebenswille für einen langen, langen Augenblick. Das hereingereichte Mittagessen lehnte sie ab. Sie war wie erstarrt. Wir beide boten unsere ganze Energie auf, um Mutter seelisch wiederzubeleben.«

Der Gefängnisalltag verlief jedoch nicht ohne Lichtblicke. Die Inhaftierten konnten miteinander kommunizieren. Die Behörden hatten Robert Scholl erlaubt, die Jahresabschlüsse seiner Kunden noch fertigzustellen, um dann seine Kanzlei als Steuerberater und Wirtschaftsprüfer aufzulösen. Die Unterlagen wurden ins Gefängnis gebracht und dort von Inge und Robert Scholl bearbeitet, das heißt, die Akten pendelten zwischen den Zellen, bevor sie zurückgeschickt wurden. »Dies ermöglichte es uns«, erinnerte sich Inge Aicher-Scholl, »kleine Briefchen, im Gefängnisjargon ›Kassiber‹ genannt, in den Geschäftsbüchern zu verstecken und auf diese Weise in engem

Kontakt zu bleiben.«[161] In diesen Briefen kehrten immer wieder die schmerzhaften Erinnerungen an Hans und Sophie zurück. Inge Scholl schreibt in einem Brief an Werner von ihrem »Heimweh nach Hans und Sophie«[162]. Insgesamt empfand sie die Situation im Gefängnis als äußerst bedrückend, vor allem das Ausgeliefertsein, die Ohnmacht, das Bewußtsein, nie die Tür selbst öffnen zu können.

Fritz Hartnagel, der bis zum 27. April 1943 seinen Genesungsurlaub in Ulm verbrachte, also fast zwei Monate, bemühte sich gleich nach seiner Ankunft intensiv um den Kontakt zur Familie Scholl im Gefängnis. Den Wachtmeistern steckte er Zigarren und Tabak zu, was den Zugang zu den Gefangenen erleichterte. An den ersten Besuch erinnerte er sich 1979 im Gespräch noch genau: »In meinem zerschlissenen Stalingrad-Mantel passierte ich das Gefängnistor. Dann wurden Magdalene Scholl sowie Inge und Elisabeth gerufen. ›Holt die Weiber runter!‹ brüllte einer der Wachtmeister. Im Gefängnis wurde nur von ›Weibern‹ gesprochen. Das gab mir schon einen Stich.«[163]

Mit Hilfe des Ulmer Gestapobeamten Anton Rechsteiner gelang es Hartnagel, in der Strafanstalt weitgehend unbeaufsichtigt mit den Angehörigen seiner hingerichteten Freundin zu sprechen. Davon berichtete er in seinem Brief vom 16. April 1943 an Werner Scholl, der inzwischen wieder an die Ostfront nach Rußland abgereist war.

»Wie wunderbar tragen sie alles Schwere. Wenn der Schmerz auch schwer auf ihnen lastet (sie zeigen es nur selten), so haben sie doch ihre fröhliche Zuversicht nicht verloren.«[164]

Elisabeth Hartnagel erinnert sich, daß Fritz Hartnagel damals fast täglich ins Gefängnis kam und Lebensmittel mitbrachte. »Ich merkte ihm an, wie sehr er unter dem Verlust von Sophie litt. Er war ganz krank davon. Später sagte er einmal zu mir: ›Ich hätte auf alles verzichten können, nur auf die Sophie nicht. Und gerade die ist mir genommen worden.‹«[165]

Als Hartnagel hörte, daß die Württembergische Metallwarenfabrik (WMF) als Eigentümerin des Hauses am Münsterplatz 33 versuchte, den Mietvertrag zu kündigen – als »Weltfirma« könne sie sich Mieter wie die Scholls nicht leisten –, zahlte er die Miete für einige Monate im voraus. Außerdem suchte er die Verwaltungsstelle der WMF auf, um auf die Einhaltung des Mietvertrages zu pochen.

Bei solchen Gelegenheiten wie auch bei seinen Besuchen im Ulmer Gefängnis trug Hartnagel bewußt seine Uniform und legte, wenn es ihm geboten schien, auch seine Orden an, die ihn als Stalingradkämpfer auswiesen. Außer dem Eisernen Kreuz Erster und Zweiter Klasse besaß er seit dem 12. März das »Verwundetenabzeichen in Schwarz«.

Fritz Hartnagel reiste auch zur Gestapo nach München. Er hoffte, dort Näheres über die Dauer der Sippenhaft und den anstehenden Prozeß wegen »Rundfunkverbrechen« gegen die Familie Scholl zu erfahren. Statt Auskünfte zu geben, erteilten die Beamten ihm den Rat, sich von den Scholls zurückzuziehen. Hartnagel tat das genaue Gegenteil.

»Ich trug nach dem Tod von Sophie und Hans Scholl auch an der Offiziersuniform ein Trauerband, wodurch ich in aller Öffentlichkeit von meiner Trauer und Sympathie zu den beiden kein Hehl machte. Darüber wurde damals in der [Ulmer] Wirtschaft zum ›König Wilhelm‹ geäußert: ›Es ist kein Wunder, wenn wir den Krieg verlieren, wenn wir solche Offiziere haben, die öffentlich um diese Hochverräter trauern.‹«[166]

In dieser Zeit erfuhr Hartnagel bei einem Besuch im Gefängnis, daß Robert Scholl die restlichen zwei Monate seiner insgesamt viermonatigen Freiheitsstrafe wegen »Heimtücke«, die ihm seinerzeit durch Begnadigung erlassen worden waren, nun doch ableisten mußte. »Als er uns dies in etwas gedrückter Stimmung erzählte, da faßte Deine Mutter den Vater an der Hand und sagte ganz fröhlich: ›O Vater, dies ist nicht das Schlimmste. Das geht vorbei.‹ Und Inge meinte: ›Dann bleiben wir alle so lange hier, bis der Vater rausdarf!‹«[167] berichtete er Werner Scholl.

Nach der Hinrichtung von Sophie und Hans trug sich Fritz Hartnagel ernsthaft mit dem Gedanken, sich in den Mannschaftsstand zurückversetzen zu lassen. Er konnte sich nicht vorstellen, als Hauptmann wieder in eine Kaserne oder an die Front zurückzukehren und dem Regime, mit dem er längst gebrochen hatte, an exponierter Stelle weiter zu dienen.

Nur mit Mühe gelang es Robert Scholl bei einem Treffen im Gefängnis, ihn von diesem Vorhaben abzubringen. Für Hartnagel hätte dies die Versetzung in eine Strafkompanie, mit hoher Wahrscheinlichkeit den Tod und für die Familie Scholl, die rechtlich zum Freiwild geworden war, den Untergang bedeutet. »Irgend jemand muß doch überleben«, hielt Robert Scholl ihm eindringlich entgegen. »Außerdem: Wenn du dich degradieren läßt, wird das mir zur Last gelegt.«[168] Daß er keine Konsequenzen aus der Ermordung von Sophie und Hans ziehen durfte – darunter hat Fritz Hartnagel bis Kriegsende gelitten.

Insgesamt fünf Monate verbrachten Magdalene und Inge Scholl in der Strafanstalt. Elisabeth Scholl kam Ende April wegen einer akuten Nieren- und Blasenentzündung frei. Fritz Hartnagel, den eine Nachbarin informierte, traf sich noch am Tag ihrer Entlassung mit ihr. Sie erzählt: »Wir sind noch bis Mitternacht an der Donau hin und her gegangen – immer wieder. Und ich habe ihm ausführlich aus dem Gefängnis berichtet und was davor passiert war. Plötzlich kam die Polizei und wollte unsere Ausweise sehen. Fritz konnte sich ausweisen. Ich hatte nur den Entlassungsschein aus dem Gefängnis in der Tasche. Da sagte der Polizist: ›Na ja, dann muß ich Sie eben wieder mitnehmen ins Gefängnis.‹ In dem Moment wurde ich richtig wütend und hab' das den Beamten auch spüren lassen. Der Polizist zeigte sich beeindruckt und ließ mich laufen.«[169]

In den folgenden Wochen oblag es Elisabeth Scholl, einen Anwalt zu gewinnen. Mehrere Rechtsvertreter weigerten sich, die Verteidigung der Familie Scholl zu übernehmen. Elisabeth Scholl mußte überhaupt die Reaktionen ihrer Mitmenschen ertragen. Einige wenige halfen, insbesondere einzelne Kunden ihres Vaters. »Die haben mir unter die Arme gegriffen. Da konnte man sehen: Es gab doch noch einen Kreis von Antifaschisten in Ulm. Es gab einen Kunden meines Vaters, dem konnte ich berichten, wer mich anfeindete und mir das Leben schwermachte. Da nahm er sein Telefonbuch und versah die Namen mit Anmerkungen. Leider ist bei einem Fliegerangriff das Geschäft samt Telefonbuch in Flammen aufgegangen.«

Die meisten aber machten einen großen Bogen um die aus der Haft entlassene Elisabeth Scholl. Ehemalige Schulkameradinnen wichen auf die andere Straßenseite aus, nur um ihr nicht zu begegnen. Die Mutter einer Freundin, bei der sie oft zu Hause gewesen war, verwahrte sich gegen einen Besuch mit dem Hinweis: »Bitte, nicht hereinkommen, wir müssen Rücksicht nehmen.« Geschäftsleute weigerten sich, bestellte Waren zu liefern, weil der Auftrag den eigenen Interessen schaden könne. Eines Tages klingelte eine Frau an der Haustür und erklärte: »Ich wollt' bloß mal jemand aus der Familie der Geköpften sehen.« Andere erkundigten sich, wann denn die Wohnung endlich frei würde. Und das Fußpflegeunternehmen Dr. Scholl ließ die Öffentlichkeit in einer Annonce in der *Ulmer Zeitung* und in einem Münchner Blatt wissen, eine verwandtschaftliche Beziehung zur Familie Scholl in Ulm gebe es nicht. Nach der Ermordung von Hans und Sophie erlebte Elisabeth Scholl, von Ausnahmen abgesehen, die ganze Niedertracht der Mitmenschen.

Ansonsten kümmerte sie sich seit ihrer Freilassung darum, Lebensmittel für die drei im Gefängnis zu besorgen. In Dr. Eugen Wizigmann, einem Anhänger der Zentrumsbewegung, fand sie endlich einen Rechtsanwalt, der bereit war, die Verteidigung der Familie Scholl zu übernehmen.

Der Kasernenalltag hatte ihn wieder eingeholt. Am 28. April 1943 trat Fritz Hartnagel seinen Dienst in Dresden an. Der Militärarzt schrieb ihn zunächst für vier Wochen »garnisonsverwendungsfähig«, das hieß, so lange sollte er in der Kaserne eingesetzt werden und von einem Fronteinsatz verschont bleiben. Ohne Rücksicht auf seine Vorgesetzten reichte Hartnagel als erstes ein Urlaubsgesuch für den Monat Mai ein. Daß er eigentlich einen Hauptmann als Kompaniechef vertreten sollte, kümmerte ihn nicht weiter.

Die ersten Tage wurden ihm zur Qual. Erst jetzt überfiel ihn der ganze Schmerz über den Verlust von Sophie und die Trennung von ihren Angehörigen. »Hier ist alles viel, viel schwerer«, schrieb er am 29. April 1943 an Elisabeth Scholl. »Ich komme mir so fremd vor wie ein Rekrut, der das erstemal eine Kaserne betritt. Der ganze Betrieb widert mich an, daß ich davonlaufen möchte. Ich kann nicht verstehen, daß alles weitergehen soll wie zuvor. Ich sehe die Konflikte und komme mir so schlecht dabei vor, so verlogen. Kann ich vor Hans und Sophie bestehen? Ist es möglich, daß die Klugheit das Schlechte von uns fordert? Wenn es nur um mich allein ginge, würde ich keinen Augenblick zweifeln.«[170]

Wäre Hartnagels Post kontrolliert worden – fast jeder seiner Briefe, die er bis Kriegsende schrieb, hätte ihn vors Militärgericht bringen können. Ohne Rücksicht darauf, daß »defätistische« Äußerungen, insbesondere von hohen Offizieren, schwerste Strafen nach sich zogen, hielt er seine totale Ablehnung des Militärbetriebs schriftlich fest: »Vergangene Woche mußten wir schon wieder einen Propagandavortrag über uns ergehen lassen. Der Redner besaß die Frechheit, den Weltherrschaftsanspruch der Juden aus der Bibel zu beweisen, womit er natürlich nicht nur die Juden, sondern auch die Bibel angriff.«[171]

In einem Brief an Magdalene, Robert und Inge Scholl im Gefängnis unterstrich er, es sei ihm unmöglich, sich dem militärischen Getriebe anders einzufügen als mit Sträuben und Widerwillen und dem ständigen Drängen, dem zu entfliehen. »Hier nun, fern von Euch, greift mich der Schmerz mit viel größerer Gewalt an, und manchmal möchte eine trostlose Leere sich in mir festsetzen. Da will es mir manchmal bang werden, wenn ich dran denke, daß es nicht nur gilt, ein paar Jahre noch auszuhalten, sondern daß ich erst am Anfang meines ganzen Lebens stehe. Da erscheint mir der Gedanke, unseren Lieben nachsterben zu dürfen, wie ein sonniger Frühlingstag, und jauchzend möchte ich das Schafott besteigen. Doch es ist vermessen und feige, so zu denken.«[172]

Magdalene Scholl, die den Anfangsschock im Gefängnis inzwischen überwunden hatte, spürte, wie schwer es für Hartnagel in Dresden werden würde. Noch bevor seine Zeilen sie erreichten, schickte sie ihm am 2. Mai aus der Haft ein Lebenszeichen, das ihm Mut machen sollte. Sie erinnerte Hartnagel an die Schrecken, die er in Stalingrad durchlitten hatte. Im Vergleich dazu sei ihre Zeit im Ulmer Gefängnis ein Kinderspiel. Allerdings hätten die Wellen, von denen Sophie in ihren letzten Stunden gesprochen habe, in ganz anderer Weise, als sie sagte, die Menschen bis auf den Grund erschüttert.

»Wir wurden sozusagen von einem behaglichen, wenn auch arbeitsreichen Leben herausgeschleudert. Auf der einen Seite die manchmal fast unfaßbare schmerzensreiche Gewißheit, daß die Zwei, die gewiß großer Liebe wert waren, die so gut waren und es so gut meinten, uns nicht mehr auf dieser Welt in diesem Leben erfreuen können... Auf der anderen Seite ist es unser jetziger Zustand und die ganz andere Zukunft, von der wir noch nichts wissen. Vielleicht kannte ich das Leid noch nicht, wie es wirklich aussieht, obwohl ich meinte, schon manches Schwere erlebt zu haben.«[173]

Der für Mai beantragte Urlaub wurde zu Hartnagels eigener Überraschung tatsächlich bewilligt. Er reiste sofort nach Ulm und kam gerade zur rechten Zeit: Robert, Magdalene und Inge Scholl waren kurz zuvor erneut verhört worden. Danach wurden Haftbefehle gegen sie erlassen. Sie galten fortan als Untersuchungsgefangene und kamen in Einzelzellen. Das hieß, Magdalene und Inge Scholl wurden getrennt. Robert Scholl wurde außerdem gezwungen, seine Zivilkleidung mit einem Sträflingsanzug zu tauschen. Das Verfahren kam zwar im Mai in Gang, doch es dauerte Monate, bis Anklage erhoben wurde. Robert Scholl und seinen Angehörigen wurde zur Last gelegt, Ansprachen von Thomas Mann im Schweizer Rundfunk gehört zu haben. Allein das Abhören konnte mit dem Tode bestraft werden.

Ende Mai 1943 verbrachten Anhänger der »Weißen Rose«, die in weiteren Prozessen teils zu langen Freiheitsstrafen verurteilt worden waren, eine Nacht im Ulmer Gefängnis am Frauengraben, bevor sie auf verschiedene Haftanstalten in Württemberg verteilt wurden. Es handelte sich um folgende Mitstreiter der Widerstandsgruppe: Eugen Grimminger (zehn Jahre Zuchthaus), Helmut Bauer (neun Jahre Zuchthaus), Heinz Bollinger (sieben Jahre Zuchthaus), Hans Hirzel (fünf Jahre Gefängnis), Franz Josef Müller (fünf Jahre Gefängnis), Heiner Guter (ein Jahr Gefängnis) und Susanne Hirzel (sechs Monate Gefängnis, danach Freispruch).

Willi Graf, Alexander Schmorell und Kurt Huber waren am

19. April 1943 zum Tode verurteilt worden. Schmorells und Hubers Hinrichtung erfolgte am 13. Juli 1943, die von Willi Graf am 12. Oktober 1943.

Während seines Urlaubs in Ulm erhielt Hartnagel ein Einschreiben seines Vorgesetzten. Der Kommandeur des Nachrichtenregiments 3 in Dresden teilte ihm unter dem Datum vom 19. Mai 1943 mit: »Die hiesige Abwehrstelle hat meine Aufmerksamkeit auf die Tatsache gelenkt, daß Sie noch immer Beziehungen zu der Familie Scholl unterhalten. Ich ersuche Sie, sich nach Rückkehr vom Urlaub bei mir zu einer Rücksprache zu melden. Ich ersuche Sie weiter in Ihrem eigenen Interesse, bis dahin von einem Verkehr mit der Familie Scholl Abstand zu nehmen.«[174]

Seinen Dienst in Dresden, wo er in kürzester Zeit zwei Feldkompanien aufstellen sollte, nahm Hartnagel am 31. Mai 1943 wieder auf, allerdings mit Verspätung, wie er Elisabeth Scholl gleich nach der Ankunft mitteilte. »Die Nacht im Zug ging ganz gut vorüber. Ich habe fast die ganze Zeit geschlafen. Trotzdem war heute morgen nach dem Waschen und Rasieren die Versuchung, mich geschwind aufs Bett zu legen, so groß, daß ich nicht widerstehen konnte. Ich habe dann allerdings so gut geschlafen, daß ich erst nach vier Stunden wieder aufgewacht bin. So habe ich mich erst heute nachmittag vom Urlaub zurückgemeldet, was gar nicht aufgefallen ist.«[175]

Das angeordnete Gespräch mit dem Regimentskommandeur über seine Kontakte zur Familie Scholl fand am nächsten Tag gegen Mittag statt. Es dauerte kaum fünf Minuten, und Fritz Hartnagel war sich anschließend nicht sicher, ob sein Vorgesetzter nur schnell zum Essen wollte, sich also deswegen wenig Zeit nahm, oder ob ihm die Angelegenheit eher unangenehm war. Jedenfalls ließ der Kommandeur ihn wissen, daß es für einen Offizier als Vertreter der Staatsautorität untragbar sei, die Verbindung zu einer Familie wie den Scholls aufrechtzuerhalten, denn er werde sonst als Gesinnungsgenosse angesehen und entsprechend behandelt. Er ließ durchblicken, daß Hartnagel sich voraussichtlich schriftlich verpflichten müsse, den Umgang mit den Scholls einzustellen.

Es dauerte tatsächlich nur wenige Tage, bis der Gerichtsoffizier von Hartnagels Regiment ein Schreiben der Gestapo München vorlegte. Darin wurde ihm vorgeworfen, die Familie Scholl schon mehrmals im Gefängnis besucht und eine Kaution von 10 000 Reichsmark gestellt zu haben. »Da Hptm. Hartnagel trotz Kenntnis des Sachverhaltes sein für einen deutschen Offizier äußerst befremdliches Verhalten fortsetzt, gebe ich hiervon Kenntnis, mit der Bitte, von dort aus das Weitere zu veranlassen. Um Mitteilung des Veranlaßten wird gebeten.«[176]

Der Gerichtsoffizier überließ es dem Hauptmann Hartnagel zu entscheiden, welche Schritte er in dieser Situation ergreifen werde. Über das Ergebnis seiner Absprache mit der »Abwehr« schrieb Hartnagel wenig später an Magdalene Scholl:

»Wir kamen überein, daß es für das Regiment keine andere Möglichkeit gäbe, als mir den Verkehr mit der Familie Scholl zu verbieten, was dann auch schriftlich geschah. – Hoffentlich vermag es diese Formalität nicht, Euch irgendwie zu bedrükken, denn in der Praxis ändert sich ja nichts. Besuchen kann ich Euch sowieso nicht, da ich vorläufig doch keinen Urlaub bekomme, und Briefe kann ich Euch auf Umwegen trotzdem schreiben. Und daß Ihr in meinem Herzen nur noch inniger eingeschlossen seid, das brauche ich wohl kaum mehr extra zu sagen.«[177]

Hartnagels dienstliche Schwierigkeiten dauerten auch in den folgenden Monaten an. Es war weniger die Münchner Gestapo als die Ulmer Kreisleitung der NSDAP, die ihn mit ihren Anschuldigungen verfolgte. Und er wußte, daß dieser Konflikt

Gefahren in sich barg. Dennoch – ein Zurück oder gar ein Anpassen an das Regime kam für ihn nicht in Frage.

»Meinen dienstlichen Aufgaben stehe ich ziemlich gleichgültig gegenüber«, heißt es in seinem Brief vom 1. Juni 1943 an Elisabeth Scholl, »und ich will es noch gar nicht wahrhaben, daß ich wieder ernstlich anfangen muß. Doch ich bin sicher, daß ich nie mehr in diesem Tun untertauchen werde und daß diese Arbeit, auch wenn sie den größten Raum einnimmt, für mich doch nebensächlich wird. Ein schlechtes Gewissen gegenüber Hans und Sophie verläßt mich allerdings nie ganz, daß ich mich nun weiter treiben lasse, als ob nichts geschehen wäre. Doch die entscheidende Antwort auf ihren Tod wird sich in uns selbst vollziehen müssen.«[178]

Wie wenig Fritz Hartnagel bereit war, sich an die vom Militär auf Veranlassung der Gestapo angeordnete »Kontaktsperre« zu halten, beweist der letzte Absatz seines Briefes an Magdalene Scholl: »Übermorgen schon wird Liesel bei mir sein. Ich freue mich schon darauf, seit ich hier in Dresden bin. Ich weiß, daß Ihr uns das Schöne gönnt, und Ihr sollt auf allen unseren Wegen mitten unter uns sein, so daß wir kein schlechtes Gewissen haben brauchen.«[179]

Der Besuch von Elisabeth Scholl in Dresden war der Beginn einer Freundschaft, die schließlich in eine Ehe mündete. Ein gemeinsamer Schmerz verband sie: der Schmerz um die tote Freundin und der Schmerz um die tote Schwester. Für beide bedeutete der andere Trost in einer Welt, die durch Krieg und Vernichtung unterzugehen drohte. Sie gaben einander Halt, ohne Sophie und Hans Scholl auszuklammern.

In den Briefen von Fritz Hartnagel lebte Sophie weiter. Sie war ihm fortan der Lebensmaßstab. Auf eine Zeichnung von ihr, die Elisabeth Scholl ihm mitgebracht hatte, reagierte er am Tag nach Elisabeths Abreise: »... ich sehe die ganze Sophie darin. So oft muß ich zur Zeit denken, was würde Sophie dazu sagen, bei diesem und jenem, das mir begegnet. Und ich erschrecke jedesmal zutiefst dabei, denn sie ist ja tot!«[180]

Elisabeth Scholl forderte ihrerseits Hartnagel auf, seinen Schmerz ihr gegenüber nicht zu verschließen. Und tatsächlich fand Sophie Scholl in fast jedem seiner Briefe an Elisabeth Erwähnung. In bestimmten Situationen fühlte er sich geradezu schutzlos der Wehmut und der Trauer ausgeliefert, die ihn noch viele Monate lang bedrückt und letztlich sein ganzes Leben lang begleitet hat. Manchmal las er ihre Briefe erneut, wohl auch, um herauszufinden, ob die Zeit seine Wunden vielleicht heilen würde. Dabei entstand der Gedanke, die Geschichte ihrer Freundschaft und Liebe aufzuschreiben, damit sie ihm bis ins Alter lebendig in Erinnerung bliebe.

»Die ganzen Jahre waren ein Suchen und nicht ohne Schmerzen. Wie innig hätten wir uns jetzt gerade nach dieser langen und schweren Trennung wiedergefunden. Und wie auch unser Verhältnis sich jemals gestaltet hätte in der Zukunft – ich bin sicher, daß wir immer Freunde geblieben wären, nachdem es nicht nur mehr Gefühle waren, die uns verbanden, und nachdem diese Freundschaft durch so lange Zeit und durch so viele Hoch- und Tiefzeiten geläutert worden war...«[181] Fast inständig bat er Elisabeth zu akzeptieren, daß Sophie in seine Gedanken und Überlegungen stets mit eingeschlossen sei.

Dazu äußert sich Elisabeth Hartnagel im Gespräch: »Das war für mich nie ein Problem. Ich wußte, wie sehr mein Mann an der Sophie hing. Es war ja unser gemeinsamer Schmerz. Außerdem war es nicht so, daß wir uns Knall auf Fall ineinander verliebt hätten. Der gemeinsame Schmerz um Sophie und Hans hat uns zusammengebracht und bildete erst die Grundlage unserer Freundschaft, aus der dann Liebe wurde.«[182]

Elisabeth Scholl selbst hielt ebenso die Erinnerung an die ermordeten Geschwister wach. Sie besuchte regelmäßig die

Gräber der beiden in München und schmückte sie mit Blumen. »Sophie konnte sich ja so über Blumen freuen. Immer wieder muß ich sie mir in dem Blumenmeer in Bernau denken, wo sie mit einem großen Arm voll dastand und sagte: ›Etwas Vollkommeneres können wir uns doch kaum denken.‹«

Nach den Worten von Fritz Hartnagel hatte sich seine Beziehung zu Elisabeth Scholl in gewisser Weise von allein ergeben. »Sie war für mich die logische Fortsetzung der Beziehung zu Sophie«, erläuterte er nach dem Krieg in seinem Bericht über die Zeit nach der Hinrichtung seiner Freundin. »Ich kannte die Familie seit Jahren. Nach diesen schrecklichen Ereignissen ergab sich zwischen uns von Anfang an eine selbstverständliche Nähe.«[183]

Die Eltern wußten um die Freundschaft der beiden. Sie billigten sie nicht nur, sondern begrüßten sie ausdrücklich, weil Fritz Hartnagel damit fest zur Familie Scholl gehörte. »Das war ein schönes Erlebnis, daß sie [Elisabeth] Dich besuchen konnte, es wird Euch beiden wohlgetan haben.«[184]

In der zweiten Julihälfte 1943 unternahm Rechtsanwalt Wizigmann einen neuen Vorstoß, die Entlassung von Magdalene und Inge Scholl durchzusetzen. Der Gesundheitszustand von Inge Scholl verschlechterte sich von Woche zu Woche, so daß die Gefängnisleitung ohnehin etwas unternehmen mußte. Sie litt unter den Folgen einer schweren Diphtherie mit Herzrhythmusstörungen sowie einer Lähmung der Beine.

Ende Juli 1943 war es endlich soweit: Nach fünfmonatiger Haft wurden die beiden Frauen vorläufig freigelassen. Inge Scholl verließ das Gefängnis im Rollstuhl. Ihre Freilassung bedeutete einen Hoffnungsschimmer. Allerdings stand der Prozeß noch aus. Wie bedrohlich die Zukunft aussah, davon zeugt die Schlagzeile im *Ulmer Tagblatt*: »Wie lange noch Scholl?«

Auch Fritz Hartnagel mußte auf der Hut sein. Zwar versah

der Hauptmann weiterhin seinen Dienst in der Kaserne in Dresden und traf sich dort öfter mit Elisabeth Scholl. Aber er wußte, daß die NSDAP-Kreisleitung entschlossen war, diese Kontakte zu unterbinden. Trotz aller Ungewißheit – auch Elisabeth Scholl reagierte erleichtert, als sie am Tag der Entlassung von Mutter und Schwester an Fritz Hartnagel schrieb. »Wie freue ich mich, bis Du kommst. Dann wird ja Dein Wunsch erfüllt, daß Du einmal richtig mit Mutter Dich aussprechen kannst.«[185]

16

Ein Prozeß und seine Folgen

Über sein künftiges Einsatzgebiet konnte Fritz Hartnagel nur spekulieren. Die weitere Verwendung der von ihm aufgestellten Kompanien blieb jedenfalls über Wochen unklar – kein Wunder angesichts der vielen Meldungen über Rückschläge und Niederlagen an den Fronten, die ein Chaos hinterließen. Luftwaffe, Heer und Marine wurden zusehends in die Defensive gedrängt. So hatte zum Beispiel Großadmiral Karl Dönitz Ende Mai 1943 nach einer Serie von Mißerfolgen die »Schlacht im Atlantik« abgebrochen.

Am 10. Juli 1943 waren alliierte Verbände unter dem Oberbefehl von US-General Dwight D. Eisenhower auf Sizilien gelandet. Bis Mitte August verließen die letzten deutschen Truppen die Insel.

Auch an der Ostfront mußte die Deutsche Wehrmacht zurückstecken. Im Sommer 1943 verlor sie die strategische Initiative an die Sowjetunion. Im Gebiet zwischen dem Asowschen Meer und dem oberen Dnjepr drängte die Rote Armee die deutschen Truppen immer weiter zurück. Die sowjetische Sommeroffensive wurde zu einem vollen Erfolg für Moskau.

Zumindest für Robert Scholl nahm der Leidensweg, der mit der Ermordung seiner beiden Kinder am 22. Februar 1943 einen schrecklichen Höhepunkt erreicht hatte, kein Ende. Am 25. September 1943 standen er, seine Frau Magdalene und ihre Tochter Inge erneut vor Gericht. Am folgenden Tag notierte Inge Scholl in ihrem Tagebuch: »Mutter und ich sind gestern freigesprochen worden, Vater zu 1½ Jahren Gefängnis... Liesel führte mich im Fahrstuhl [Rollstuhl] zum Justizgebäude. Wir saßen auf der vorderen Bank, als Vater aus dem Gefängnis hereingeführt wurde. Hinter uns waren die Bänke gedrängt voll von Männern in brauner Uniform... Ich saß zwischen Vater und Mutter auf der Anklagebank. Aber ganz hinten saßen Fritz, Liesel, Lilli und Herr Aicher.«[186]

In den Wochen nach dem Prozeß bemühte sich Rechtsanwalt Wizigmann um eine Haftunterbrechung für Robert Scholl, damit dieser sein Büro abwickeln und einem Nachfolger übergeben konnte. Aber darauf wollte sich die Justiz nicht einlassen. Immerhin gelang es dem Verteidiger, die Verlegung des Häftlings hinauszuzögern. Zum Jahresende 1943 kam Robert Scholl schließlich in das Zuchthaus Kislau bei Bruchsal, eine wegen brutaler Behandlungsmethoden äußerst berüchtigte Strafanstalt.

Kurz vorher war er noch gemustert worden – ein absurder Vorgang für den Pazifisten und Regimegegner. Es galt, die Lücken, die der Krieg hinterließ, zu schließen, egal wie. Robert Scholl wurde für die Heimat als »garnisonsverwendungsfähig« eingestuft. Daß er unter Kreislaufbeschwerden litt, wollte der zuständige Militärarzt nicht zur Kenntnis nehmen. »Allmählich werde ich so irr, daß ich mit der Möglichkeit rechne, daß er im Dezember noch eingezogen wird«, schrieb Elisabeth Scholl am 16. Dezember 1943 an Fritz Hartnagel.[187]

Für Hartnagel hatte die Tatsache, daß er als Zuschauer am Prozeß gegen das Ehepaar Scholl und dessen Tochter Inge teilgenommen hatte, ein Nachspiel, das seine Stellung als Offizier akut gefährdete. Wilhelm Maier, Kreisleiter der NSDAP in Ulm, war überzeugt, endlich den Hebel gegen Hartnagel in der Hand zu haben. Am 6. Oktober 1943 richtete Maier eine

Beschwerde an die »Wehrmachtskommandantur Ulm, z. Hd. Herrn Oberst Kuzmany«.

»Sehr geehrter Herr Oberst!

Am Samstag, den 25. Sept. wurde von dem hier tagenden Sondergericht die sattsam bekannte Familie Scholl, Vater, Mutter und Tochter, wegen Rundfunkverbrechen verhandelt. Die beiden Frauen wurden freigesprochen, der Vater Scholl zu 18 Monaten Gefängnis verurteilt. Unter den Zuhörern befand sich Herr *Hauptmann Hartnagel*, der früher in engsten Beziehungen zu der Familie Scholl gestanden hat und diese Beziehungen auch dann betonte, als die beiden Kinder Scholl bereits hingerichtet waren. Wir waren ja damals der Meinung, daß dieses Vorkommnis dem Hauptmann Hartnagel genügend Fingerzeig sei, sich von der Familie Scholl zu lösen. Um so erstaunter waren wir, als wir unter den Zuhörern den Hauptmann Hartnagel sahen, der auch nach der Verhandlung, wie einwandfrei feststeht, sich im Hause Scholl aufhielt.« Im letzten Absatz wurde die Kommandantur aufgefordert, »dem Herrn Hauptmann Hartnagel gegenüber unzweideutig zum Ausdruck zu bringen, daß er sich eines Besseren besinnen soll, widrigenfalls wir von der Partei nichts unversucht lassen werden, ihn zur Vernunft zu bringen«.[188]

Kein Zweifel, die Drohung war ernst gemeint. Sie blieb Hartnagel allerdings zunächst verborgen, da die Beschwerde den vorgeschriebenen Dienstweg von der NSDAP über die »Abwehr« bis zu seinem Regimentskommandeur nahm. Hartnagel konnte Mitte Oktober sogar seine nächste Auszeichnung entgegennehmen: das »Erdkampfabzeichen der Luftwaffe«, das ebenfalls seinen Einsatz in Stalingrad würdigte.

Am 29. November 1943 schließlich wurde Fritz Hartnagel die Beschwerde der Ulmer NSDAP-Kreisleitung ausgehändigt. Sie erreichte ihn über die Abwehrstelle in Zagreb, wo Hartnagel inzwischen stationiert war. Der militärische Nachrichtendienst verfügte in vielen Städten über Zweigbüros, so auch in der kroatischen Hauptstadt. Diese Stelle hatte die Aufgabe, die Frage klären zu lassen, weshalb Hartnagel gegen die Anordnung verstieß, den Kontakt zu der Familie Scholl abzubrechen.

Über den Ernst der Lage war Hartnagel sich im klaren. In Briefen an die Familie Scholl sowie an Elisabeth legte er seine Haltung fest: »Ich werde mich nun natürlich verantworten müssen, warum ich diesem Befehl nicht Folge geleistet habe. Einerseits wäre ich froh, wenn ich dadurch von dem schweren Konflikt befreit würde, in dem ich mich ständig befinde. Über den eventuellen Ausgang der Angelegenheit bin ich mir allerdings noch nicht ganz klar. Aber wenn ich an Sophie und Hans denke, will ich gerne alles auf mich nehmen, und mein Gewissen wäre erleichtert, wenn ich mit ihnen und Euch allen am eigenen Leib leiden müßte unter dieser Zeit.«[189]

In seinem Brief an Elisabeth Scholl bezog Hartnagel noch deutlicher Position und unterstrich zugleich, welche Konsequenzen er zu ziehen bereit war: »Aber wenn darauf bestanden wird, daß ich den Verkehr mit der Familie Scholl abbreche, was ja wohl anzunehmen ist, so wird der Bruch mit meiner jetzigen Stellung als Offizier unvermeidlich sein ... Ich würde ihr nicht nachweinen, wenn ich auch manche Freiheit und Annehmlichkeit damit weggebe. Aber die Klugheit darf nicht nur zur Feigheit und Bequemlichkeit werden, und ich könnte mit einem ruhigeren Gewissen an Hans und Sophie denken, wenn ich von diesem Kompromiß, in dem ich mich die ganze Zeit über befinde, erlöst wäre. Ich will mich deshalb nicht auf krummen Wegen herausreden, sondern, wenn es erforderlich ist, offen meinen Standpunkt vertreten, so wie er ist.«[190]

Fast alles kam jetzt auf den neuen Regimentskommandeur an, den Hartnagel noch nicht persönlich kannte. Sein erster Eindruck verhieß jedoch nichts Gutes. Dessen Rede habe nur so gestrotzt von Superlativen und den inzwischen üblichen Drohungen mit Kriegsgericht und Todesstrafe bei Fällen von Feigheit vor dem Feind und anderen Verstößen.

Am 3. Dezember 1943 brachte Hartnagel seine Stellungnahme auf den Weg. Darin ging er zum Gegenangriff über: »Die Gerichtsverhandlung gegen die Familie Scholl am 25. Sept. 43 war eine öffentliche Sitzung. Es ist mir deshalb unerklärlich, inwiefern die Teilnahme als Zuhörer an einer öffentlichen Gerichtsverhandlung ein untragbares Benehmen für einen Wehrmachtsangehörigen darstellt, zumal doch außer zahlreichen anderen Zuhörern der Herr Kreisleiter selbst sowie mehrere Parteiführer anwesend waren.

Nach der Verhandlung habe ich mich in der Wohnung der Familie Scholl aufgehalten. Es waren dabei Frau Scholl und die Töchter Inge und Elisabeth anwesend. Gegen keines dieser Fam.-Mitglieder liegt irgend etwas Belastendes vor, denn sonst würden sie sich auch nicht in Freiheit befinden. Außerdem befindet sich ein Sohn als Infanterist im Fronteinsatz in Rußland. Ich hatte deshalb keine Veranlassung, den Umgang mit den Betreffenden abzubrechen, zumal mich seit über 6 Jahren ein enges freundschaftliches Verhältnis mit ihnen verbindet.

Ich stehe seit der Mobilmachung mit wenigen Unterbrechungen im Fronteinsatz, habe am Westfeldzug, am Südostfeldzug und vom 22.6.41–1.9.41 und 1.6.42–22.1.43 am Rußlandfeldzug teilgenommen. Vom 22.11.42–22.1.43 war ich als Bataillonsführer in einem Lw.-Kampfverband innerhalb der Festung Stalingrad eingesetzt. Ich habe durch Erfrierungen zwei Finger verloren und wurde mit dem E. K. I. und II. Klasse sowie mit dem Erdkampfabzeichen der Luftwaffe ausgezeichnet. Ich glaube, meine soldatischen Pflichten als Offz. stets nach bestem Vermögen erfüllt zu haben. Ich muß deshalb die Anschuldigungen einer Parteidienststelle in der Heimat, die jeder sachlichen und rechtlichen Grundlage entbehren, als äußerst befremdend empfinden.«[191]

Fritz Hartnagel war sich bewußt, welch schmalen Grat er beschritten hatte. Das Herausstellen seiner Fronteinsätze und die Entrüstung eines »alten Frontkämpfers« seien zwar in gewisser Weise ein Zugeständnis, meinte er in einem erläuternden Brief an die Familie Scholl, jedoch nicht in politischer Hinsicht. Er habe ja nicht beweisen wollen, ein überzeugter Nationalsozialist zu sein.

Welche Wirkung die Stellungnahme erzielte, wurde in den folgenden Wochen nicht deutlich. Die Abwehrstelle in Zagreb mahnte Anfang 1944 mehrmals ein Ergebnis an, ohne daß die Sache wirklich vorankam. Außerdem führte Hartnagel in der Angelegenheit ein Gespräch mit dem Regimentskommandeur, das er in einem Brief lediglich erwähnte, ohne auf das Resultat einzugehen.

Denkbar ist, daß sein Vorgesetzter ihn als Kompaniechef halten wollte und deshalb auf Zeit spielte. Außerdem bestand zwischen den »Parteibonzen« in der Heimat und der kämpfenden Truppe eine gereizte Stimmung, die sich gegen Kriegsende noch verschärfte. Möglicherweise konnte Hartnagel davon profitieren. Die Beschwerde war zwar im Augenblick vom Tisch, blieb aber bis auf weiteres in der Schwebe.

Die Entscheidung über das künftige Einsatzgebiet von Hartnagel fiel in der zweiten Oktoberhälfte 1943. Es sollte der unruhige Balkan sein. In Zagreb nahm seine Kompanie Quartier. Hartnagel kannte die Stadt von seinem früheren Einsatz 1941. Schon auf dem Wege dorthin wirkte sich die schlechte Ausrüstung der Truppe aus. Alle paar Kilometer gab es eine Panne, die jeweils mühsam behoben wurde. »Wir sind hier außerhalb der Stadt in einem Barackenlager der SS untergebracht«, notiert er am 30. Oktober 1943 in einem Brief an Elisabeth

Scholl. »Das ist nicht schön, aber Agram ist so voll belegt, daß wir überhaupt froh sein können, daß wir ein Dach über dem Kopf haben.«[192]

Gleich zu Beginn seines Aufenthaltes machte ihm ein unangenehmer Vorfall zu schaffen. Ein Leutnant hatte in einem Café die englische Nationalhymne gesungen und sollte vor ein Militärgericht gestellt werden. Als direkter Vorgesetzter unternahm Hartnagel alles, um die Sache abzubiegen – mit Erfolg: Der Fall wurde niedergeschlagen.

In Zagreb erlebte Hartnagel Situationen, die ihm den Dienst nicht völlig sinnlos erscheinen ließen. Soldaten, die in eine akute Notlage geraten waren, wandten sich direkt an ihn, weil sie offenbar Vertrauen zu ihm hatten. Einer der Männer, den Hartnagel noch aus Stalingrad kannte, schilderte die Verhaftung seines Vaters. Dieser habe einem holländischen Juden, der seinem Vater einmal in einer finanziellen Schwierigkeit geholfen hatte, Kleidung, Lebensmittel und Geld ins Arbeitslager geschickt. »Der Soldat bat mich nun um meine Hilfe. Ich werde natürlich tun, was ich kann, aber muß dabei leider sehr vorsichtig zu Werke gehen, damit mein Schreiben, das ich nun weggeschickt habe, nicht als Eingriff in die Belange jener Dienststelle angesehen wird.«[193]

In einem anderen Fall kam ein Soldat seiner Kompanie völlig aufgelöst in sein Zimmer gestürzt. Der Mann hatte wenige Minuten zuvor durch ein Telegramm erfahren, daß seine Frau bei der Geburt ihres fünften Kindes gestorben sei, und suchte nun in seiner Verzweiflung Hilfe beim Kompaniechef. Hartnagel schickte ihn daraufhin sofort für drei Wochen in den Urlaub.

Er wurde auch von Angehörigen der in Stalingrad vermißten und gefallenen Soldaten um Unterstützung bei ihren Nachforschungen gebeten. »Stalingrad-Briefe« nannte er solche Mitteilungen. Sie zu schreiben, war »seine liebste dienstliche

Beschäftigung«[194], da er helfen konnte, vermißte oder in Gefangenschaft geratene Soldaten ausfindig zu machen.

Auch wenn Hartnagels Kompanie nicht in Kämpfe verwickelt war, erwies sich die Sicherheitslage doch bald als so prekär, daß das Barackenlager durch zusätzliche Stellungen geschützt werden mußte. Partisanen überfielen Außenposten und beschossen den Flughafen von Zagreb. Die für den Nachschub wichtige D-Zug-Strecke Wien-Zagreb wurde mehrfach gesprengt. Ähnlich wie die Rote Armee erhielten auch die Partisanen auf dem Balkan Auftrieb durch die Rückschläge, die die Deutsche Wehrmacht an vielen Frontabschnitten hinnehmen mußte.

Über den Fortgang des Krieges wußte Hartnagel genau Bescheid: Er hatte in seinem Dienstzimmer eine große Wandkarte aufgehängt, auf der der jeweilige Frontverlauf entsprechend den Angaben der Londoner BBC, die er täglich hörte, abgesteckt war. Über die Frontnachrichten des »Feindsenders« konnte sich jeder informieren, der ihn besuchte. Im nachhinein grenzt es an ein Wunder, daß dieses »Rundfunkverbrechen« unentdeckt blieb.

Am Ersten Weihnachtstag 1943 bereiteten die Soldaten der Nachrichtenkompanie ihrem Kompaniechef eine Überraschung, von der Hartnagel am Tag darauf Elisabeth Scholl erzählte. »Erst hörte ich kirchliche Schubertmusik. Dann kam mein Hauptfeldwebel und forderte mich auf, auf eine bestimmte Welle umzuschalten. Da meldete sich der Soldatensender ›Gerhard‹ und begrüßte den Komp. Chef der Einheit L 57206, Hptm. Hartnagel! Meine Leute haben einen kleinen Schwarzsender gebaut und senden nun damit den ganzen Abend ein eigenes Programm für die Kompanie.«[195]

Das Kriegsjahr 1944 begann mit einer Ansprache von Adolf Hitler, die darauf abzielte, die Bevölkerung zum Durchhalten zu bewegen. Front und Heimat müßten zusammenstehen und sich gegenseitig als »strahlende Vorbilder« dienen. »Nur der Erfolg dieses Krieges wird unsere deutschen Städte aus Schutthalden wieder in blühende Gemeinwesen verwandeln.«[196]

Tatsächlich aber stand der Ausgang des Krieges längst fest – davon war Fritz Hartnagel überzeugt. Die Lage vor Ort in Zagreb bestätigte ihn in seiner Einschätzung. So wurde einer seiner Funktrupps in Opulin unweit von Zagreb von Partisanenverbänden mit Panzern und schwerer Artillerie angegriffen und eingekreist. In seinen Briefen ist von »fast täglichen Feindeinflügen«[197] die Rede. Die Maschinen nahmen zumeist Kurs auf Wien. Manchmal warfen sie schon vorher einen Teil ihrer Bombenfracht ab. »Heute war bei uns wieder Feindeinflug. Sie flogen auf die Wiener Neustadt. Etwa 100 viermotorige Flugzeuge luden plötzlich ihre Bomben auf den Flugplatz Agram ab. Aber wir, die wir am anderen Ende der Stadt liegen, haben kaum etwas davon gemerkt.« Dieser Übermacht hatte die deutsche Luftwaffe nichts mehr entgegenzusetzen. Ihr blieb nur noch, den Umfang der Geschwader zu registrieren. Das »Klären der Luftlage«, wie es im Fachjargon hieß, war die Hauptaufgabe der Flugmeldekompanie von Fritz Hartnagel.

Mit Hilfe des britischen Rundfunks verschaffte er sich auch ein Bild vom Vormarsch der Roten Armee im Süden der Ostfront. Danach hatten die sowjetischen Truppen westlich von Czernowicz in Galizien bereits die Karpaten erreicht und standen nur noch wenige Kilometer vor der ungarischen Grenze. Bei Odessa liefen die deutschen Verbände Gefahr, eingekesselt zu werden, falls sie sich nicht in Richtung Dnjestr oder Prut zurückziehen würden.

Täglich verfolgte Hartnagel auch die Angriffsziele der Alliierten in Deutschland. Je mehr Süddeutschland ins Visier amerikanischer und britischer Bomber geriet, desto stärker wuchs seine Sorge um die Familie Scholl und die eigenen Angehörigen in Ulm. Durch einen Wehrmachtsbericht erfuhr Hartnagel kurz darauf von einem Angriff auf Ulm. Zu diesem Zeitpunkt befand er sich im kroatischen Karlovac. Sofort bat er seine Leute über Funk, von Wien aus bei den Scholls in Ulm anzurufen. Kurz darauf erhielt er die Bestätigung, daß alle gesund und wohlauf seien.

Wie beim Rußlandfeldzug benutzte Hartnagel jetzt häufiger das Flugzeug, um die Verbindung zu seinen weit verstreut liegenden Beobachtertrupps und zum Divisionsstab in Brinjic, 150 Kilometer südwestlich von Zagreb, zu halten. Auch wenn die Schilderung eines dieser Flüge eher nach Abenteuer klingt, in Wirklichkeit verliefen sie unter großen Gefahren, die er Elisabeth Scholl allerdings verschwieg.

»Es war ein schöner Flug über die verschneiten kroatischen Berge. Nur wie wir in Brinjic wieder starten wollten, kamen wir nicht mehr weg, da der Schnee zu hoch war. Das halbe Dorf hat uns dann eine Startbahn getrampelt, jedoch vergebens. Und bis wir mit einem Raupenschlepper und einem eingehängten Bahnschlitten soweit waren, war es dunkel, so daß wir übernachten mußten. Und heute morgen brachten wir die Maschine nicht mehr zum Laufen, so daß ich durch einen Funkspruch einen neuen ›Storch‹ anfordern mußte, der gerade noch rechtzeitig vor Dunkelwerden eintraf.«[198]

Beim Start der Maschine fühlte Fritz Hartnagel sich nach Rußland versetzt, in die Zeit, als Sophie noch lebte und ihn in seinen Gedanken stets begleitet hatte. Jetzt, im Frühjahr 1944, ein Jahr nach ihrer Ermordung, kehrten die Erinnerungen an sie verstärkt zurück. Hartnagel verarbeitete sie in einem anhaltend schmerzhaften Prozeß in seinen Briefen an Elisabeth Scholl.

»Es liegt vor allem an uns, ihrem Tod den Sinn zu geben, so als ob sie für uns – für mich – ihr Leben hingegeben hätten...

Ich will sie für immer weiter lieben. Tu ich Dir weh, liebe Liesel, wenn ich Dir davon schreibe? Doch es darf Dir keinen Schmerz bereiten, sonst stünde immer ein unüberwindlicher Berg zwischen uns, anstatt daß Sophie das feste Band unserer Freundschaft ist.«[199]

Für ihn wie auch für Elisabeth Scholl blieb Sophie der Maßstab des Lebens: »Oft habe ich mir gesagt: Handle und denke so, als ob Sophie dabei wäre und dir zusehen und zuhören würde. Ist dies nicht der beste Beweis, daß sie sich in der richtigen Ordnung befunden hat, wenn nun auch Du sie als Maßstab betrachtest? Daß sie immer das ordnende Gewissen für mich war, ist wohl der wesentlichste Grund, warum ich fast mit einer Hartnäckigkeit an Sophie hing, zumal ich den Weg zu einer höheren Verantwortung noch nicht gefunden hatte.«[200]

In einer Zeit, in der Elisabeth Scholl und ihre Angehörigen ständig der Gefahr neuer Verfolgung ausgesetzt waren, in der ihr Leben täglich durch die Luftangriffe bedroht war, ermöglichte sie ihrem Freund Fritz Hartnagel, seine Liebe zu Sophie zu bewahren. Sie verband ihre Liebe zur ermordeten Schwester mit der Liebe zu Hartnagel. Es war das NS-Regime, das durch Krieg und Verfolgung diese Menschen zusammenrücken ließ. Die ständige Bedrohung brachte sie in Situationen, in denen weder die Liebe noch das Leid ungeteilt blieben.

»Heute habe ich angefangen, Erinnerungen an Sophie in ein Heft aufzuschreiben, das übrigens auch von Sophie stammt und sogar noch ihren Namenszug trägt«, teilte Fritz Hartnagel unter dem Datum 14. März 1944 Elisabeth Scholl mit. »Ich will alles darin aufschreiben, was mir gerade lebendig wird, ganz ohne Zusammenhang. Das wird mir auch eine äußere Hilfe sein, daß Sophie nie in mir verblaßt und daß meine Gebete für sie nicht weniger innig werden. Ich will darin auch von ihren Nöten und Mängeln schreiben und Sophie so bewahren, wie sie war, und sie nicht zur Heiligen machen. Wie entsetzt wäre sie selber darüber. Hat sie mir doch manchmal geklagt, wie furchtbar ihr es sei, daß die meisten sie für besser hielten, als sie's sei. Dadurch wird ihr Bild nicht weniger schön, sondern nur wirklicher.«[201]

Seit seiner Verlegung auf den Balkan machte Fritz Hartnagel Pläne für ein Treffen mit Elisabeth Scholl. Doch wegen der Verschärfung des Krieges und der Attacken durch die Partisanen waren die Umstände noch schwieriger als zuvor. Im Frühjahr 1944 sahen beide sich wieder – zunächst in Ulm, dann in Wien und in Maribor, der zweitgrößten Stadt Sloweniens, an die Elisabeth Hartnagel sich gern erinnert: »In Maribor standen die Kirschbäume in voller Blüte. Wir haben einen wunderschönen Spaziergang unternommen und die Stunden genossen. Wir waren ja jung. Natürlich sind wir auch nicht ständig in Trauer versunken, wenngleich die Belastung durch den Krieg und das Dritte Reich nicht von uns wich.«[202]

Die Luftangriffe auf Ulm und die häufigen Besuche der Gestapo beschleunigten die Pläne der Familie Scholl, die geliebte Wohnung am Münsterplatz doch aufzugeben. Als Ort des Rückzugs bot sich ein einsamer Einödhof bei Ewattingen im Schwarzwald an, auch »Bruderhof« genannt, hoch über der Wutachschlucht gelegen, über die eine Brücke führte. Dort wurde eine Einzimmerwohnung für die Scholls hergerichtet, mit zusätzlichen Schlafstellen in einem Vorbau. Der große Raum sollte geteilt werden und bedurfte noch der Renovierung, die im Mai 1944 abgeschlossen war.

Die Trennung vom Ulmer Münsterplatz fiel allen schwer, zumal die Wohnung noch so viele Dinge enthielt, die an Sophie und Hans erinnerten – Bücher vor allem, Kleidungsstücke, aber auch Malutensilien, Notenhefte und vieles mehr. Magdalene Scholl eröffnete Fritz Hartnagel, wie es ihr in diesen Wochen des Umzugs erging: »Ich bin so viel bei Hans und Sophie, und es ist mir meist schwerer ums Herz denn je. Das bedingt nicht irgendeine Zeit oder Gelegenheit. Es ist da, ich kann dem nicht entrinnen, kann nicht einmal sagen, welchen Namen ich diesem großen Leid geben soll, obwohl man mir äußerlich nicht viel anmerkt.«[203]

Wenig später schilderte Elisabeth Scholl in einem Brief an Fritz Hartnagel die Vorbereitungen für den Auszug: »Mutter und Inge sind schon im Bett, wir haben vorhin während des Alarms im Keller geräumt. Die Bücher sind jetzt alle unten, übermorgen hole ich die von Sophie und auch Deine wenigstens in den Keller. Du wirst Dir vorstellen können, wie die Zimmer ohne Bücher und Bilder tot aussehen.«[204]

Die bewegliche Habe wurde in Kisten und Kästen verpackt. Einen Teil der Möbel nahm die Familie mit nach Ewattingen, den Rest lagerte ein Spediteur in einem Gebäude, das einige Wochen später bei Luftangriffen auf Ulm zerstört wurde. Im Juni 1944 verließ Magdalene Scholl mit ihrer Tochter Inge die Stadt. Die Eigentümer des Einödhofes nahmen sie ohne Vorbehalte auf.

Elisabeth Scholl dagegen blieb zunächst in Ulm. Sie war dort im Haushalt von Friedl Daub beschäftigt, einer Schwester von Fritz Hartnagel. Mit dieser Aufgabe blieb sie gleichzeitig vor dem Kriegshilfsdienst verschont, der ihr ständig drohte. Insgesamt vier Kinder waren zu versorgen, darunter die Tochter einer Französin und eines deutschen Soldaten. Elisabeth Scholl konnte Friedl Daub gewinnen, das Kind mit aufzunehmen.

Im November 1944, als die Fliegerangriffe ein immer bedrohlicheres Ausmaß annahmen, zog die Familie Daub in ein Ausweichquartier auf dem »Ipshof«, unweit von Crailsheim. Dort, in der Nähe des Geburtsorts von Friedrich Hartnagel, verbrachte Elisabeth Scholl die meiste Zeit bis Kriegsende.

Noch in Ulm erreichte Magdalene, Inge und Elisabeth Scholl im Frühsommer 1944 eine neue Hiobsbotschaft. Der Kompaniechef von Werner Scholl teilte mit, dieser werde seit einem Kampf mit Partisanen am 7. Mai vermißt. Alle Nachforschungen seien bislang ergebnislos geblieben. »Es ist jedoch mit an Sicherheit grenzender Wahrscheinlichkeit anzunehmen, daß Ihr Sohn lebt und vielleicht eines Tages doch wieder bei der Einheit auftaucht.«[205] Werner Scholl war zuletzt als Sanitäter im Gebiet um Mogilev (heute Weißrußland) eingesetzt gewesen. Der Kompaniechef schloß mit dem Satz: »Ich spreche Ihnen persönlich mein aufrichtiges Bedauern aus und hoffe, daß Ihnen Ihr Sohn wenigstens nach dem Kriege wieder zugeführt werden kann.«

Ein kleiner Hoffnungsschimmer blieb den Angehörigen. So viele Soldaten wurden vermißt gemeldet, und manche kehrten plötzlich wieder zurück. An diesen Gedanken klammerte sich die Familie – vergeblich, wie sich später herausstellen sollte. Werner Scholl blieb vermißt.

Der »Bruderhof« im Schwarzwald wurde während des Krieges zu einem Ort der Zuflucht. Theodor Haecker fand auf dem Hof für sieben Wochen Unterkunft. Seine *Tag- und Nachtgeschichten*, die er Inge Scholl diktiert hatte, wurden dort – in einem Eisenrohr verpackt und eingeschweißt – vergraben und nach Kriegsende sicher geborgen. Der Publizist und Gelehrte konnte die Texte allerdings selber nicht mehr in Empfang nehmen. Am 9. April 1945, kurz nachdem er den Einödhof verlassen hatte, starb Haecker in Ustersbach bei Augsburg.

Robert Scholl, dem die Zeit der Sippenhaft auf die eineinhalbjährige Zuchthausstrafe angerechnet worden war, kam Ende November 1944 frei. Schließlich meldete sich eines Sonntagmorgens auf dem Hof Otl Aicher, der gegen Kriegsende an der Westfront desertiert war und sich bis in den Schwarzwald durchgeschlagen hatte.

17

Der ständige Gewissenskonflikt

Am 24. Mai 1944 unternahm Fritz Hartnagel, der mit seiner Flugmeldekompanie nach wie vor in Zagreb stationiert war, eine Inspektionsreise zu seinen Beobachtertrupps. Diese Einheiten lagen in weitem Umkreis um die kroatische Metropole verstreut – bis an die Adria – und meldeten ihre Informationen nach Agram, wo sie ausgewertet und dann weitergeleitet wurden. Diese Tour versprach Abwechslung von der täglichen Routine und die Sicht auf eine einzigartige Küstenlandschaft. Den militärischen Aspekt blendete Hartnagel für einige Tage weitgehend aus. Er schwärmte von eintausend Meter hohen Pässen, die einen herrlichen Blick auf die Adria ermöglichten.

Wenig später, Anfang Juni 1944, wurde Fritz Hartnagel zu einem sechswöchigen Lehrgang von Zagreb nach Nancy in Frankreich abkommandiert. Der Kurs, den er zusammen mit 20 anderen Hauptleuten absolvierte, sollte die Kenntnisse der Offiziere über Funkmeßgeräte, Taktik und Wehrwesen im allgemeinen verbessern. Vor allem aber diente er der ideologischen Aufrüstung durch den »nationalpolitischen Unterricht«. Hinweise auf einen zunehmenden politischen Druck hatte es seit längerem gegeben. Nach den vielen Niederlagen verschärfte sich der harte ideologische Kurs. Dadurch geriet Fritz Hartnagel in immer größere Gewissenskonflikte.

Auch wenn die äußeren Bedingungen für den Lehrgang geradezu angenehm waren, ein schönes Hotel in einer landschaftlich reizvollen Umgebung mit Einzelzimmer für jeden Teilnehmer – allein die Nähe zu den strammen NS-Offizieren machte ihm zu schaffen: »Das sind zum größten Teil ganz furchtbare Menschen, Offiziere im schlimmsten Sinn, was Angabe, Überheblichkeit, Preußengeist und Roheit der Gesinnung angeht. Mir graut davor, wenn ich im Laufe der Zeit noch näher mit ihnen in Berührung kommen muß.«[206]

Kaum in Nancy angekommen, elektrisierte ihn eine Nachricht, die noch am selben Tag ihren Niederschlag in einem Brief an Elisabeth Scholl fand: »Endlich hat die Invasion begonnen! Wir werden mit Spannung die Ereignisse der nächsten Wochen und Monate verfolgen.«[207] Tatsächlich hatte am 6. Juni 1944 vor der Küste der Normandie in Frankreich die seit langem vorbereitete Operation »Overlord« angefangen. Tausende von amerikanischen und britischen Kriegsschiffen und Booten bewegten sich auf das Land zu.

Trotz ihrer Überlegenheit mußten die Alliierten hohe Verluste hinnehmen, denn nach Verlassen der Landungsboote fehlte den Soldaten jede Deckung. So gerieten sie in den Kugelhagel der in den Bunkern des »Atlantikwalls« versteckten deutschen Soldaten. Eine Woche später verbanden 300 000 Amerikaner und Briten fünf Brückenköpfe zu einer Frontlinie – ein bedeutender Schritt beim Vormarsch der Alliierten.

Sosehr Hartnagel die Invasion begrüßte – offen reden konnte er darüber natürlich nicht. Jede Äußerung zugunsten der Alliierten hätte ihn als Verräter gebrandmarkt. Also kapselte er sich von den übrigen Kursteilnehmern weitgehend ab, so daß er schon bald als Sonderling galt. Die ganze Umgebung sei ihm einfach zuwider, ließ er Elisabeth Scholl wissen. Deswegen fühle er sich einsamer als in Zagreb, wo er auch oft allein gewesen war.

Manchmal mußte er sich gegen den aufsteigenden Haß wehren. Das geistige Niveau der Offiziere nennt er »oberflächlich« und »in seinem sittlichen Tiefstand erschütternd«[208]. Da er sich auch den Bordellbesuchen (»nur für deutsche Offiziere«) nicht anschloß, verachteten ihn einige Lehrgangsteilnehmer. Das störte ihn weniger als die Frage, ob er nicht zu viele Zugeständnisse machte und ob es letztlich nicht besser wäre, sich zu seiner wahren Haltung zu bekennen – ohne Rücksicht auf die Folgen.

Bei einem Kameradschaftsabend wäre es zwischen Hartnagel und anderen Hauptleuten fast zum offenen Konflikt gekommen. Anlaß waren die sogenannten »Wunderwaffen«, die Fernraketen, deren Einsatz gegen England gerade angekündigt worden war. »Wunderwaffen« – dieses Wort geisterte schon seit langem in den Köpfen. Vor allem nach der Niederlage von Stalingrad hatte es gezielte Hinweise auf neue Waffensysteme gegeben. Solche Andeutungen sollten die Zuversicht und den Durchhaltewillen der Bevölkerung stärken.

An der Entwicklung von Fernraketen war schon seit Anfang der 1930er Jahre gearbeitet worden. Während des Krieges nahmen diese Pläne konkrete Formen an und wurden dann mit Hochdruck vorangetrieben. Unter den Lehrgangsteilnehmern löste die Nachricht vom bevorstehenden Einsatz der V1-Flugbombe und der V2-Rakete einen Sturm der Begeisterung aus, »die sich dann in Haßausbrüchen äußerte wie etwa ›Von den Engländern darf kein Schwanz übrigbleiben, die Engländer müssen ausgerottet werden, England muß ausradiert werden‹ usw.«[209]

Fritz Hartnagel, der Elisabeth Scholl diese Reaktion schilderte, hielt den anderen Offizieren entgegen, das ginge zu weit. Denn Deutschland führe ja keinen Krieg, um die Zivilbevölkerung zu ermorden. Es genüge, die Ziele zu bekämpfen, deren Zerstörung die militärische Macht Englands brechen würde. Alles andere seien unwürdige Rachegelüste.

»Da brach von allen Seiten ein Sturm der Entrüstung über mich herein, daß ich es nach einigem Gegenreden für besser hielt, die Diskussion abzubrechen, da es bei solchen Leuten sowieso sinnlos ist, darüber überhaupt zu sprechen. Es wurden auch bereits Andeutungen gemacht, daß man bei einer solchen Gesinnung eines Offiziers sich direkt überlegen müsse, ob nicht durch eine Meldung dagegen eingeschritten werden müsse.«[210]

Sein Verhalten glich einem Drahtseilakt, bei dem Hartnagel manchmal ins Schwanken geriet. So wies er eines Tages auf der Straße einen Soldaten »wegen seiner schlechten Ehrenbezeichnung« zurecht. Zweifelsohne hatte ihn die inzwischen achtjährige Soldatenzeit tief geprägt, und dennoch wahrte er Distanz. »Zum Glück spüre ich es wenigstens immer gleich hinterher, und ich wäre am liebsten zurückgelaufen und hätte mich bei ihm entschuldigt.«[211]

Manchmal kam er sich völlig nutzlos vor. Dann studierte er aufmerksam die Wehrmachtsberichte, um eine Antwort auf die Frage zu bekommen, wann der Krieg zu Ende sein würde. Vorträge zur Gesellschaftspolitik, die er in Nancy über sich ergehen ließ, waren für ihn am schwersten zu ertragen. Als der Lehrgang sich dem Ende näherte, plante Hartnagel seine Rückreise nach Kroatien – mit Zwischenstation in Deutschland. Zwar hatte die Führung der Wehrmacht eine generelle Urlaubssperre verhängt, aber eine Unterbrechung seiner Rückreise riskierte Hartnagel, auch wenn dies verboten war. Bei dem allgemeinen Chaos auf den Bahnstrecken ließ sich bestimmt eine Entschuldigung finden.

Am 16. Juli 1944 schickte Hartnagel Elisabeth Scholl einen letzten Gruß aus Nancy, dann machte er sich auf den Weg in Richtung Deutschland. Kurz vor der Abreise hatte ihn der Lehrgangsleiter noch zu sich zitiert. Er wollte wissen, was es mit der Verwarnung auf sich habe, die in seiner Personalakte vermerkt sei. Hartnagel erschrak, dann rang er sich in Sekundenschnelle dazu durch, einfach die Wahrheit über seine Kontakte zur Familie Scholl zu sagen. Und zu seinem Erstaunen entließ der Lehrgangsleiter ihn mit der Bemerkung, er sei froh, daß es sich um nichts Dienstliches handele.

Fritz Hartnagel und Elisabeth Scholl hatten sich in Freiburg verabredet. Trotz widriger Umstände kam das Treffen zustande. Die beiden fuhren zusammen nach Ulm und von dort nach Ewattingen weiter. Letztlich blieben ihnen nur einige Stunden für sich selbst – zu wenig Zeit, um all das zu bereden, was sich zuvor angestaut hatte: die Nöte und Ängste, die sie täglich belasteten, die Sorge um Werner Scholl, der im Osten vermißt wurde, und nicht zuletzt die Frage nach der Zukunft und wie das von den Nationalsozialisten angerichtete weltweite Kriegschaos enden würde.

Die Weiterreise Hartnagels nach Kroatien verlief abenteuerlich. Der Zug, der ihn nach München bringen sollte, blieb wegen Fliegeralarm kurz vor der bayerischen Landeshauptstadt auf der Bahnstrecke liegen. Weil es keine andere Fahrmöglichkeit gab, nahm er von einem Vorortbahnhof aus einen Personenzug nach Innsbruck, wo er in einem Hotel übernachtete. In der Herberge traktierten ihn die ganze Nacht über Flöhe und Wanzen – 45 Einstiche zählte er am nächsten Morgen.

Von Innsbruck aus gelangte Hartnagel über Salzburg mit jeweils langen Wartezeiten nach Wien. Auch dort verzögerte ein Fliegeralarm die Fortsetzung der Reise, so daß er ein weiteres Mal übernachten mußte. Schließlich erreichte er nach vier Tagen, am 20. Juli 1944, sein Ziel, die kroatische Hauptstadt Zagreb. Dort lag bereits ein Versetzungsbefehl nach Frankreich vor, von wo er gerade gekommen war. Vorher aber sollte Hartnagel seinen Nachfolger einarbeiten und den Neubau einer Flugmeldezentrale unweit von Zagreb leiten.

Schon am Abend des 20. Juli, kurz nach seiner Ankunft, hatte Fritz Hartnagel gerüchteweise vom Attentat auf Adolf Hitler im Führerhauptquartier »Wolfsschanze« in Ostpreußen gehört. Zu der hochbrisanten Nachricht äußerte er sich zwei

Tage später Elisabeth Scholl gegenüber eher zurückhaltend: »Es wird allerdings kaum etwas an unserer Lage ändern. Nachdem nun Himmler der Oberbefehlshaber des Heimatheeres geworden ist, steht nun auch die Wehrmacht unter der unmittelbaren Kontrolle der Gestapo. Ich glaube, der erste Schritt zur Überführung des Heeres in die SS ist damit getan.«[212]

Hitler hatte noch am 20. Juli 1944 Heinrich Himmler zum Oberbefehlshaber des Ersatzheeres und Chef der Heeresrüstung ernannt. Das Vertrauen des Diktators in die Wehrmachtführung war durch das Attentat restlos verlorengegangen. Himmler rückte damit zum mächtigsten Mann nach Hitler auf. Was dieser Aufstieg bedeutete, wurde schnell klar, wie die folgenden Zeilen von Fritz Hartnagel zeigen: »Seit heute nacht 0 Uhr ist für die gesamte Wehrmacht der deutsche Gruß eingeführt worden. Doch man wird einem alten Soldaten nicht verübeln können, wenn er sich dabei manchmal versieht und in der alten Gewohnheit bleibt.«[213] Das »Versehen« wurde zur Gewohnheit. Das heißt, Hartnagel – 27 Jahre alt – verweigerte grundsätzlich das obligatorische »Heil Hitler«, und als ihn eines Tages ein österreichischer Feldwebel darauf ansprach, ließ er ihn Haltung annehmen und dann wie einen begossenen Pudel abtreten.

Im Sommer 1944 erfuhr Fritz Hartnagel durch einen früheren Klassenkameraden, der dem SD angehörte, von dem Plan der SS, einen Spitzel auf ihn anzusetzen. Dieser sollte in seine Einheit geschmuggelt werden und dann vertrauliche Berichte über Hartnagel liefern. Ob es dazu kam, ließ Hartnagel in der bereits zitierten Stellungnahme aus dem Jahr 1947 zu seiner Einstufung als »Mitläufer«, in der er den vertraulichen Hinweis seines Schulkameraden erwähnt, offen.

Allein diese Warnung verschlimmerte noch sein Dilemma. Die Verschwörer des 20. Juli machten Hartnagel die eigene Situation auf schmerzhafte Weise bewußt. Das Attentat löste bohrende Fragen aus: Wie lange konnte er die Fassade des loyalen Truppenführers noch aufrechterhalten, ohne seine Selbstachtung zu verlieren? War die Rücksichtnahme auf die Menschen, deren Leben und Wohlergehen ihm ans Herz gewachsen waren, ein hinreichender Grund, weiter »mit den Wölfen zu heulen«[214], wie er sich einmal ausdrückte? Das Attentat vom 20. Juli, sosehr er es innerlich begrüßte, stürzte ihn zugleich in noch tiefere Konflikte. Seine Vorgesetzten erwarteten nun von ihm Vorträge über die politisch-geistige Führung in Deutschland und über die Erfolge des NS-Regimes im abgelaufenen Monat. Hartnagel drückte sich, wo immer er konnte, suchte nach Ausflüchten und stürzte sich in politisch harmlose Vorhaben wie den Neubau der Flugmeldezentrale.

»Meine Lage liegt immer drückender auf mir und drängt nach einer Entscheidung«, schrieb er Elisabeth Scholl. »Ich wüßte nicht, wie ich mich später einmal verantworten sollte, vor allem aber vor meinem eigenen Gewissen. Es ist alles so verworren und ausweglos, wenn man wahrhaftig bleiben und doch zu keinem Leid Anlaß geben will... Heute nachmittag sind Generalfeldmarschall von Witzleben und 7 andere Offz. erhängt worden. Laß uns beten.«[215]

Die Serie von Prozessen, mit denen der Volksgerichtshof die Attentäter, ihre Anhänger sowie deren Angehörige bis Kriegsende verfolgte – 600 bis 700 Menschen wurden verhaftet, davon mindestens 180 hingerichtet –, versetzte Hartnagel in inneren Aufruhr. An manchen Tagen suchte er Trost und Ablenkung in der freien Natur. Er wollte Abstand gewinnen, auch, um sich nicht zu Kurzschlußhandlungen verleiten zu lassen. »Es war heute ein so gewaltiger Sonnenuntergang, daß ich fast erschrocken bin wie vor etwas Überirdischem. Und über der ganzen Landschaft lagen ein so eigenartiges Licht und so fein abgestimmte Farben, daß jeder Blick wert gewesen wäre, ihn festzuhalten. Ich saß an der Save, bis die Wolken verblichen waren, und ging dann durch ein hohes Maisfeld in Gedanken mit Dir zurück«[216], schrieb Hartnagel am 6. August 1944 an Elisabeth Scholl.

Auch die Meldungen von der Front lenkten ihn von seinen inneren Konflikten ab. Die Rote Armee hatte nach Hartnagels Berechnungen seit Beginn ihrer Sommeroffensive bereits die Hälfte des Weges nach Berlin zurückgelegt. Wenn ihr Vormarsch im bisherigen Tempo weiterging, könnten die sowjetischen Truppen schon in 40 Tagen in Berlin sein. Hartnagel wünschte sich, daß die Westalliierten ihnen zuvorkamen, was nach Lage der Dinge jedoch eher unwahrscheinlich war. Dennoch: Der Vormarsch gewann auch im Westen an Tempo.

Mitte August 1944 nahm Fritz Hartnagel Abschied von seiner Kompanie in Zagreb, um anschließend die Reise nach Frankreich anzutreten. Die Fahrt in Richtung Westen führte durch zerbombte deutsche Städte und Trümmerlandschaften. Mit seinem Organisationstalent schaffte er es auch diesmal, Elisabeth Scholl in Ulm zu treffen und mit ihr zusammen Magdalene und Inge Scholl in Ewattingen zu besuchen. Für den Zwischenaufenthalt nahm er sich etwas mehr Zeit – vier Tage insgesamt. Wie zuvor stand auch bei dieser Begegnung unausgesprochen die Frage im Raum, ob es vielleicht ihr letztes Wiedersehen sein würde. Denn der Tod wurde zum alltäglichen Ereignis – an der Front wie auch in Deutschland selbst.

Von Ulm aus gelangte Hartnagel über Straßburg und Metz wieder nach Nancy, wo er sich schon wenige Stunden nach seiner Ankunft mitten im Kampfgeschehen wiederfand. Dabei war seine Situation noch widersprüchlicher als bei dem vorausgegangenen Lehrgang. Den Vormarsch der Alliierten, dem er jeden Erfolg wünschte, sollte er unter Aufbietung aller Kräfte in seinem Bereich zum Stillstand bringen. Die fünf Abteilungen, die er als Kommandeur übernahm, lagen weit verstreut in Troyes südlich von Reims, in der Côte d'Or und an der Schweizer Grenze, südöstlich von Dijon.

Sein erster Auftrag lautete, den Abteilungsstab, also die Einsatzleitung, von Troyes nach Dijon zu verlegen. Der neue Standort hatte allerdings den Nachteil, daß Partisanen, Anhänger der Résistance, die Umgebung unsicher machten. Die Untergrundkämpfer wollten den vorrückenden amerikanischen und britischen Truppen die Arbeit erleichtern, indem sie durch Sabotageakte die deutschen Besatzungstruppen schwächten.

Gleich zu Beginn mußte Hartnagel sich mit dem Transportproblem auseinandersetzen. Züge verkehrten unregelmäßig, Busse eher selten. Per Anhalter machte sich der Kommandeur auf den Weg. Er war von seinem General schon seit Wochen dringend erwartet worden, um Ordnung in die von Partisanen und Alliierten schwer bedrängten Truppenteile zu bringen.

Einige Einheiten waren durch die Kämpfe zersprengt worden und mußten sich neu sammeln. Den Kompanien blieb kaum Zeit, sich auf neue Gefechte einzustellen. Amerikanische Panzerspitzen lagen bereits östlich von Troyes. Schon bald nach seiner Ankunft fühlte Fritz Hartnagel sich nach Stalingrad zurückversetzt. »Für die Funkmeßstellen, die mir unterstellt sind, besteht der Befehl, die Stellungen bis zum letzten Mann zu verteidigen. Da keinerlei schwere Waffen vorhanden sind, dürfte sich dieses Drama in wenigen Stunden abgespielt haben, ohne daß dadurch der Gegner aufgehalten würde. Es ist das eine vollkommen sinnlose Opferung von Soldaten...«[217]

Schon wenige Tage später meldete Hartnagel, daß die Funkmeßstellen unter dem Druck von Partisanen aufgegeben wurden. Anlagen, Geräte und Baracken seien vorher gesprengt worden. Seine Leute sammelten sich inzwischen und würden beim Bau neuer umfangreicher Verteidigungsstellungen eingesetzt. Die eigentlichen Schanzarbeiten sollten sowjetische

Zwangsarbeiter verrichten. Die neue Verteidigungslinie sollte sich von der Schweizer Grenze bis zur Kanalmündung der Somme erstrecken. Die Frage war nur, wann die Alliierten auch diese Linie durchbrechen würden.

»Wir haben nun gestern von Gaumont nach Dole verlegt, das etwa 40 Kilometer ostw. Dijon liegt. Unterwegs sind wir von acht amerikanischen Jägern angegriffen worden, die immer wieder anflogen und bis auf 30 Meter auf uns herabstießen, bis unser einziger Lkw mit Anhänger und ein Pkw in hellen Flammen standen. Ich habe dann mit zwei Mann von den brennenden Fahrzeugen, in denen bereits die Munition krepierte, einiges Gepäck herunterzerren können. Darunter waren glücklicherweise meine zwei Koffer, denn sonst hätte ich nicht einmal mehr ein Hemd zum Wechseln gehabt.«[218]

In der Stadt Dole blieb den Soldaten nur eine Verschnaufpause von wenigen Tagen. Als Abteilungskommandeur machte Fritz Hartnagel sich bereits Gedanken, welche Richtung der weitere Rückzug nehmen würde. Ein Blick auf die Landkarte sagte ihm, daß die zurückweichenden Wehrmachtseinheiten den kleinen Ort Ewattingen nahe der Schweizer Grenze, wo die Scholls Unterschlupf gefunden hatten, passieren könnten.

Daß der Kampf nicht mehr zu gewinnen war, lag auf der Hand. »Mit den Offizieren meines Stabes bin ich über den Ausgang des Krieges einig. Es ist nur die Frage, wo und wie wir das Ende erleben werden. Ich fürchte, wenn die Lage bei uns kritisch wird, daß wir noch zur Verteidigung von Dole eingesetzt werden, also rein infanteristisch wie damals in Stalingrad.«

Hartnagel wußte, was in den folgenden Wochen auf ihn zukommen würde. Drei seiner fünf Kompanien waren noch auf dem Rückmarsch nach Dole und wurden von US-Jagdbombern mehrfach ins Visier genommen. Er rechnete mit einer Zangenbewegung der Alliierten von Westen und Süden, wodurch ganz Mittel- und Südfrankreich abgeschnitten würde.

»Dann wird der Kampf um die Burgundische Pforte entbrennen, durch die der Gegner zweifellos zuerst ins Reichsgebiet eindringen wird, um gleich einen Brückenkopf über den Rhein zu gewinnen...« Spätestens dann sah er seine Truppen in einem Hexenkessel, aber er wollte alles tun, um sinnloses Blutvergießen zu verhindern. Elisabeth Scholl gab er den Rat, sobald wie möglich Ulm zu verlassen und nach Ewattingen zu gehen, damit sie nicht durch die Front von ihrer Mutter und ihrer Schwester getrennt würde.

Seine Sorge war keineswegs unbegründet, denn die Lage spitzte sich dramatisch zu. Zudem erhielt er von seinem General einen riskanten Auftrag, gegen den er sich heftig wehrte. Mit drei seiner Kompanien und einer zusätzlichen Pionierkompanie sollte er bis zum Ort Arbois etwa 40 Kilometer östlich von Dole vorstoßen und dort Brücken sprengen und Sperranlagen errichten. Der Ort lag mitten im Partisanengebiet, so daß Hartnagel zuerst den Weg dorthin freikämpfen mußte. Ein Großteil seiner Soldaten war zwischen 40 und 50 Jahre alt und für solche Aufgaben überhaupt nicht ausgebildet.

»Mit Gefangenschaft durch die Partisanen kann man wohl kaum rechnen, denn unsere Truppen, vor allem Kosaken unter deutscher Führung, haben hier furchtbar gehaust und jede Ortschaft, aus der geschossen wurde, rücksichtslos niedergebrannt. Auch sind die sogenannten Terroristen ›niederzumachen‹, wie ja im Wehrmachtsbericht täglich zu lesen ist. Sie werden deshalb mit uns nicht anders verfahren.«[219]

Gegenüber seinem Regimentskommandeur und dem zuständigen General brachte er seine Bedenken vor, stieß dabei jedoch auf völliges Unverständnis. »Man meint wirklich, sie seien mit Blindheit geschlagen, wenn sie heute noch an ihrem sturen, ja einfach dummen Optimismus festhalten.«

Am Morgen des 31. August 1944 startete Hartnagel mit seinen Kompanien in Richtung Arbois. Wie schon so oft in diesem Krieg: Wenn es darauf ankam, war er nicht nur kaltblütig, sondern hatte immer wieder Glück. Die Aktivitäten der Partisanen hielten sich in Grenzen, und nach knapp einer Woche kehrte er mit seinen Leuten wohlbehalten nach Dole zurück. Seinen Auftrag hatte er allerdings nur ansatzweise ausgeführt. Ein Beispiel, das er später seinem Sohn Jörg schilderte:

Eine Brücke unweit von Dole hätte bei einer Sprengung das Geburtshaus des berühmten Chemikers und Biologen Louis Pasteur mit in die Tiefe gerissen. Hartnagel entschied sich gegen die Sprengung. Daß er an dem Zerstörungswerk in Frankreich überhaupt beteiligt gewesen war, lastete auch nach Kriegsende schwer auf ihm. Es dauerte Jahre, bis er erstmals wieder französischen Boden betrat, um dort zusammen mit seiner Frau Elisabeth romanische Baukunst zu bewundern.

Am weiteren Verlauf der Kämpfe änderte der Einsatz ohnehin nichts. Die alliierten Verbände ließen sich beim Vormarsch durch nichts aufhalten. Sie diktierten das Kampfgeschehen, nicht die Deutschen. Vor allem besaßen sie die totale Lufthoheit, so daß bei Tage bald jede Marschbewegung unmöglich wurde. »Ich habe, seit ich hier in Frankreich bin, noch kein einziges deutsches Flugzeug gesehen. Es geht jetzt sicher vollends mit Riesenschritten dem Ende zu. Zum Glück ist es die Westfront, die am Zusammenbrechen ist, und noch nicht die Ostfront. So werden vielleicht die Engländer und Amerikaner als erste in Berlin sein.«[220]

Anfang September 1944 war Hartnagel mit seinen Kompanien in die Festungsstadt Belfort nahe der Burgundischen Pforte ausgewichen. An diesem strategisch wichtigen Durchgangsgebiet sollten die schlecht ausgerüsteten Soldaten die mit starken Panzerkräften anrückenden Amerikaner aufhalten – für Fritz Hartnagel »ein heller Wahnsinn und ein sinnloses Blutbad«[221]. Im Wettlauf mit der Zeit überlegte er, welchen Ausweg es für die Hunderte von Menschen gab. Immerhin erhielt er die Genehmigung, die Altersjahrgänge 1905 und älter ins Reich zu schicken. Einem der Männer gab er einen Brief an Elisabeth mit. Ansonsten lautete der Befehl: in Belfort ausharren.

Am Morgen des 11. September entnahm Hartnagel dem Wehrmachtsbericht, daß die Stadt Ulm bei Luftangriffen schwer getroffen worden war. Die Sorge um Elisabeth machte ihn erneut unruhig. Er wußte nicht, ob sie seinem Rat gefolgt und ebenfalls nach Ewattingen gefahren war. In seinen Briefen wies er immer wieder darauf hin, daß es nach Kriegsende kaum noch Reisemöglichkeiten geben würde, da die Besatzungstruppen die Bahn beanspruchen würden.

Für sich selbst sah Hartnagel nur dann eine Chance, den Krieg heil zu überstehen, wenn seinen Kompanien gestattet würde, aus Belfort abzurücken. Anfang Oktober 1944 erhielt er tatsächlich die Erlaubnis, sich mit seinen Leuten abzusetzen. Für Hartnagel und seine Soldaten wurde kurzfristig nach einer neuen Einsatzmöglichkeit gesucht.

Doch zunächst machte der Kommandeur sich auf den Weg nach Crailsheim und Ewattingen, wo er die drei Frauen wohlbehalten antraf. Die große Gefahr, die ihn noch kurz zuvor an das Schlimmste hatte denken lassen, war erst einmal gebannt, auch wenn der nächste Auftrag nicht lange auf sich warten ließ. Er lautete: Rekrutenausbildung in Weimar. Ein Zwischenaufenthalt in Augsburg stimmte Hartnagel mehr als nachdenklich.

»Bei hellem Mondschein machte ich einen Gang durch das gespenstische Augsburg. Ich war wirklich erschüttert. So schlimm hatte ich mir die Zerstörungen nicht vorgestellt. Es war mir schmerzlich, in diesen schönen Straßen Augsburgs auch so manche Erinnerung an meine damalige Zeit, in der ich Sophie kennenlernte, zerstört zu sehen. Etwa um zehn Uhr kam ich dann in Weimar an.«[222]

Weimar war Hartnagel vertraut. Dort hatte er von September 1941 bis zum Frühjahr 1942 ein halbes Jahr verbracht, um eine Nachrichteneinheit für Nordafrika aufzustellen, bis man ihn vergaß. In dieser Zeit hatte er sich an den Wochenenden zumeist mit Sophie Scholl getroffen.

Für die Ausbildung von Rekruten fehlte es an allem, insbesondere an der Ausrüstung. Als Hartnagel den Befehl erhielt, die Maschinengewehre, an denen die jungen Soldaten trainiert wurden, abzugeben, packte ihn zunächst der Zorn. »Aber schließlich dachte ich doch, es kann mir im Grund gleich sein. Es ist ja euer Krieg.«[223] Aufmerksam registrierte er die letzten Zuckungen des untergehenden Regimes.

Ein Schreiben des NS-Führungsstabes führte ihm drastisch vor Augen, wie sehr sein Leben nicht nur an der Front, sondern auch in der Heimat bedroht war. Denn die Todesstrafe galt fortan für jedes kritische Wort gegenüber dem NS-Regime, und zwar für »Äußerungen gegen die nationalsozialistische Weltanschauung – Abfällige Kritik an Maßnahmen der Staatsführung und der Partei – Zweifel an der Berechtigung des uns aufgezwungenen Lebenskampfes – Behauptung über Zersetzungserscheinungen in der Heimat ...«[224] Den Verfassern dieses Strafkatalogs war offensichtlich nicht bewußt, welch ein erbärmliches Zeugnis sie dem Regime damit ausstellten. Jeder, der Augen hatte, sah die Kampfmüdigkeit der Soldaten, die Auflösungserscheinungen, erlebte den Anblick der Trümmerlandschaften und nahm den Leichengeruch in den Straßen wahr.

Hartnagel bildete weiter Rekruten aus und fügte sich in die Routine des Kasernenalltags: Ansprache an neue Soldaten, Geländeübungen usw. Zwischendurch erreichte ihn die Nachricht, daß Robert Scholl das Zuchthaus in Kislau verlassen hatte und im Schwarzwald bei seiner Familie wohnte.

Ab Mitte November verbrachte Elisabeth Scholl eine Woche bei Fritz Hartnagel in Weimar. In dieser Zeit faßten beide einen Entschluß, den Fritz Hartnagel in seinem Brief vom 19. November 1944 den Eltern von Elisabeth vortrug: Magdalene und Robert Scholl bat er um die Einwilligung zu ihrer Hochzeit.

»So dürfen wir uns immer mehr und immer inniger zueinander gehörend empfinden. Und wenn es möglich wird, ist es auch unser beider Wunsch, den Weg durch dieses irdische Dasein für immer gemeinsam zu gehen. Nachdem nun Vater wieder in Freiheit ist, will ich nicht mehr zurückhalten, Euch davon zu schreiben...

Vielleicht werdet Ihr Euch wundern, daß ich so früh nach Sophies Tod zu Elisabeth gefunden habe. Aber ich habe alles, was mich mit Elisabeth verbindet, nie als Untreue gegenüber Sophie empfunden. War es doch gerade Sophie, die zu unserer Freundschaft wie eine Patin gestanden hat, da diese Freundschaft aus unserem gemeinsamen Schmerz um Sophie und Hans entsprungen ist. Darum brauche ich auch Sophie nicht aus meinem Herzen zu verdrängen. Sie ist mitten in unserer Liebe mit eingeschlossen. Und alles, was ich Elisabeth schenken darf, das gebe ich damit auch Sophie. Mir erscheint es drum immer wieder wie ein Wunder, wie meine Liebe zu Sophie in Elisabeth ihre Fortsetzung finden durfte.«[225] Und die künftigen Schwiegereltern gaben ihre Zustimmung – freudig und mit allen erdenklich guten Wünschen.

Magdalene und Robert Scholl empfanden es als eine große Erleichterung, daß die beiden entschlossen waren, ihre Zukunft gemeinsam zu meistern. Wenn nur der Krieg nicht wieder ihre Erwartungen grausam durchkreuzen würde – so die bange Sorge. Diese Sorge teilten auch Elisabeth Scholl und Fritz Hartnagel. Dennoch überwog ihr Glaube an die Zukunft, die damals für die meisten Menschen unter den Trümmern begraben lag.

Noch bevor das Jahr zu Ende ging, hatte Fritz Hartnagel aus einem Brief seines Vaters von dem ganzen Ausmaß der Zerstörung seiner Heimatstadt Ulm erfahren. Fast die gesamte Innenstadt lag in Schutt und Asche, auch der Münsterplatz mit dem Haus Nr. 33, in dem die Familie Scholl gewohnt hatte, war am 17. Dezember 1944 ebenfalls unter dem Bombenhagel in Flammen aufgegangen.

Für Fritz Hartnagel endete das Kriegsjahr 1944 mit einer eher seltsamen Note. Bei einer der vielen Weihnachtsfeiern, die er mit seinen Soldaten in Weimar zu absolvieren hatte, trat ein Zauberer auf. Dieser trieb ein Verwirrspiel mit Zetteln, auf denen Zahlen und Buchstaben vermerkt waren und die dann – mit jeweils neuen Zahlen und Buchstaben versehen – weitergereicht wurden. Daraus filterte der Zauberer dann die Lebensdaten einzelner Soldaten, und zwar mit einer für das Publikum erstaunlichen Treffsicherheit.

Hauptmann Hartnagel wurde in das Spiel mit einbezogen. Auch in seinem Fall stimmten die Angaben: Geburtsdatum, Geburtsort, Beruf, unverheiratet. Aber der Hauptmann habe eine Braut – so der Zauberer und nannte ihren Namen: Elisabeth Scholl.

Fritz Hartnagel stockte der Atem. Der Name »Scholl« hallte plötzlich durch den Saal. Doch niemand außer ihm fand etwas dabei. Nicht einmal der Regimentskommandeur erkannte den Zusammenhang mit dem Schreiben der Ulmer NSDAP-Kreisleitung, das ihm den Kontakt zur Familie Scholl verbot. Jedenfalls zeigte er es nicht.

18

Untätig in Berlin

Auf dem Ettersberg, in unmittelbarer Nähe von Weimar, wo Fritz Hartnagel stationiert war, lag das Konzentrationslager Buchenwald. Gegen Kriegsende waren deutsche Häftlinge bereits in der Minderheit. Polizisten aus Dänemark, Zwangsarbeiter aus Polen, der Ukraine und Weißrußland und Kriegsgefangene aus der Sowjetunion arbeiteten in 129 Außenkommandos vor allem in der Rüstung. Von den insgesamt über 240000 Gefangenen kamen zwischen 1937 und 1945 über 50000 ums Leben: durch Hunger, Seuchen, medizinische Versuche und Mordaktionen.

Ende 1944 nahm Fritz Hartnagel an einem Gefechtsschießen am Ettersberg teil, wobei ihn Leutnant Burg begleitete. Anschließend gingen beide den Ettersberg hinauf. Von oben blickten sie nicht nur auf den Thüringer Wald, sondern auch auf das KZ Buchenwald. Sie trafen auf KZ-Häftlinge und kamen dabei »auf den Geist unserer Zeit zu sprechen«[226].

Nicht nur diese Begegnung verstärkte Hartnagels inneren Konflikt. Mit Beginn des Jahres 1945 mußte er zusätzlich zur Ausbildung von Rekruten auch noch die Offiziersausbildung übernehmen. Das hieß für ihn: Junge Offiziersanwärter zu einem Beruf auszubilden für ein Regime, von dem er sich längst losgesagt hatte und das kurz vor seinem Zusammenbruch stand.

Die Anfang Januar begonnene sowjetische Großoffensive gegen die deutsche Ostfront löste unter der Zivilbevölkerung eine Fluchtbewegung aus. Hunderttausende von Menschen machten sich auf den Weg in Richtung Westen. Viele starben auf dem Treck an Hunger, Kälte sowie durch Kugeln und Granaten, wenn sie zwischen die Fronten geraten waren. In der zweiten Januarhälfte begann die deutsche Marine mit der Evakuierung von insgesamt über zwei Millionen Flüchtlingen aus Ostpreußen, die bis Kriegsende dauerte. Eine regelrechte Völkerwanderung setzte ein, je näher die sowjetischen Truppen rückten. Zugleich ordnete die SS an, die Konzentrationslager zu räumen. KZ-Häftlinge sollten ins Reich geschafft werden. Bei den sogenannten Todesmärschen und Massenexekutionen kamen noch einmal Hunderttausende ums Leben. Vom Ausmaß des Elends als unmittelbare Folge des Krieges bekam Fritz Hartnagel erst später eine klare Vorstellung.

Die Offiziersausbildung, die er in Weimar zusätzlich übernommen hatte, währte allerdings nur kurz. Von seinem Oberst erfuhr er von Plänen, ihn als Inspekteur für den Offiziersnachwuchs nach Berlin zu versetzen. Der Gedanke, dem NS-Regime räumlich noch näher zu rücken, behagte ihm jedoch nicht. So versuchte er, die Versetzung zu verhindern oder wenigstens hinauszuschieben. Vergeblich – ihm blieb nur noch, die letzten Beurteilungen zu schreiben, seine Sachen zu packen und Abschied von Weimar zu nehmen. Darin besaß Hartnagel längst Routine.

Bereits Mitte Januar 1945 nahm er am Schreibtisch seiner neuen Dienststelle in Berlin-Wilmersdorf, Brandenburgische Straße 25, Platz, nachdem er sich zuvor beim »General Nachrichtenführer« gemeldet hatte. Genau an diesem Tag, dem 16. Januar, verlegte Adolf Hitler sein »Führerhauptquartier« nach Berlin in die Reichskanzlei. Dort würde sich in zweieinhalb Monaten das Schicksal des Regimes entscheiden.

Schnell begriff Hartnagel, daß es mit der Freiheit, die er zuvor als Kommandeur in Weimar genossen hatte, vorbei war.

Er war eingefügt in ein festes Reglement von Dienstzeiten und Vorschriften. Gleich zu Beginn hörte er sich einen Vortrag zum Thema »Der Soldat und die Frau« an. Der Redner behauptete allen Ernstes, daß bei den Germanen die Frauen ihre Männer im Kampf angefeuert und, wenn einer von ihnen zurückgewichen sei, diesen totgeschlagen hätten. »Das wurde 17jährigen Jungen erzählt«, schrieb er an Elisabeth Scholl und fügte hellsichtig hinzu: »Es wird nach dem Kriege schwer sein, diese vollkommen unselbständige Jugend, die nur in diesem Geist aufgewachsen ist, wieder in die richtige Ordnung zu bringen.«[227]

Worin seine Tätigkeit in Berlin letztendlich bestand und wie sie umzusetzen sei, blieb Hartnagel unklar. Es hieß lediglich, daß er Ausbildungspläne und -vorschriften erarbeiten und als Verbindungsoffizier zur Luftnachrichtentruppe aktiv werden sollte – eine Aufgabe, die mit Reisen verbunden war. Aber was darunter konkret zu verstehen war, wurde ihm nicht gesagt.

Ohnehin fragte niemand nach dem Sinn solch langfristiger Ausbildungsmaßnahmen angesichts einer im Osten massiv vorrückenden Roten Armee und wachsender Erfolge von Amerikanern und Briten im Westen. Auch Fritz Hartnagel hütete sich, diesen heiklen Punkt offen anzusprechen, zumal sein unmittelbarer Vorgesetzter, ein Oberst, schon bei nichtigen Anlässen aufbrauste und härteste Strafen androhte. Die mit Händen zu greifende Niederlage machte insbesondere die auf Hitler eingeschworenen Militärs nervös. »Wegducken« lautete daher die Devise, um nicht noch in den letzten Wochen einem Fanatiker zum Opfer zu fallen. So verbrachte Hartnagel viele Stunden untätig am Schreibtisch.

Die Pflicht, im Büro zu übernachten, galt für Hartnagel nicht. Er kam zunächst in einem Hotel am Bahnhof Friedrichstraße unter, bevor er ein privates Zimmer fand. Zur Dienststelle in Wilmersdorf brauchte er etwa eine halbe Stunde mit der S-Bahn, sofern diese verkehrte. Bei Luftalarm kam der innerstädtische Verkehr meistens zum Erliegen.

Hartnagel schrieb, was seine persönliche Sicherheit anging, weiterhin beruhigende Briefe an Elisabeth Scholl, die nach wie vor auf dem »Ipshof« bei Crailsheim die Kinder der Familie Daub betreute. In Wirklichkeit nahmen die Luftangriffe auf Berlin an Heftigkeit zu. Fast täglich gab es Fliegeralarm. Allein am 3. Februar 1945 kamen bei einem der schwersten Bombardements amerikanischer Maschinen auf Berlin über 22 000 Menschen ums Leben, darunter auch Roland Freisler, der Präsident des Volksgerichtshofes, der Sophie und Hans Scholl und andere Anhänger der »Weißen Rose« zum Tode verurteilt hatte. Fritz Hartnagel notierte noch am selben Tag: »Heute morgen zwischen 11 und 12 Uhr wurde Berlin von einem stärkeren Kampfverband angegriffen. Vor allem die Innenstadt um das Regierungsviertel wurde schwer getroffen. Heute abend ist noch der ganze Himmel voll von Feuerschein.«[228]

Fritz Hartnagel erlebte hautnah den Untergang der Reichshauptstadt mit, die nach den Vorstellungen Hitlers und seines Chefarchitekten Albert Speer unter der Bezeichnung »Germania« zur Weltmetropole hätte aufsteigen sollen – mit Monumental- und Kultbauten, wie es sie in Ansätzen schon gab. Jetzt wurde Berlin wie die meisten deutschen Großstädte in die Steinzeit zurückgebombt.

Die Versorgungslage in Berlin verschlechterte sich von Tag zu Tag. Bald gab es kein Brot mehr. Mit ihren Lebensmittelmarken kauften die Leute, was immer es zu kaufen gab. Auch Hartnagel stand vergeblich um Kartoffeln an. Seine Marken für den Bezug von Milch wollte kein Geschäft mehr annehmen, Mineralwasser verschwand aus den Regalen, und die Wäschereien weigerten sich, ihn als neuen Kunden einzutragen. Nachdem die Gasversorgung zusammengebrochen war, gab es kein warmes Wasser mehr. Hartnagel stahl aus dem Generalszimmer seiner Dienststelle einen Tauchsieder, um in den Zeiten, in denen der Strom nicht ausfiel, Wasser kochen zu können.

Solche Einschränkungen aber machten Hartnagel nicht wirklich zu schaffen. Er war praktisch veranlagt, so daß er für die täglichen Nöte fast immer eine Lösung fand. Größere Sorge bereitete ihm die Frage, welche der beiden Großmächte im Wettlauf mit der Zeit das Rennen machen würde: die Sowjetunion oder die USA. Der tägliche Blick auf die Landkarte beim Studium der Frontverläufe ergab ein eindeutiges Bild: Die Rote Armee hatte sich Ende Januar/Anfang Februar 1945 Berlin bereits bis auf 150 Kilometer genähert. Die Amerikaner standen noch 500 Kilometer vor der Reichshauptstadt, »und es sieht vorläufig nicht so aus, als würden sie noch vor den Russen dort sein. Wenn aber tatsächlich die Russen in Deutschland Herrscher werden, sehe ich ein furchtbares Blutbad voraus, bei den Parteifunktionären angefangen bis zu den Offizieren. Bin ich von unserer Propaganda angesteckt?«[229]

Die mit dem NS-Regime gleichgeschaltete deutsche Presse berichtete fast täglich in großer Aufmachung über sowjetische Greueltaten beim Vormarsch Richtung Westen. Vieles davon war aufgebauscht oder schlicht unwahr. Manches stimmte jedoch. Denn beim Einmarsch der Sieger kam es zu Plünderungen, Vergewaltigungen und Morden an der Zivilbevölkerung. Rotarmisten ließen ihrer Rache freien Lauf, und nur selten wurden sie von ihren Vorgesetzten zurückgehalten. Schließlich hatte Hitler-Deutschland zuvor Millionen von sowjetischen Kriegsgefangenen buchstäblich verhungern lassen, an der Zivilbevölkerung Polens, Weißrußlands, der Ukraine und Rußlands die entsetzlichsten Massaker verübt und in einem unbeschreiblichen Völkermord Millionen von Juden umgebracht.

Fritz Hartnagel war überzeugt, daß nach der Niederlage Deutschlands die Sowjetunion und die Westmächte um die

Vorherrschaft Europas Krieg führen würden. »Ich glaube, es hieße den Kopf in den Sand stecken, wollten wir nur aus Opposition zur Nazi-Propaganda den Bolschewismus in einem besseren Licht sehen, als wir Grund dazu haben. Vielleicht aber neige ich dazu, in dem Bestreben nach Sachlichkeit, pessimistisch zu sehen, als Gegengewicht zu den optimistischen Einflüssen des eigenen Wunsches. Darin bin ich auch von Sophie nicht immer verstanden worden, vor allem in politischen Gesprächen, so daß sie manchmal ganz ungeduldig wurde. Auf jeden Fall sehe ich mit schwerer Besorgnis nach dem Osten«[230], schrieb er am 8. Februar 1945 an Elisabeth Scholl.

So schwankte Fritz Hartnagel zwischen Hoffnung und Niedergeschlagenheit. »Denk Dir, ich habe mir anhand der Karte schon ausgerechnet, daß ich von hier bis zu Dir etwa fünfzehn bis achtzehn Tage zu Fuß zu gehen hätte. Aber das ist natürlich ausgeschlossen. Die Gefangenschaft wird nicht zu umgehen sein. Wir müssen uns auf eine schwere, ungewisse Zeit gefaßt machen.«[231]

Im untergehenden Berlin meinte er andererseits sogar, Elisabeth Scholl vielleicht schon im Mai heiraten zu können. Aber dann packte ihn wieder die Verzweiflung. »Manchmal will mir die Situation der ganzen Menschheit so aussichtslos erscheinen, daß ich glaube, die letzte Zeit sei angebrochen.«[232] Er zählte gleichsam die Tage, die er – bislang wohlbehalten – dem Kriegsende näher kam.

Der von ihm zu leitende Stab für die Offiziersausbildung der Luftwaffe wurde aufgelöst, noch bevor Hartnagel überhaupt mit der Arbeit begonnen hatte. Doch die Umsetzung dieses Beschlusses ließ auf sich warten, so daß Hartnagel weiterhin der Aggressivität seines Vorgesetzten ausgesetzt war, der ihm Nichtstun vorwarf und mit disziplinarischen Maßnahmen drohte.

Hartnagel ließ sich jedoch nicht einschüchtern. Er mißachtete dessen Befehle, und der Konflikt wäre sicherlich eskaliert, wenn die Lage Berlins sich in der zweiten Februarhälfte 1945 nicht weiter zugespitzt hätte. In der Reichshauptstadt machte die Gestapo Jagd auf Soldaten, die desertiert waren und sich mit falschen Papieren versorgt hatten. In den Straßen wurden Barrikaden für das letzte Gefecht errichtet. Überall sprachen die Menschen über den bevorstehenden Einmarsch der Roten Armee und diskutierten die Frage, ob sie in Berlin bleiben oder die Stadt verlassen sollten. An den Schaltern der Dienststellen, die Reisegenehmigungen erteilten, bildeten sich lange Schlangen.

»Die Frau eines Majors unseres Stabes erzählte mir gestern, daß sie ihre wertvollen Sachen vergraben hätte und daß sie nach Oldenburg gehen wolle, weil dort die Engländer hinkämen. Ein anderer Hauptmann unseres Stabes, ein Ritterkreuzträger, will seine Familie in den Schwarzwald bringen... Heute strahlt so schön die Sonne aus fast völlig blauem Himmel, daß ich ganz froh wurde bei dem Gedanken, daß es nur noch wenige Wochen bis zum Frühling sind. Hoffentlich muß ich ihn dann nicht mehr zwischen öden Häusern und Trümmern verbringen.«[233]

19

Endstation Halle

Seitdem die Auflösung seines Stabes für die Offiziersausbildung feststand, mußte Fritz Hartnagel täglich mit seiner Versetzung rechnen. Durch einen Anruf beim Luftwaffenpersonalamt erfuhr er, daß er in Kürze die Luftnachrichtenschule in Halle westlich der Saale zu leiten habe. Nach einer neunstündigen Bahnfahrt traf Hartnagel am Abend des 3. März 1945 dort ein. Schon am nächsten Tag erlebte er gegen Mittag den ersten Fliegeralarm. Seine Einweisung mußte deshalb unterbrochen werden. Der neue Kommandeur fand eine buntgemischte Truppe vor.

»Die erste Kompanie bildet nämlich Funker aller Art aus, darunter auch Russen des Generals Wlassow. Die zweite Kompanie bildet Mädchen zu Funkerinnen aus, die dritte Mädchen zu Funkmesserinnen und Funkmechanikerinnen aus. Dann gehört noch eine Fliegerkompanie dazu, die zur Zeit allerdings keine Flugzeuge hat.«[234]

Am Nachmittag des darauffolgenden Tages, als er eher zufällig einen Blick in den Wehrmachtsbericht warf, schreckte ihn die Nachricht auf, daß Ulm bei Tage von schweren Luftgeschwadern angegriffen worden sei. Erneut machte er sich große Sorgen um seine Eltern. Erst Tage später erfuhr er durch einen Anruf aus Ulm vom Tod seiner Mutter. An ihrer Beerdigung konnte er nicht teilnehmen, denn er erhielt erst Ende März/Anfang April 1945 Sonderurlaub und fuhr für einige Tage nach Ulm.

In den Wochen zuvor hatte Hartnagel immer wieder darüber nachgedacht, wann der geeignete Augenblick sei, sich abzusetzen. »Das ist, als ob man aus einem untergehenden Schiff an Land springen will. Springt man zu früh, fällt man ins Wasser, springt man zu spät, geht man mit unter.« Denn: »Es geht heute wirklich nur noch darum, das nackte Leben aus diesem Kriege zu retten.«[235]

Während seines Sonderurlaubs in Ulm versuchte Elisabeth Scholl, ihn dafür zu gewinnen, sich im Schwarzwald zu verstecken, da der Krieg doch praktisch zu Ende sei. »Ich habe es versucht, doch er lehnte ab. Er trage schließlich die Verantwortung für seine Soldaten, und die könne er jetzt nicht im Stich lassen«, erzählt Elisabeth Scholl.[236]

Am 7. April reiste Hartnagel nach Halle zurück. Als Leiter der Luftnachrichtenschule stellte er die Fürsorge für seine Soldaten ganz in den Mittelpunkt aller Vorkehrungen. So suchte er die Unterkünfte der angehenden Luftwaffenhelferinnen auf und hörte sich ihre Sorgen über fehlende Arbeitskleidung und Lebensmittel an.

Sein Adjutant, NS-Führungsoffizier und einer jener berüchtigten Fanatiker, die in der Endphase noch viel Unheil anrichteten, drängte ihn ständig, vor der versammelten Truppe aufzutreten und die Soldaten zum Durchhalten aufzufordern. Doch der Hauptmann zog es vor, in die Stadt zu fahren, um Lebensmittel, Schuhwerk und Arbeitskleidung aufzutreiben. »Eine völlig unversehrte Stadt wie Halle macht einen ganz eigenartigen Eindruck, zumal ich von Berlin den täglichen Anblick der Ruinen gewöhnt bin.«[237]

Den häufigen Fliegeralarm nutzte Hartnagel, wie er nach dem Krieg beschrieben hat, zu Protesten. Sobald die Sirenen heulten und seine Soldaten die Luftschutzräume aufsuchten, kritzelte er – ganz nach dem Vorbild der »Weißen Rose« – in der Luftnachrichtenschule Parolen an die Wand oder befestigte dort Spruchbänder, die dazu aufforderten, den Kampf einzustellen. Ein Appell lautete: »Offiziere, es liegt an Euch, den sinnlosen Krieg zu beenden.«[238] Nach dem Krieg benannte er Zeugen für diese Aktionen.

Der lange Strom der Briefe Hartnagels an Elisabeth Scholl versiegte im April 1945. Die Ursache dafür erfuhr Elisabeth Scholl erst im August 1945, als Fritz Hartnagel sich zum erstenmal aus amerikanischer Kriegsgefangenschaft meldete. In einem langen Brief, den er einem zur Entlassung anstehenden Mitgefangenen mitgab, informierte er sie ausführlich über die dramatischen Ereignisse im April.

Der von Hartnagel seit langem erwartete, lebensentscheidende Moment zum Handeln kam am 14. April 1945, eine Woche nach seiner Rückkehr aus dem Sonderurlaub in Ulm. Amerikanische Truppen hatten sich der Kaserne in Halle bis auf wenige Kilometer genähert. Um Blutvergießen zu vermeiden, entließ Hartnagel die Luftwaffenhelferinnen nach Hause oder verteilte sie auf die umliegenden Dörfer.

Er selber war inzwischen als Kasernenkommandant eingesetzt worden, das hieß, er wurde zusätzlich mit militärischen Aufgaben betraut. In dieser Funktion sollte er mit Hilfe der ihm verbliebenen Soldaten die Kaserne vor den aus westlicher Richtung anrückenden amerikanischen Truppen verteidigen. So lautete sein Auftrag. Zu seinem neuen Adjutanten bestimmte er Oberleutnant Alfred Bauer, der aus Heilbronn stammte und den Hartnagel 1937 als Rekruten in Augsburg ausgebildet hatte. Bauer besaß sein volles Vertrauen.

»Am 14. 4. zogen sich nun die Kräfte, die um das Kasernengelände und den Fliegerhorst herum eingesetzt waren, kampflos vor den vorrückenden Amerikanern auf das ostwärtige Saale-Ufer in die Stadt hinein zurück. Mit diesen Teilen hätte auch ich mich mit meinem kleinen Arbeitsstab zurückziehen sollen. Mit meinem Adjutanten hatte ich mich schon Tage vorher besprochen, und ich fand in ihm eine völlig gleichartige Gesinnung vor, so daß unser Entschluß feststand. Ich ließ die Männer, die, die ich um mich herum hatte, im Luftschutzkeller antreten und sprach zu ihnen über die hoffnungslose Lage und was ich als einzige Pflicht gegenüber dem Volke erachte... Ich fragte, wer mit mir einig sei, dem Befehl, über die Saale auszuweichen, nicht Folge zu leisten, worauf alle die Hand hoben. Lediglich 2 technische Beamte, die ich bereits vorher befragt hatte, waren nicht einverstanden, worauf ich sie nach hinten entließ und die dann offensichtlich zu unseren Verrätern wurden.«[239] Auf Befehlsverweigerung folgte unweigerlich die Todesstrafe. Hartnagel wußte, daß er standrechtlich erschossen würde, falls sein Plan nicht aufging.

»Als ich am späten Nachmittag allein und ohne Waffen über den Kasernenhof ging, während die anderen im Luftschutzkeller saßen, kam ein Hauptmann und ein Feldwebel und fragten nach dem Kasernenkommandanten Hauptmann Hartnagel. Ich stellte mich vor, worauf der Hauptm. mitteilte, er habe den Auftrag des Kampfkommandanten von Halle, mich festzunehmen. Sofort wurde mir klar, was das zu bedeuten hatte, und [ich] versuchte wegzurennen. Aber gleich waren zwei schußbereite Pistolen auf mich gerichtet [mit dem Befehl], die Hände hochzuhalten und mich abführen zu lassen. Ich versuchte noch, die beiden von meinem Standpunkt zu überzeugen, welche jedoch jede Diskussion ablehnten.

So ging ich nun, gewiß, einer standrechtlichen Erschießung entgegenzugehen. Da erging plötzlich hinter uns der Befehl, ›Halt, Hände hoch!‹ Mein Adjutant, Oblt. Bauer, stand mit schußbereiter Pistole hinter uns. Ich nützte die Schrecksekunde der beiden aus und rannte im Zickzack davon, verfolgt von den Schüssen des Oberfeldwebels, während sich zwischen dem Hauptmann und meinem Adjutanten ein Duell entspann. Ich konnte mich hinter einem Gebäude in Deckung bringen und aus dem Luftschutzkeller ein Gewehr und Hilfe holen, denn ich sah noch, wie Oberleutnant Bauer zusammenbrach, aber noch am Boden liegend weiterschoß.« Der Hauptmann und der Feldwebel setzten sich ab, um Verstärkung anzufordern. Hartnagel hörte, wie der Hauptmann sagte: »Da holen wir gleich einen Stoßtrupp und heben die Bande aus.«

In großer Eile bereiteten Hartnagel und seine Soldaten die Flucht vor. Zivilisten, die aus der Kaserne Lebensmittel abholen wollten – Hartnagel hatte ihnen erlaubt, sich dort zu versorgen –, nahmen sie einen Leiterwagen ab und legten den schwerverwundeten Oberleutnant Bauer hinein. So zogen sie – sich nach allen Seiten gegen deutsche Truppen sichernd – mit einer weißen Fahne den Amerikanern entgegen.

Nach etwa zwei Kilometern stießen sie auf ein US-Fahrzeug. Die Besatzung entwaffnete die Deutschen und nahm den Oberleutnant zur medizinischen Versorgung mit. Vor seinem Abtransport in die Gefangenschaft konnte Hartnagel noch in Erfahrung bringen, daß Bauer sofort in das Luftwaffenlazarett »Hermann Göring« in Dölau nordwestlich von Halle gebracht worden war, dort ärztlich versorgt wurde und daß es ihm den Umständen entsprechend gutging.

In einer Gefangenensammelstelle traf Hartnagel auf andere deutsche Soldaten. Vielleicht dachte er auf dem Weg in die Gefangenschaft an das, was Sophie ihm gesagt hatte: Deutschland dürfe den Krieg nicht gewinnen, denn nur eine Niederlage könne dem Land die Freiheit wiederbringen. So war es geschehen, wenngleich niemand es so richtig fassen konnte: Der Krieg war zu Ende. Fritz Hartnagel war das Leben erneut geschenkt worden – wie schon so oft in diesem Krieg –, und er befand sich nicht in sowjetischer, sondern in amerikanischer Kriegsgefangenschaft. Große Erleichterung überkam ihn, wenngleich die Sorge um Oberleutnant Bauer, der ihm das Leben gerettet hatte, nicht weichen wollte.[240]

»Fritz und Werner, diese beiden wünschen wir uns so sehr zurück zu uns. Wie schwer ist diese Zeit für Dich, neben all der vielen Arbeit und Sorge für die Kinder! Hoffentlich seid Ihr alle gesund und habt genug zum Essen.«[241] Diese Zeilen richtete Magdalene Scholl am 10. Mai 1945 an ihre Tochter Elisabeth, die weiterhin auf dem »Ipshof« bei Crailsheim tätig war. Der Kriegslärm war verstummt. Der letzte Bericht des Oberkommandos der Wehrmacht hatte verkündet, daß an allen Fronten die Waffen schwiegen. Mit der bedingungslosen Kapitulation Deutschlands war am 8. Mai 1945 der Zweite Weltkrieg zu Ende gegangen.

Obwohl zwei ihrer Kinder ermordet worden waren und ihr Sohn Werner vermißt war, empfanden Magdalene und Robert Scholl diesen historischen Moment als eine große Befreiung. Das Erbe von Hans und Sophie weiterzutragen sei ihnen eine selbstverständliche Verpflichtung, heißt es in dem Brief der Mutter an Elisabeth Scholl weiter. »Wie leicht ist es uns nun, daß dieser Terror und diese Angst nun zu Ende ist, und mit was für einem Ende!« Magdalene Scholl schilderte dann, wie es ihnen in Ewattingen ergangen war. »Der Übergang brachte uns so viel Schweres und Trauriges. Dies Klopfen und Dröhnen an unsere Haustüren bei Tag und Nacht von Fliehenden, Verirrten, Verhungerten der deutschen Armee, vom einfachsten Soldaten bis zum sechzigjährigen Major, war furchtbar traurig und tragisch. Sie kamen einzeln, zu zweien, zu sieben bis acht. Alle wollten Essen, und ich dachte schließlich nichts anderes mehr. Wir gaben, was wir hatten. Als das Brot abends zu Ende ging, gab ich ihnen noch Dörrobst.«

Die Besitzer des »Bruderhofes«, Franz und Käthe Binninger, die vorher alles unternommen hatten, den Scholls eine möglichst erträgliche Bleibe zu bieten, fürchteten um ihren Hof. Mit den französischen Truppen, die wenige Kilometer von Ewattingen entfernt lagen, war ausgehandelt worden, daß sie den Ort nicht angreifen würden unter der Bedingung, daß aus Ewattingen heraus nicht geschossen werde. Eine SS-Einheit aus Norwegen, die seit Tagen durch willkürliche Erschießungen Schrecken verbreitete, provozierte die Franzosen jedoch. So kam es zu einem heftigen Schußwechsel mit Toten und Verwundeten. Um Haaresbreite wäre auch Magdalene Scholl getroffen worden.

»Ich werde es wohl nie vergessen. Granaten sausten durch die Luft, etwa von Blumberg her. Und ich ging rasch mit einem Soldaten in Deckung hinter die Mauer bei dem Brunnen. Wenige Meter hinter dem Häuschen am Anfang des Fußweges in die Mühle und Bruderhof hinunter schlug eine ein, und dann kamen immer mehr, es war schrecklich.«

Die Brücke, die unweit des »Bruderhofs« über die Wutach führte, wurde am 22. April 1945 gesprengt. Einen Tag später hörten die Kämpfe auf. Jetzt kehrte auch in Ewattingen der langersehnte Friede ein.

Inge Scholl, die das Kriegsende in dem Ort miterlebt hatte, berichtete später über den weiteren Aufenthalt auf dem »Bruderhof«: »Im Laufe des Monats Mai kam ein Ulmer Bürger mit seinem Holzvergaser und bat meinen Vater im Namen eines provisorischen Gemeinderats, sich als Oberbürgermeister zur Verfügung zu stellen. So verließen als nächste meine Eltern die ›Arche über der Wutachschlucht‹. Ich selbst durfte noch einige Wochen bleiben, bis meine Eltern eine Wohnung in dem schwer zerstörten Ulm gefunden hatten.«[242]

Nach seiner abenteuerlichen Flucht aus der Kaserne in Halle war Hartnagel von der US-Armee zunächst durch verschiedene Lager geschleust worden, bis er nach Remagen kam. Die meiste Zeit hatte er, wie andere Gefangene auch, dabei unter freiem Himmel übernachtet. Von Remagen aus fuhr er Ende April 1945 mit einem Transport nach Frankreich in die Nähe von Attichy nördlich von Paris. Auf dem Gelände zwischen Soisson und Compiègne entstand mit 75 000 Wehrmachtsangehörigen eines der größten amerikanischen Kriegsgefangenenlager in Frankreich. »Die Verhältnisse sind zwar nicht rosig, und wie zum Hohn auf unsere Macht- und Rechtlosigkeit ist am Schwarzen Brett die Genfer Konvention angeschlagen«, heißt es in Hartnagels bereits zitiertem Brief vom 1. August.[243] Immerhin erlaubte die Lagerleitung den gefangenen Offizieren zu Anfang, eine Art Universität mit Vorträgen und Diskussionen aufzuziehen. Aus unerklärlichen Gründen wurde die Genehmigung dafür jedoch schon bald zurückgezogen. »Ich bin bis zum heutigen Tag noch kein einziges Mal zu meiner Gefangennahme vernommen worden. Mir widerstrebt es auch, mich von mir aus zu melden, um dadurch vielleicht irgendwelche Vorteile zu erlangen, obwohl es ja etwas paradox ist, daß ich von einer in die andere Gefangenschaft geraten bin. Aber ich möchte mit meiner Gesinnung keinen Handel treiben und lieber auch noch nehmen, was die anderen Unschuldigen tragen müssen.«

Fritz Hartnagel gewann schnell das Vertrauen der Mitgefangenen. Vor allem sein Gerechtigkeitssinn wurde geschätzt. Als jemand die Kontrolle der Essensausgabe übernehmen sollte – diese Aufgabe galt im Lager als der wichtigste Posten –, kam für sie nur Hartnagel in Frage. Die Offiziersversammlung wählte ihn einstimmig.

Im übrigen war es der Gedanke an die gemeinsame Zukunft mit Elisabeth Scholl, der ihm über »alle mißlichen und primitiven äußeren Verhältnisse« hinweghalf. Jetzt, da er vom »ständigen Gewissenskonflikt der letzten Jahre« befreit war, konnte er endlich nach vorn blicken.

»Ach Liebe, ich kann Dir nicht sagen, wie ich mich freue auf unsere gemeinsame Zukunft. Unser Behelfsheim, aus Wohnküche und Schlafzimmer bestehend, steht in meinem Kopf schon fix und fertig vor mir ...«, heißt es in demselben Brief vom 1. August 1945. »Du wirst verstehen, daß ich frei und unabhängig sein möchte, wenn es irgendwie geht. So sympathisiere ich doch etwas mit meinem väterlichen Geschäft.«

1945–2001

»Ich glaube, Politik war
sein eigentlicher Lebensinhalt.«
Jörg Hartnagel

Der Richter Fritz Hartnagel am Amtsgericht Ulm, Mitte der 1960er Jahre

Fritz Hartnagel zusammen mit seinen Söhnen bei einem der Ostermärsche in Ulm.

20

Schwieriger Neubeginn

Im September 1945 wurde Fritz Hartnagel aus amerikanischer Gefangenschaft entlassen. Im darauffolgenden Monat heirateten Elisabeth Scholl und er im Ulmer Münster. In der Kirche wehte ein kalter Wind, denn es gab keine Fenster. Das Brautkleid hatte ein Freund der Familie gestiftet, ein Halbjude, dem eine Textilfabrik in Ulm gehörte. Es bestand aus Fallschirmseide, die der Wind während der Zeremonie in Bewegung hielt. Schleier und Schuhe waren geliehen. Vor dem Betreten der Kirche bemerkte Elisabeth Scholl, daß die Blumen fehlten. Hastig wurde in einer Gärtnerei ein Strauß gebunden. Dann endlich konnte die Trauung beginnen.

Anschließend trafen sich die Hochzeitsgäste in der Wohnung der Scholls an der Mozartstraße in Ulm, darunter Lisa Remppis, Sophies engste Freundin. Sie war per Anhalter von Leonberg gekommen. Auch der Buchhändler Soehngen aus München, der zum erweiterten Kreis der »Weißen Rose« gehört hatte, nahm an der Feier teil.

Die Opernsängerin Olga Hadler, die den ganzen Krieg über treu zur Familie Scholl gestanden hatte, sang, begleitet von Sophies Klavierlehrerin, die Kantate *Hört ihr Augen auf zu weinen* von Johann Sebastian Bach. Da ab 20 Uhr Sperrstunde war, blieben die meisten Gäste bis zum nächsten Morgen. Statt einer Hochzeitsreise unternahm das Ehepaar Elisabeth und Fritz Hartnagel eine ausgedehnte Wanderung. Über 56 Jahre sollte ihre Ehe dauern.

Der Neuanfang in Ulm war für das junge Ehepaar nicht einfach. Hartnagels Schwiegereltern überließen den beiden in ihrer Wohnung an der Mozartstraße ein Zimmer. Etwa zwei Jahre später zogen sie in ein Haus, das dem Vater von Fritz Hartnagel gehörte und den Krieg weitgehend unbeschädigt überstanden hatte. Dort richteten sie sich nach ihren Wünschen eine Wohnung ein. Robert Scholl finanzierte eine Zentralheizung, die täglich neu angefeuert werden mußte.

Im Betrieb seines Vaters versuchte sich Fritz Hartnagel ab November 1945 als Kaufmann. Er half, das Großhandelsunternehmen wieder in Gang zu bringen. Doch schon bald spürte er, daß der Absatz von Ölen und Fetten nicht wirklich seinen Zukunftsvorstellungen entsprach. Auch fiel es ihm nicht leicht, sich im Alltag seinem Vater unterzuordnen. Bereits im April 1946 beendete er seine kurze Laufbahn als Kaufmann. Unmittelbar danach begann er, an der Universität München, die gerade einen notdürftigen Lehrbetrieb aufgenommen hatte, Jura und Staatswissenschaften zu studieren. Fritz Hartnagel wollte Richter werden.

Die materielle Grundlage des Ehepaars blieb damit für die kommenden Jahre äußerst schmal. Zunächst lebten beide von dem Geld, das Fritz Hartnagel während der Kriegsjahre angespart hatte. Trotz seiner Großzügigkeit war von seinem Sold noch etwas übriggeblieben. Ab 1948 überließ sein Vater ihnen seine Rentenkarte, so daß sie monatlich über ein festes Einkommen von 300 DM verfügten.

Die Not der Menschen in den ersten Nachkriegsjahren war unbeschreiblich. In den Trümmerhalden der Städte fehlte es an allem: an Lebensmitteln, Kleidung, Brennmaterial, Unterkünften. Millionen hungerten. Viele kämpften um das nackte Überleben und zogen hamsternd durch das Land. Elisabeth und Fritz Hartnagel konnten zwar auf die Unterstützung durch ihre Eltern zählen, aber der Existenzkampf blieb auch für sie hart, insbesondere nach der Geburt ihrer ersten beiden Söhne

Thomas (1947) und Jörg (1949). Klaus Hartnagel wurde 1952 und Martin 1956 geboren.

Zu der allgemeinen materiellen Not kam die geistige Desorientierung. Den Neuanfang hatte Hartnagel sich anders vorgestellt. Nach den Jahren der Unterdrückung, Verfolgung und Zerstörung durch das NS-Regime erwartete er einen begeisterten Aufbruch in eine neue Zeit mit Freiheit und Demokratie für alle. Statt dessen begegnete er Schwarzmalern, Miesmachern und unverbesserlichen Nationalsozialisten.

Als er bei einer Diskussion in München die Amerikaner gegen den Vorwurf verteidigte, sie wollten die Deutschen aushungern, zog er den geballten Unmut des Publikums auf sich. Aus einer düsteren Stimmung heraus schrieb er am 23. Juli 1946 an seine Frau:

»Es ist eine niederdrückende Situation, in der wir uns heute befinden, fast schlimmer noch als im Dritten Reich, wo man wenigstens klare Fronten hatte. Aber wendet man sich heute gegen die Nazis, so werden einem die heutigen kaum besseren Zustände gegenübergehalten, die man mit Überzeugung nicht wirklich verteidigen kann. Wendet man sich aber gegen das heutige Unrecht, so stößt man ganz ins Horn der Nazis und gibt deren Politik und Propaganda nur eine Rechtfertigung, steigert den Haß und den Nationalismus.«[244]

In dieser Zeit verfaßte Hartnagel einen Aufsatz, in dem er sich mit dem geistigen Erbe der »Weißen Rose« auseinandersetzte. Er warnte davor, ihre Gestalten zu heroisieren und sie so der Wirklichkeit zu entziehen. »Sie suchten mit allen Fasern ihres Herzens nach einem neuen Menschenbild, nicht um es dann abstrakt in ihrem Geist zu besitzen, sondern um es zu leben. Es ist ein neuer Humanismus, den sie verkörpern, der mit dem alten Stuben- und Gelehrten-Humanismus so wenig zu tun hat wie mit dem geistlosen Macht- und Tatmenschen der vergangenen Jahre. Sie handelten nicht aus Menschlichkeit, sondern ihr Leben war Menschlichkeit, eine spontane erbarmende Hingabe zum Menschen. Das Leiden der verfolgten und ausgestoßenen Juden war ihr Leiden. Die Schmerzen der in den Gefängnissen Gequälten waren ihre eigenen Schmerzen, die Erniedrigung der Fremdarbeiter und Gefangenen war ihre eigene Erniedrigung.«[245]

Trotz aller Wirren und Nöte vertraute Hartnagel darauf, daß der neue Geist sich durchsetzen werde, auch wenn es länger dauerte, als er gehofft hatte. Denn noch waren die Deutschen mit ihren Existenzsorgen beschäftigt. Überleben hieß die Devise, den nächsten Tag erreichen, mehr nicht. Den Blick über den Tellerrand hinaus in eine neue Zukunft schafften nur wenige.

Was die Gegner des NS-Regimes nach Kriegsende außerdem deprimierte: Die Nationalsozialisten und ihre Millionen Anhänger waren mit einem Schlag verschwunden. Niemand wollte ein Mitglied der NSDAP oder Bewunderer Hitlers gewesen sein. Und wer es gar nicht leugnen konnte, besorgte sich einen »Persilschein«, das heißt die Aussage einer glaubwürdigen Person, wonach er in der Zeit von 1933 bis 1945 den Mitmenschen nichts Schlimmes getan hatte.

Was den Umgang mit ehemaligen Nationalsozialisten anging, vertrat Robert Scholl, der neue Oberbürgermeister von Ulm, einen eigenwilligen Standpunkt. Er meinte, mit der Verfolgung von Gesinnung müsse endgültig Schluß sein. Das ging für ihn so weit, daß er seiner früheren Mitarbeiterin, die ihn an die Gestapo verraten hatte und damit für seine lange Gefängnishaft verantwortlich war, ein gutes Zeugnis ausstellte. Auch dem ehemaligen Gestapobeamten Robert Mohr, der Sophie und Anneliese Graf, die Schwester von Willi Graf, in der Haft vernommen hatte, verhalf er zu einem »Persilschein«. In der eigenen Familie, insbesondere bei Fritz Hartnagel, traf Robert Scholl damit auf völliges Unverständnis.

In einem Klima der Verdrängung und Restauration mußte Fritz Hartnagel alles, was er sich vom demokratischen Neubeginn erhofft hatte, in den folgenden Jahren mühsam und gegen mannigfaltige Widerstände erkämpfen. Dadurch wurden seine Frau und er im Laufe der Nachkriegsjahre, wie Elisabeth Hartnagel sagt, zu »Außenseitern« einer Gesellschaft, die in ihrer großen Mehrheit nicht bereit war, Lehren aus der Vergangenheit zu ziehen. Die junge Bundesrepublik hatte andere Prioritäten, wie Klaus Beer, ein Freund und Weggefährte von Fritz Hartnagel, schreibt:

»Das Volk durchschwamm in den fünfziger Jahren die Freßwelle, die Einrichtungswelle und die Reisewelle. Das war alles Balsam auf die Seelen vieler Deutscher, die Hitlers Krieg geführt und ihn ausgehalten, teilweise sogar genossen und sich ausgelebt hatten.«[246]

Durch nichts und niemanden ließ Fritz Hartnagel sich jedoch von seinem Weg abbringen. Lange genug hatte der Offiziersberuf ihn zurückgehalten und blockiert. Jetzt tat Hartnagel das, was er für richtig und notwendig hielt, und zwar nüchtern und unbeirrt. Diese Haltung kennzeichnet seinen weiteren Lebensweg.

Zunächst galt es, einige Spuren aus der NS-Zeit wieder aufzunehmen. Kaum war er aus der amerikanischen Kriegsgefangenschaft entlassen, reiste er im November 1945 nach Heilbronn, dem Wohnort von Oberleutnant Alfred Bauer, der Hartnagel in Halle das Leben gerettet hatte. Doch weder auf dem Einwohnermeldeamt noch in einer Beratungsstelle für politisch Verfolgte brachte er über Bauer etwas in Erfahrung. Also entschloß Hartnagel sich, in einem regionalen Informationsblatt eine Suchanzeige zu schalten. Darauf meldeten sich die Braut des Oberleutnants und ein Bruder. Von ihnen erfuhr er, daß Bauer nach der Schießerei auf dem Kasernengelände in Halle am 22. April an den Folgen seiner schweren Bauchverletzung gestorben war. Diese Nachricht schockierte Hartnagel.

In einem mehrseitigen Brief schilderte er den Angehörigen die dramatischen Ereignisse vom 14. April 1945 und die Beweggründe für die Kapitulation vor den anrückenden Amerikanern. »Sie werden nun verstehen, wie tief mich das Schicksal des Oblt. Bauer berührt, da es aufs engste mit dem meinen verflochten ist. Ich bin ganz niedergeschlagen, daß mein Bemühen, Menschenleben zu retten, und nur deshalb bin ich aus meinem Sonderurlaub am 6. 4. überhaupt wieder zurückgekehrt, für einen so überaus wertvollen Menschen zum Tode führte. Immer wieder drängt sich mir die Frage auf, warum er und nicht ich?«[247]

Zur Aufarbeitung der NS-Zeit gehörte für Hartnagel auch, daß er Kontakt suchte zu allen Personen, die vom 18. bis 22. Februar 1943, also von der Verhaftung bis zur Hinrichtung Sophies und ihres Bruders Hans, mit den beiden zu tun gehabt hatten. Dazu zählten die Vernehmungsbeamten der Gestapo, das Gefängnispersonal, Justizangestellte und nicht zuletzt Else Gebel, die mit Sophie Scholl die Zelle im Gefängnis München-Stadelheim geteilt hatte. Mit ihr traf er sich Ende Mai 1946 in München und erfuhr dabei wichtige Einzelheiten, nicht zuletzt über die Haltung von Sophie.

Noch am selben Tag berichtete er seiner Frau von dieser Begegnung. »Du wirst Dir denken können, wie alles wieder neu in mir aufgebrochen ist, obwohl ihre Erzählungen nur trösten, ja eigentlich beglücken können. Sie schilderte, wie wunderbar sicher Sophie den ganzen Tag war, fast heiter, obwohl sie von Anfang an nicht daran zweifelte, daß sie sterben müsse.«[248] Er erzählte weiter, daß Else Gebel keineswegs den Eindruck gewonnen habe, Hans und Sophie hätten sich bewußt geopfert. Hartnagel bat Else Gebel, alles aufzuschreiben, was sie von der denkwürdigen Begegnung mit Sophie noch wußte.

Etwa ein Jahr später erhielt Fritz Hartnagel eine Nachricht der Spruchkammer Ulm-Stadt zur Entnazifizierung, die seinen Zorn auslöste. Im Mai 1947 wurde ihm mitgeteilt, er sei »auf Grund des Gesetzes zur Befreiung von Nationalsozialismus und Militarismus« als »Mitläufer« eingestuft worden. Zugleich wurde ihm eine Geldbuße in Höhe von 200 Reichsmark auferlegt.

Gegen den Sühnebescheid legte Hartnagel sofort Einspruch ein und schickte kurz darauf eine sieben Seiten umfassende Stellungnahme mit zahlreichen Anlagen hinterher. Die Darstellung gleicht einem Zeitraffer der ersten Hälfte seines Lebens. Hartnagel berichtete von Episoden und Ereignissen, die er bis dahin für sich behalten hatte, vermutlich, weil er sie nicht erwähnenswert fand. Und für jedes Detail benannte er Zeugen mit Namen und Adresse. Er ging auf den Konflikt mit der Hitlerjugend im Jahr 1935 ein und erinnerte daran, daß er 1933 gerade 16 Jahre und beim Ausscheiden aus der HJ 18 Jahre alt war.

Auch mit seiner Rolle als aktiver Offizier setzte Hartnagel sich gegenüber der Spruchkammer auseinander. Er ließ seine ursprünglich positive Einstellung zum Soldatentum keineswegs unerwähnt. »Allerdings wurden meine idealistischen Erwartungen bald zutiefst enttäuscht von einem Offizierskorps, das entweder verspießert war oder ohne innere Haltung nur der Karriere nachstrebte.«[249]

Ebenso ausführlich schilderte er die Freundschaft zu Sophie Scholl. Gemeinsam hätten sie eine entscheidende Entwicklung vollzogen, einmal hin zum »Erlebnis ursprünglichen Christentums« und dann »zu einer grundsätzlichen Auseinandersetzung mit dem Nationalsozialismus«. Seiner Freundin habe er Briefumschläge aus Wehrmachtsbeständen besorgt und mehrfach Geld »für einen guten Zweck« überwiesen. Außerdem erwähnt er, daß der Ulmer NSDAP-Kreisleiter Meier in einer Versammlung »die Ausrottung dieses Infektionsherdes gefordert« habe. Gemeint sei die Familie Scholl gewesen.

Punkt für Punkt macht Hartnagel in seiner Stellungnahme deutlich, daß er weder ein aktiver Anhänger des NS-Regimes noch ein Mitläufer gewesen war. Angesichts der Fülle von Argumenten und Zeugenaussagen zog die Spruchkammer ihren Bescheid zurück. Unter dem Datum 23. September 1947 teilte sie Hartnagel mit, daß er »entlastet« sei und keinerlei Kosten zu tragen habe. In der Begründung wurde ihm bescheinigt: »Der Betroffene hat Widerstand geleistet, wo persönlicher Mut, Einsatz und Opferbereitschaft dazu gehörten. Sein Widerstand war nicht darin erschöpft, zu kritisieren, zu meckern und abfällige Bemerkungen über die nationalsozialistische Gewaltherrschaft fallenzulassen, sondern er hat durch die Tat seine weltanschauliche Gegnerschaft dargetan.«[250]

Die Entnazifizierung wurde von den USA forciert. Dadurch sollte der Ungeist der Vergangenheit ausgerottet werden. In der Praxis gelang diese Säuberungspolitik jedoch häufig nicht. Nur Teile der Gesellschaft wurden erfaßt. Ganze Bereiche wie die Justiz und der Öffentliche Dienst blieben weitgehend unangetastet. Sie funktionierten weiter, als sei nichts geschehen. Schreibtischtäter und andere Verbrecher kamen ungeschoren davon.

Die Demokratie, die die Amerikaner den Deutschen verordneten, zog also keinen klaren Trennungsstrich zur NS-Vergangenheit. Ohne eine Verankerung in der Bevölkerung besaß die neue Staatsform jedoch keine Chance. Ein fundiertes Wissen der Bürger war die wichtigste Voraussetzung für eine politische Mitgestaltung.

Von dieser Überlegung ausgehend, verwirklichte Inge Scholl im Frühjahr 1946 ein ehrgeiziges Projekt: die Gründung einer Volkshochschule in Ulm. Die »vh ulm«, wie sie auch genannt wurde, entwickelte sich in den 1950er Jahren zum Modell einer modernen Erwachsenenbildung in der Bundesrepublik Deutschland. Der Physiker Werner Heisenberg, der Dichter Carl Zuckmayer, der Philosoph Romano Guardini, die Schriftsteller Theodor Plivier und Hans Werner Richter und viele andere, die seit Jahren zum Schweigen verurteilt gewesen waren, gehörten zu den Referenten der ersten Stunde. Zu Hunderten strömten die Menschen in die »Donnerstagvorträge«. Der Wunsch nach geistiger Orientierung und Wegweisung ohne dröhnende Propaganda war groß. Die Volkshochschule strahlte wie ein Leuchtturm ins Land. Zeitungen und die ersten Illustrierten brachten Reportagen über die neue Einrichtung und ihre Leiterin Inge Scholl, die 1952 den Grafiker und Designer Otl Aicher heiratete. Mit ihm zusammen verwirklichte sie Anfang der 1950er Jahre ein weiteres ehrgeiziges Projekt: die Gründung der Hochschule für Gestaltung in Ulm.

Das Honorar der Referenten der »vh ulm« bestand in den Anfangsjahren zumeist aus einer warmen Mahlzeit, die Magdalene Scholl und ihre Tochter Elisabeth beisteuerten. Um die Gäste angemessen bewirten zu können, hungerten sie – Elisabeth nahm manchmal reinen Lebertran zu sich, den die Amerikaner gespendet hatten –, oder sie begnügten sich mit dem, was übrigblieb.

»Nach dem Vortrag kamen die Referenten zu uns in die Wohnung der Eltern, wo Inge natürlich auch ihr Zimmer hatte«, erzählt Elisabeth Hartnagel. »Der Name Scholl war ein Anziehungspunkt; manche Professoren und Schriftsteller kamen nur deswegen. Den Dozenten war das Essen wichtiger als ein Honorar. Denn Geld gab es ja genug, man konnte nur nichts damit kaufen. Lebensmittel gab es auf Karten. Und manchmal war meine Mutter am Rande der Verzweiflung. Sie wußte einfach nicht, was sie auf den Tisch bringen sollte. Ich war damals jung verheiratet und schwanger, deswegen bekam ich eine Mütterkarte. Ich erinnere mich, wie eine Freundin eines Tages sagte: ›Jetzt ißt du selber erst einmal ein Butterbrot.‹ Ich antwortete: ›Das geht nicht. Wir brauchen die Lebensmittel, um den Dozenten der Volkshochschule ein Essen machen zu können.‹ Diese Sorge hing an meiner Mutter und mir, denn Inge war ja mit dem Betrieb der Volkshochschule beschäftigt.«[251]

Trotz der Entbehrungen habe sie den Neuanfang in Ulm als eine phantastische Zeit in Erinnerung, sagt Elisabeth Hartnagel. Kein Opfer sei ihr damals zu groß gewesen. Außerdem habe sie viele Menschen kennengelernt, die am Neubeginn in der Bundesrepublik beteiligt gewesen seien.

Die allgemeine Notlage dauerte etwa bis zur Währungsreform im Juni 1948. Danach wurde die Versorgung der Bevölkerung langsam besser. Ab 1949 war Fritz Hartnagel Referendar und ab 1952 als Assessor beim Amtsgericht in Ulm tätig und hatte erstmals seit Kriegsende wieder ein eigenes, wenngleich bescheidenes Einkommen. Seine berufliche Karriere verlief in den folgenden Jahren ohne Brüche. Nach Jahren als Amtsgerichtsrat und dann als Landgerichtsrat in Ulm wurde er zum Oberlandesgerichtsrat in Stuttgart befördert. Er wechselte bald zum dortigen Landgericht, wo er als Vorsitzender Richter eine Zivilkammer leitete.

Vor allem die Auseinandersetzung mit der NS-Zeit führte Fritz Hartnagel in die Politik. Außerdem besaß für ihn auch die Frage der sozialen Gerechtigkeit einen hohen Stellenwert. Nach diesen beiden Kriterien entschied er, welcher Partei er beitreten sollte. Eine Zeitlang bemühte sich die Ulmer CDU um ihn. Doch der Umgang der Christdemokraten mit ehemaligen Nationalsozialisten gefiel ihm nicht. Nach gründlicher Abwägung meldete Hartnagel sich 1952 bei der Sozialdemokratischen Partei und beantragte seine Mitgliedschaft. Elisabeth Hartnagel schloß sich ihm an, allerdings ohne die Absicht, politisch aktiv zu werden. Hartnagel war nach dem Krieg der erste Akademiker in der Ulmer SPD. 1953 wurde er in den Stadtrat gewählt. Mehrere Jahre gehörte er dem Bauausschuß an und wirkte an der Erneuerung des Stadtbildes mit.

Für politisch Interessierte hatte die Ulmer Volkshochschule die »Mittwochgruppe« eingerichtet. Daraus wurde ein beliebter Treffpunkt für Bürger, Geschäftsleute und Kommunalpolitiker. Am Anfang standen Fragen der Stadtentwicklung im zerstörten Ulm im Vordergrund und sorgten für Zündstoff. Später ging es auch um überregionale Themen wie die Wiederbewaffnung der Bundesrepublik. Bei einer der Mittwochsrunden lernte Fritz Hartnagel 1953 Klaus Beer kennen, der damals in München Jura studierte und in den folgenden Jahren zu einem seiner engsten Weggefährten wurde.

Klaus Beer, Jahrgang 1932, stammt aus Hamburg. Seine Eltern waren 1943 in der Hansestadt ausgebombt worden und anschließend mit den Kindern nach Ulm übergesiedelt. Wie Hartnagel trat auch Beer der Ulmer SPD bei und war kommunalpolitisch aktiv. Beide zählten zum linken Flügel der Partei. Gemeinsam bekämpften sie in den 1950er Jahren die Pläne von Bundeskanzler Konrad Adenauer zum Aufbau der Bundeswehr. Klaus Beer erinnert sich: »Wir waren Berufskollegen. Als ich Hartnagel kennenlernte, war er schon am Landgericht tätig, und zwar als Richter in einer Zivilkammer. Ich selber wurde 1958 in Ulm Referendar. Von dieser Zeit an haben wir uns fast täglich getroffen und politische Dinge beredet.«[252]

Die SPD der 1950er Jahre war ein Sammelbecken unterschiedlicher Strömungen. Traditionelle Sozialdemokraten, die die Verfolgung durch die Hitler-Diktatur überstanden hatten, agierten neben Sozialisten, nach deren Überzeugung Demokratie und Kapitalismus unversöhnliche Gegensätze darstellten. Zugleich drängten junge SPD-Anhänger nach vorn. In seinem Beitrag *Junger Sozialdemokrat in Ulm 1953–1960* beschreibt Klaus Beer das Innenleben der Partei und die Rolle, die Hartnagel darin spielte. »Fritz Hartnagel pflegte dann seine Redebeiträge mit der Aufforderung zu beenden, den Wehrdienst im Falle einer Wehrpflicht zu verweigern; und dann erhob sich regelmäßig Eberhard Funke, Breslauer, Vorsitzender des ›Verbandes der Heimkehrer‹ in Ulm, und mäkelte übellaunig an ihm herum.«[253]

Fritz Hartnagel war kein unpolitischer Pazifist. Vielmehr lehnte er die Wiederbewaffnung ab, weil der Aufbau einer deutschen Streitmacht ohne ehemalige Wehrmachtsoffiziere und frühere NS-Generäle undenkbar war. Der Ungeist der Vergangenheit würde in einem zentralen Bereich des Staates wieder Fuß fassen – für Hartnagel eine unerträgliche Vorstellung, wie er 1979 im Gespräch erläuterte. Damals war noch vieles in bezug auf die NS-Vergangenheit tabu. »Ich sah eine große Gefahr darin, daß auf die Remilitarisierung eine Renazifizierung folgen würde. Es kam dann nicht so schlimm, wie ich befürchtet hatte. Dennoch hat die eigentliche Auseinandersetzung mit dem Dritten Reich bis heute nicht stattgefunden. Das Ganze ist vielmehr verdrängt worden. Heute darf man öffentlich nicht bekennen: ›Ich war dafür, daß wir diesen Krieg verlieren.‹ Ein Politiker, der so etwas sagt, ist erledigt. Im Bewußtsein der Bevölkerung steht fest: ›Die Soldaten haben damals ihre Pflicht getan, haben für Deutschland gekämpft!‹ Das nenne ich Landsknechtbewußtsein.«[254]

Außerdem wollte er die deutsche Frage offenhalten. Der stramme Westkurs Adenauers bewirkte das Gegenteil. Doch mit ihrer ablehnenden Haltung gerieten Hartnagel und seine politischen Freunde ins Abseits. Der Ost-West-Konflikt begünstigte die Politik des Bundeskanzlers. Die Berlin-Blockade durch die Sowjetunion 1948/49 und der Ausbruch des Koreakrieges 1950 verschärften die Spannungen zwischen Ost und West. Es begann die lange Phase des Kalten Krieges.

In der Bundesrepublik wagte bald kaum ein Politiker mehr, die großen weltpolitischen Fragen anders zu beurteilen als die Amerikaner. Wer es dennoch tat, geriet in den Ruf der Kommunistenfreundlichkeit. In Wahlzeiten, wie etwa vor der Bundestagswahl 1957, ging Konrad Adenauer noch ein Stück weiter. Er behauptete, daß ein Sieg der SPD den Untergang Deutschlands bedeuten würde. Die Partei wurde unter den Generalverdacht gestellt, von Kommunisten unterstützt zu werden oder gar Handlanger des SED-Regimes in Ostberlin zu sein.

Eine derart perfide Kampagne blieb nicht ohne Wirkung auf die Masse der Bevölkerung. Der »Bundeskanzler der Alliierten«, wie der SPD-Fraktionsvorsitzende im Bundestag, Kurt Schumacher, Adenauer einmal nannte, fuhr grandiose Wahlergebnisse ein. Die SPD geriet immer mehr in die Defensive, aus der sie verzweifelt einen Ausweg suchte. Die sozialdemokratische Bundestagsfraktion gab in der Frage der Wiederbewaffnung nach, indem sie im März 1956 mehrheitlich der Wehrverfassung und den entsprechenden Grundgesetz-Änderungen zustimmte. Die Parteilinke war damit zwangsläufig zu einem politischen Zwei-Fronten-Kampf verurteilt. Sie stand in direkter Konfrontation nicht nur zu Adenauer und dessen CDU, sondern auch zum rechten Flügel der eigenen Partei.

Der Kampf gegen die Wiederbewaffnung war für Fritz Hartnagel mit heftigen innerparteilichen Kontroversen verbunden. Je länger diese Auseinandersetzung andauerte, desto intensiver verlegte er sich auf andere Wirkungsfelder. Der Beratung von Kriegsdienstverweigerern widmete er viel Zeit. Als ehemaliger Hauptmann der Wehrmacht vermochte gerade er jungen Leuten zu vermitteln, was es bedeutete, im Ernstfall Soldat zu sein. Elisabeth Hartnagel berichtet:

»Das hat sich vor allem bei uns in der Wohnung abgespielt. Ich war fast immer dabei. Diese Beratung fand ich interessanter als die Ulmer Kommunalpolitik. Für die jungen Leute damals war das Verweigern des Wehrdienstes ungleich schwerer als heute. Sie mußten sich auf die Gewissensprüfung gründlich vorbereiten, um überhaupt eine Chance zu bekommen, anerkannt zu werden. Diejenigen, die den Dienst mit der Waffe verweigerten, waren wirkliche Außenseiter, echte Pazifisten. Am Anfang meldeten sich nur wenige, aber dann stieg ihre Zahl immer weiter an.«[255]

Einer derjenigen, die sich damals von Fritz Hartnagel beraten ließen und dann den Dienst an der Waffe ablehnten, war Heinz Kopp, Jahrgang 1939. Für Kopp bedeutete Hartnagel am Anfang eine Art Vaterfigur, ein Vorbild, das zugleich Orientierung vermittelte. Insofern habe er ihm viel zu verdanken, sagt Heinz Kopp, der heute in Konstanz lebt und zu den Weggefährten während der Ulmer Jahre zählt. »Ich wußte, daß er Offizier in der Hitler-Armee gewesen war. Und ich wußte auch, daß er eine völlige Wandlung durchgemacht hatte. Dazu kam noch seine Verbindung zur ›Weißen Rose‹ und zur Familie Scholl. Das alles hat mich fasziniert. Am Anfang standen also Ehrfurcht und auch Bewunderung. Und deshalb habe ich seine Nähe gesucht.«[256]

Daß ein Richter sich für das Recht auf Kriegsdienstverweigerung stark machte und dafür auch noch eine eigene Organisation aufbaute – die »Internationale der Kriegsdienstgegner« –, das sei damals absolut ungewöhnlich gewesen, betont Kopp. »Fritz Hartnagel stand mit seiner Person ganz hinter der Sache. Man muß sich vorstellen, in welcher Zeit er Kriegsdienstverweigerer beraten hat. Es herrschte der Kalte Krieg. Dann kam die Phase der Ostermärsche hinzu, diese Protestbewegung für Frieden und gegen Aufrüstung. Kriegsdienstverweigerung, Ostermarsch, Opposition in der SPD – eine

Handvoll Leute setzte das alles um, und Hartnagel gehörte immer dazu. Das Ganze war verbunden mit zum Teil wütenden Angriffen auf uns Aktivisten. Mit seiner Biographie und seinem beruflichen Hintergrund bedeutete Hartnagel für uns einen wirksamen Schutz. Ihn konnte man nicht so einfach verteufeln als fünfte Kolonne Moskaus, als Kommunisten oder Schwärmer. Das prallte ab, zeigte keinerlei Wirkung. Die vielen Veranstaltungen und Aktivitäten der fünfziger und sechziger Jahre in Ulm – sie sind ohne Hartnagel nicht denkbar.«

Fritz Hartnagel habe sich bis zur physischen Erschöpfung für seine Ziele eingesetzt. Heinz Kopp nennt ihn einen hochsensiblen Menschen, der aus dem Krieg zurückgekehrt sei und sich selber in die Pflicht genommen habe nach der Devise: »Nie wieder!«

Die Ostermarschbewegung hat ihren Ursprung in London, wo sich am Karfreitag des Jahres 1958 über 10 000 Menschen am Trafalgar Square zu einer Protestkundgebung gegen Atomwaffen versammelten. In der Bundesrepublik entstand daraus noch im selben Jahr die Aktion »Kampf dem Atomtod«, die von der SPD und den Gewerkschaften unterstützt wurde. Die Gründung der Bundeswehr hatten die Sozialdemokraten zwar nicht verhindert, aber ihre Ausstattung mit Nuklearwaffen wollten sie gemeinsam mit den Arbeitnehmervertretungen unterbinden. Vorübergehend kämpften die unterschiedlichen Parteiflügel der SPD wieder Seite an Seite.

»Die Großdemonstrationen, Großkundgebungen und vereinzelten Warnstreiks standen in der Tradition der Arbeiterbewegung«, heißt es in einem Aufsatz von Holger Nehring. »In den größeren deutschen Städten fanden Fackelmärsche statt. Noch dominierten nicht die Normen der Gesellschaft in Frage stellende Jugendliche die Proteste, sondern vornehme ältere Herren in Anzug und Krawatte.«[257]

Der massive öffentliche Druck zeigte Wirkung. Bundeskanzler Adenauer und sein Verteidigungsminister Franz Josef Strauß mußten zurückstecken. Die Ausrüstung der Bundeswehr mit Atomwaffen stand nicht mehr zur Debatte. Trotz dieses Erfolges währte der innerparteiliche Friede in der SPD nicht lange. Denn mit ihrem im November 1959 verabschiedeten »Godesberger Programm« vollzog die Sozialdemokratische Partei einen radikalen Kurswechsel ihrer Außen- und Sicherheitspolitik. Die Wiederbewaffnung der Bundesrepublik und die Mitgliedschaft des westdeutschen Staates in der Nordatlantischen Verteidigungsgemeinschaft (Nato) wurden von der SPD gebilligt. Die Parteilinke stand erneut im Abseits.

Vor dem Parteitag hatte Fritz Hartnagel für einen Resolutionsentwurf noch folgende Stichworte notiert: »Wiedervereinigung Deutschlands als vorrangiges Ziel, aber auf friedlichem Wege, und das ist nur zu erreichen mit einer entmilitarisierten Zone in Mitteleuropa beiderseits des ›Eisernen Vorhangs‹ mit Abzug aller fremden Truppen; Revision der entgegenstehenden Pariser Verträge und der Aufrüstungspolitik, zu erkämpfen mit parlamentarischen und außerparlamentarischen Mitteln.«[258]

Der Vorstoß ging ins Leere. Schon vor dem Beginn des Parteikongresses standen die linken Sozialdemokraten auf verlorenem Posten. Die Chance für eine friedliche Wiedervereinigung Deutschlands wurde nicht einmal ausgelotet, sondern blieb auf viele Jahre hinaus tabu. Trotz unablässiger Bekenntnisse zur deutschen Einheit in Sonntagsreden unternahm Bundeskanzler Adenauer keinen einzigen ernsthaften Versuch, die Teilung Deutschlands zu überwinden. Und die wenigen, denen das getrennte Vaterland wirklich am Herzen lag, wurden für lange Zeit ins Abseits gedrängt.

Anfang 1959, als die Niederlage sich abzeichnete, zogen Fritz Hartnagel und einige seiner Mitstreiter die Konsequenzen. Zwar blieben sie in der SPD, aber ihre Funktionen, die sie über die Jahre in der Ulmer SPD ausgeübt hatten, gaben sie auf. Am 2. Januar 1959 notierte Klaus Beer nach einem Gespräch mit Fritz Hartnagel in seinem Tagebuch: »Er hat sich mit dem Rückzug aus den Funktionen abgefunden, nicht aber damit, zur Untätigkeit verurteilt zu sein. Er denkt an eine örtliche Gruppe zur Verbreitung sozialistischer Anschauungen durch Versammlungen usw.... Wir können, sagt er, nicht mehr die Ziele und Methoden der SPD propagieren.«[259]

Untätigkeit oder gar Resignation kam für Fritz Hartnagel nicht in Frage. Die von der Adenauer-Regierung erzwungene und von der SPD-Opposition schließlich nachvollzogene Weichenstellung nahmen die Anhänger der Friedensbewegung nicht einfach hin. Vielmehr verstärkten sie den außerparlamentarischen Druck und sorgten für heilsame Unruhe. Anfang der 1960er Jahre verzeichneten die Ostermärsche wieder größeren Zulauf. Die Zahl der Teilnehmer stieg von Jahr zu Jahr und kletterte 1964 auf über Hunderttausend. Vor allem der Vietnamkrieg gab der Friedensbewegung Auftrieb.

Die Ulmer Ostermärsche erregten bundesweit Aufsehen: Sie waren professionell vorbereitet und stießen in der Bevölkerung auf Zustimmung, und das in einer Stadt, in der die CDU Wahlerfolge bis zu 70 Prozent erzielte. Um das Design der Poster und Plakate kümmerte sich Otl Aicher. Er schuf die »Ostermarsch-Blume«, die jeder Teilnehmer sich anheften konnte. Vor allem achtete er auf ein klares einheitliches Erscheinungsbild, damit die Botschaft der Demonstranten verstanden wurde und bürgerliche Schichten sich damit identifizieren konnten. Die Erfolge blieben nicht aus, wie Klaus Beer noch heute stolz zusammenfaßt:

»Zeitweise herrschte bei uns in Ulm Hochstimmung. Wir waren eine der erfolgreichsten Friedens- und Anti-Atom-Gruppen in der Bundesrepublik. In den Zeitungen erschienen

Anzeigen mit den Namen prominenter Bürger, die sich mit unseren Zielen solidarisierten und selber mitmarschierten. Es war schon ein besonderes Ereignis, wenn sich die Menschen am Samstag vor Ostern auf dem Münsterplatz versammelten, die Glocken des Ulmer Münsters läuteten und der Protestzug sich in Bewegung setzte.«[260]

21

Die Friedensbewegung

In der Familie Hartnagel gehörte Politik wie selbstverständlich zum Alltag dazu. Wenn Eltern und Kinder zusammensaßen oder Referenten der Volkshochschule oder Freunde zu Besuch kamen, wurde fast immer über Politik gesprochen. Die Aktivitäten von Fritz Hartnagel ließen sich vom häuslichen Bereich auch gar nicht trennen: Die Beratung von Kriegsdienstverweigerern zum Beispiel, die in der Wohnung stattfand, oder die Vorbereitungen für den nächsten Ostermarsch – oft war die ganze Familie in irgendeiner Form mit einbezogen.

Die meiste Zeit war Fritz Hartnagel für seine vier Söhne allerdings »ein selten gesehener Vater«, wie einer von ihnen es ausdrückt. Nur im Urlaub oder am Wochenende widmete er sich ihnen ganz. Dann unternahm er mit den Kindern Ausflüge ins Allgäu, dann hatte er Zeit für Indianerspiele und Klettertouren. Ansonsten arbeitete er manchmal rund um die Uhr. Hartnagel besaß eine enorme Energie und Ausdauer und konnte sich auf mehrere Dinge gleichzeitig konzentrieren. Ständig wechselte er die Rollen: vom Richter zum Vortragsredner, vom Organisator zum Berater von Kriegsdienstverweigerern.

Die Zivilprozesse, die er als Richter zu entscheiden hatte – Scheidungen, Mietstreitigkeiten, Auseinandersetzungen zwischen Nachbarn und ähnliches –, nahm er dennoch ernst. Hartnagel tat alles, um die Parteien nicht weiter gegeneinander aufzubringen. Praktische, einvernehmliche und vor allem lebensnahe Regelungen waren ihm am liebsten. Elisabeth

Hartnagel war dabei oft seine Ratgeberin. Ihr oblag es in erster Linie, sich um die Kinder zu kümmern und die Familie zusammenzuhalten. Das galt für die Jahre in Ulm wie auch für die Zeit in Stuttgart, wo die Hartnagels ab 1971 lebten.

»Abends war er häufig unterwegs, um an Besprechungen teilzunehmen«, erinnert sich Jörg Hartnagel, der zweitälteste Sohn, Kunsterzieher und Künstler in Crailsheim. »Immer gab es etwas zu besprechen, zu tun und zu erledigen: Inhalt und Schriftgröße für ein Flugblatt festlegen, den Druckauftrag dazu erteilen, Treffen mit seinen Mitstreitern Klaus Beer und Heinz Kopp. Ich glaube, Politik war sein eigentlicher Lebensinhalt, der Umgang mit Politik bereitete ihm Lust. Und nachts hat er dann seine Urteile geschrieben. Wenn wir am nächsten Morgen in die Schule gingen, saß er immer noch in seinem Arbeitszimmer und tippte auf seiner alten Schreibmaschine mit zwei Fingern den Schriftsatz für die nächste Verhandlung.«[261]

Sein ältester Bruder, Thomas Hartnagel, der an einem Hamburger Gymnasium Geschichte, Geographie und Gemeinschaftskunde unterrichtet, schildert Kindheitserfahrungen, die eng mit der Adenauer-Zeit verknüpft sind. »Ich habe unsere Familie als Festung im feindlichen Umland erlebt – immer in Abwehr. Da draußen sind die Bösen – Adenauer und seine CDU-Anhänger. Und wir sind die Guten, zusammen mit einigen anderen. Das war schon eine Art Wagenburg-Mentalität.«[262]

Die Distanz des Vaters zur Entwicklung in der Bundesrepublik führte bei seinen Söhnen zu einer frühen Politisierung. Fast von Kind an lernten sie, ihren Standpunkt öffentlich zu vertreten und bei Demonstrationen das Kopfschütteln von Passanten auszuhalten. Selbstverständlich nahmen sie an den Ostermärschen teil, und zwar in vorderster Reihe. Schließlich war ihr Vater einer der Initiatoren der Friedensbewegung und außerdem ein stadtbekannter Bürger von Ulm. Im Laufe der

Jahre gewöhnten sich die Einwohner der Garnisonsstadt daran, daß Richter Hartnagel etwa seinen jüngsten Sohn Martin im Kinderwagen mit zum Ostermarsch nahm und sein zweitjüngster Sohn Klaus bereits als Schüler Transparente schwenkte und die Slogans der Erwachsenen lautstark unterstützte.

»Bei manchen Ostermärschen wurde richtig marschiert«, berichtet Jörg Hartnagel. »Einmal ging es von Ulm nach Göppingen und von dort nach Stuttgart. Das war schon ein eindrucksvolles Erlebnis, fast abenteuerlich. Wir kamen dann bei alten Kommunisten unter und hörten zum erstenmal die ›Becher-Hymne‹. In diesem Klima bildeten wir uns unsere eigene Meinung. Da Kinder meistens radikaler als ihre Eltern sind, gab es auch Differenzen. Als Sozialdemokrat dachte mein Vater in Reformen, aber wir wollten die Revolution. Ich denke, als junger Mensch braucht man solche Utopien. Wer mit 20 Jahren schon Pragmatiker ist, bewirkt doch nichts! Heute weiß ich natürlich, daß mein Vater recht hatte.«[263] Alle vier Söhne gingen politisch eigene Wege – nach dem Eindruck des jüngsten, Martin Hartnagel, »wollten wir den Vater links überholen«[264].

Und Klaus Hartnagel, Programmierer bei der Oberfinanzdirektion in Stuttgart, sagt: »Unser Standpunkt wurde nicht als Geschwätz von Jugendlichen abgetan. Allerdings, gegen meinen Vater brauchte ich schon gute Argumente, um zu bestehen. Irgendwelche pauschalen Äußerungen ließ er nicht gelten. Er selber setzte triftige Argumente ein, und die erwartete er auch von uns. Daran sind wir auch geschärft worden.«[265]

»Wir haben viel diskutiert und als Eltern davon auch profitiert«, erinnert sich Elisabeth Hartnagel rückblickend. »Schließlich wußten wir, was sie bewegt. Allerdings, wenn eines unserer Kinder nach rechts ausgeschert wäre, dann hätte ich meine Erziehung als mißlungen betrachtet. Schließlich hat sich einer nach dem anderen von seiner Gruppe gelöst, und politisch sind wir heute ein Herz und eine Seele.«

Die politischen Aktivitäten der Söhne, womöglich auch die des Vaters, riefen den Verfassungsschutz auf den Plan. Über einen längeren Zeitraum parkte in der Nähe ihres Wohnhauses in Stuttgart ein Pkw. Am Steuer saß ein Mann, der sich nicht von der Stelle rührte. Eines Tages wurde es einer Nachbarin zuviel. Sie fragte ihn, was er dort suche. »Ich beobachte den Freizeitverkehr«, lautete die Antwort.

Fragen des Christentums spielten in den Nachkriegsjahren für Hartnagel keine Rolle mehr. Einer der Gründe mag darin liegen, daß insbesondere die katholische Kirche die restaurativen Tendenzen der Regierung Adenauer vorbehaltlos unterstützte. Bis in die 1960er Jahre hinein war es noch üblich, daß am Wahlsonntag katholische Pfarrer von der Kanzel herab die Gläubigen dazu aufforderten, eine christliche Partei zu wählen.

Jörg Hartnagel erinnert sich, wie der Vater ihm einen Vorfall aus den 1950er Jahren erzählte: »Er war mit politischen Freunden nachts plakatieren – schwarz natürlich, denn das Geld, Plakatflächen zu mieten, hatten sie nicht –, als sie von Anhängern der Jungen Union überfallen und verprügelt wurden. Auf der anderen Straßenseite stand der katholische Pfarrer und feixte.«[266]

Mit dem Ende des Nationalsozialismus hatte er dieses Kapitel offensichtlich abgeschlossen, auch wenn ihn gelegentlich einzelne Aspekte der christlichen Lehre noch weiter beschäftigten. »Ich habe meinen Vater nie als einen religiösen Menschen erlebt«, sagt Thomas Hartnagel, der älteste Sohn. »Er blieb nicht zuletzt in der Kirche, weil evangelische Pfarrer auf dem Feld der Kriegsdienstverweigerung und für die Ostermärsche wichtig waren.«[267] Die zeitweise Hinwendung des Vaters zum Christentum erklärt er – ähnlich wie seine Mutter – mit dem großen Einfluß, den Sophie Scholl und indirekt auch Otl Aicher auf ihn ausgeübt hätten. Dieser Aspekt des Briefwechsels, für den Thomas Hartnagel als Herausgeber zeichnet, habe ihn überrascht.

»Der Briefwechsel der beiden vermittelt die menschliche und zugleich die unmenschliche Seite des Krieges. Bedeutsamer als die zeithistorische Sichtweise ist meines Erachtens die literarische Seite. Für mich vermitteln die Briefe die Geschichte einer Liebesbeziehung, einer sehr anrührenden, sehr tiefen Liebesbeziehung – gerade auch in den Krisen, dem Auf und Ab ihrer Beziehung. Sophie war sehr jung und scheute sich, schon so früh eine Bindung einzugehen. Die Briefe gehen – von wenigen Ausnahmen abgesehen – ja immer um das eine Thema von Nähe und Distanz. Sophie suchte die Distanz, zwischendurch jedenfalls, mein Vater immer die Nähe.«

Vor dem Hintergrund der NS-Zeit habe das Verhältnis der beiden eine »besondere Tragik« entfaltet, die auf der ganzen Familie laste und bis in die nächsten Generationen reiche. Sein Bruder Jörg sieht das ähnlich: »Bis zu einem gewissen Grad ist es heute noch so, daß wir über Hans und Sophie definiert und an ihnen gemessen werden. Das heißt aber auch: Du bist eigentlich nicht du selber.«[268]

Eine andere Seite von Fritz Hartnagel beschreibt sein jüngster Sohn Martin, der am Privattheater in Stuttgart als Bühnenmeister tätig ist. »Vater war ein großer Naturliebhaber. Er hat für sein Leben gern gepflanzt: Bäume, Büsche und dann Blumen.«[269] Die Familie hatte in der Nähe von Heilbronn ein Waldgrundstück mit einem Wochenendhaus erworben, dem sich Fritz Hartnagel vor allem in seinen letzten Berufsjahren und dann im Ruhestand widmete. Von 1982 an zog er sich aus den vielen Verpflichtungen und politischen Unternehmungen langsam zurück. Allerdings ließ er es sich nicht nehmen, die Ortszeitung der SPD weiter auszutragen. Da er zunehmend mit gesundheitlichen Problemen zu kämpfen hatte, widmete er sich stärker der geliebten Natur. Martin Hartnagel berichtet:

»Wenn meinen Vater etwas ausgezeichnet hat, dann war es die Demut – ein seltsamer Begriff, der ja auch mit Religion zu tun hat. Bei ihm äußerte sich das nicht zuletzt in seiner Liebe zur Natur. Er konnte keiner Blume, keinem Busch etwas zuleide tun. Ich habe immer noch das Bild vor Augen, wie er mit der Schere dasteht und einen Strauch zurückschneiden will. Wirklich jeden einzelnen Ast sieht er an, als würde er davor zurückschrecken, ihm mit dem Schnitt weh zu tun.«

Den Zielen der Friedensbewegung allerdings blieb Fritz Hartnagel auch weiterhin eng verbunden. Nach seiner Pensionierung erlebten die Gegner atomarer Bewaffnung in der Auseinandersetzung um die »Nachrüstung« ihren größten Triumph, der Hunderttausende von Menschen in der Bundesrepublik bewegte und eng mit Baden-Württemberg, Hartnagels Heimat, verknüpft war. Anlaß war der »Nato-Doppelbeschluß« vom 12. Dezember 1979, die Entscheidung der westlichen Verteidigungsgemeinschaft also, das atomare Abschreckungspotential in Westeuropa um 108 Mittelstreckenraketen vom Typ SS 20 und 464 Marschflugkörper (»Cruise Missiles«) aufzustocken. Durch die »Nachrüstung« sollte eine angebliche Lücke im »Gleichgewicht des Schreckens« zwischen Ost und West geschlossen werden. Die Nato legte zudem fest, die Raketen und Marschflugkörper erst dann zu stationieren, wenn in den Verhandlungen mit Moskau bis Ende 1983 keine Einigung über den Abbau der sowjetischen SS-20-Mittelstreckenraketen in Osteuropa erzielt würde.

Der entschiedenste Befürworter dieser Doppelstrategie war Bundeskanzler Helmut Schmidt (SPD). Teile der eigenen Partei, Anhänger der Friedensbewegung und der sich neu formierenden Partei der Grünen bezweifelten jedoch, daß der Westen beim nuklearen Wettrüsten tatsächlich ins Hintertreffen geraten war. In den Jahren des Kalten Krieges hatte die

US-Regierung die militärische Stärke der Sowjetunion und des Warschauer Paktes systematisch übertrieben, um ihre Rüstungsprogramme durchsetzen zu können. Unter Präsident Ronald Reagan eskalierte die »Politik der Stärke«. Reagan wollte die UdSSR erklärtermaßen kaputtrüsten.

In der Bundesrepublik wie auch in anderen westeuropäischen Staaten erfaßte die Protestbewegung gegen die Nachrüstung weite Teile der Bevölkerung. Die Ostermärsche erlebten in den Jahren nach dem Nato-Doppelbeschluß eine Rekordbeteiligung. 1983 wurden bis zu 700000 Teilnehmer bundesweit gezählt. Je näher der Zeitpunkt der Stationierung rückte, desto entschiedener artikulierte sich der Protest.

Ende 1982 gingen die Anhänger der Friedensbewegung von bloßen Demonstrationen zu »gewaltfreien Blockaden« über. Ähnlich wie das berühmt gewordene Peace Camp Greenham Common in Großbritannien wurde der amerikanische Stützpunkt Mutlangen bei Schwäbisch Hall, in dem »Pershing-2-Raketen« gelagert werden sollten, zum Zentrum des Widerstandes. Viele Monate blieb die Militärbasis von Demonstranten umlagert.

Anfang September 1983 begann eine längere Blockade mit prominenter Beteiligung: Die SPD-Politiker Erhard Eppler und Oskar Lafontaine nahmen teil, ferner die grünen Bundestagsabgeordneten Petra Kelly und Gerd Bastian, die Theologen Heinrich Albertz, Helmut Gollwitzer und Dorothee Sölle, die Schriftsteller Heinrich Böll und Peter Härtling, der Physiker Robert Jungk und der Liedermacher Wolf Biermann. Auch Inge Aicher-Scholl und Fritz Hartnagel mischten sich unter die Blockierer. Höhepunkt einer ganzen Serie von Protestveranstaltungen bildete am 22. Oktober 1983 eine Kundgebung mit 300000 Teilnehmern in der Bundeshauptstadt Bonn. Zur gleichen Zeit formierten sich Hunderttausende zu einer 108 Kilometer langen Menschenkette zwischen Neu-Ulm und

Stuttgart – eine Aktion, die im In- und Ausland Aufsehen erregte. Elisabeth und Fritz Hartnagel waren mit ihren Söhnen dabei.

Mit solchen Demonstrationen trat die Friedensbewegung aus dem Schatten einer Randexistenz heraus. Sie durchbrach die im Kalten Krieg perfektionierte Logik der Abschreckung und öffnete den Weg in eine neue Ära, die mit der Überwindung des Ost-West-Konflikts 1989 ihren Abschluß erreichte.

Angesichts der mächtigen Kundgebungen für Frieden und gegen Aufrüstung hatte man im Ausland begriffen: Die Deutschen haben ihre Lektion aus dem Zweiten Weltkrieg gelernt. Fritz Hartnagel empfand angesichts dieser historischen Wende mehr als Genugtuung. Allerdings hatte die Blockade in Mutlangen auch für ihn, den ehemaligen Richter, ein gerichtliches Nachspiel. Wie zahlreiche andere Teilnehmer wurde er ebenfalls angeklagt: Wegen »Nötigung« stand Hartnagel am 10. Februar 1986 vor dem Amtsgericht Schwäbisch Gmünd.

»Ein pensionierter Richter, nunmehr in seinem 70. Lebensjahr, selbst ein Krimineller also? Eine absurde, eine ungeheuerliche Beschuldigung, gegen die ich mich entschieden verwahre!«[270] Der Angeklagte, der zugleich sein eigener Verteidiger war, zog in seinem Schlußwort alle Register. Ihm ging es weniger darum, die drohende Verurteilung abzuwehren, als vielmehr, ein politisches Anliegen deutlich zu machen.

»Ich habe ein gutes Gewissen. Es wäre zu pathetisch, wenn ich sagen würde, ich bin stolz darauf. Aber es gibt mir ein Gefühl der Befriedigung und Erleichterung, mit dabeigewesen zu sein bei den vielen, die ihrem ohnmächtigen Protest gegen den Wahnsinn des atomaren Wettrüstens durch ein sichtbares Zeichen Ausdruck gegeben haben...«

In seinem Plädoyer solidarisierte Hartnagel sich ausdrücklich mit den vielen jungen Menschen, »die nun durch eine wie am Fließband arbeitende Justizmaschine zu kriminellen Vorbestraften abgestempelt werden ... Diese jungen Menschen, die bewußt nach dem Prinzip der Gewaltlosigkeit handeln, sind weder Rabauken und Chaoten, noch sind sie kriminelle Staatsfeinde.«

Ausführlich setzte er sich mit dem Vorwurf der Nötigung auseinander: »Wir, ein kleines Häuflein von neun Personen, saßen völlig friedlich auf der Zufahrtsstraße zum Raketendepot, als ein Armeelaster aus dem Militärgelände herauskam, langsam auf uns zufuhr und schließlich direkt vor uns anhielt ... Es ist doch lächerlich und geradezu zynisch zu sagen, der angestrebte Zweck [der Aktion] war allein, einen Laster der US-Army zum Halten zu bringen.« Es gehe nicht um die Handlungsfreiheit des blockierten Fahrers, sondern um die Politik der Bundesregierung, die gegen Angriffe aufmüpfiger Staatsbürger geschützt werden solle. Gemeint war die CDU-FDP-Koalition von Bundeskanzler Helmut Kohl, der in der Frage der Nachrüstung die Linie seines Vorgängers Helmut Schmidt übernommen hatte. Hartnagel schloß mit dem Appell: »Ich fordere deshalb die Richter am Amtsgericht Schwäbisch Gmünd auf: Hören Sie auf, die Friedensbewegung zu kriminalisieren, sprechen Sie frei!«

Das Gericht sprach nicht frei: Zwanzig Tagessätze zu je 40 DM – so lautete das Urteil. Hartnagel ging in die Berufung. Sein Einspruch wurde in Ellwangen verhandelt, zusammen mit dem von Wolf Biermann, der seinen Sohn im Tragerucksack mit in den Gerichtssaal brachte. Dieser schlief während der mühsamen Verhandlung ein, die für Hartnagel und Biermann wiederum mit einer Geldstrafe endete.

Zum Zeitpunkt des Prozesses lagen die amerikanischen Raketen und Marschflugkörper längst in den Depots in Mutlangen, Heilbronn, Hesselbach und anderswo. US-Präsident Ronald Reagan trieb in der zweiten Hälfte der 1980er Jahre mit seinem Projekt einer Raketenabwehr im Weltraum (SDI) die

Aufrüstung sogar noch eine Drehung weiter. Nur unter großen Mühen konnte der sowjetische Präsident Michail Gorbatschow Reagan 1987 dafür gewinnen, alle atomaren Mittelstreckenraketen mit einer Reichweite zwischen 500 und 5000 Kilometern zu vernichten. Mutlangen und andere Depots wurden wieder geräumt. An diesem Durchbruch hatte die deutsche Friedensbewegung mit der bis dahin größten Kampagne gegen die atomare Aufrüstung erheblichen Anteil.

22

Abschied und Auftrag

Im Jahr 1990 erlebte Hartnagel noch einen weiteren historischen Wendepunkt: die Wiedervereinigung Deutschlands, für die er sich bereits in den Adenauer-Jahren eingesetzt hatte. Allerdings konnte er den Einigungsprozeß der folgenden Jahre nicht mehr so intensiv verfolgen, wie er es sich wünschte. Denn er litt an der Parkinsonschen Krankheit, die sich langsam ankündigte und ihn in seinen letzten Lebensjahren stark beeinträchtigte. Am 29. April 2001 starb Fritz Hartnagel im Alter von 84 Jahren.

Nach dem Abschied von ihrem Mann spürte Elisabeth Hartnagel noch intensiver als beim Tod ihrer Schwester Inge 1998, daß ihr eine neue Aufgabe bevorstand – als letzte Überlebende der fünf Geschwister Scholl Zeitzeugin und Archivarin ihrer Geschwister Hans und Sophie zu sein. Jahrzehntelang war sie im Hintergrund geblieben. »Wir halten uns zurück, denn wir waren nicht im Widerstand«, so hatte ihr Mann immer wieder gesagt. Nach außen sprach Inge Aicher-Scholl für die Familie. Sie brachte 1952 ihr Buch *Die Weiße Rose* heraus, ein erstes Bollwerk gegen das Verdrängen und Vergessen. Ihre Schwester Elisabeth arbeitete ihr zu, indem sie Inge Bücher, Zeichnungen und Briefe von Sophie überließ.

Seit einigen Jahren obliegt es nun Elisabeth Hartnagel, Auskunft zu geben. Sie trifft sich mit Journalisten, gibt Interviews und diskutiert mit Schülern und Jugendlichen. Und sie legt die Lebensgeschichte ihres Mannes offen – denn »Fritz war doch ein Teil der Sophie«[271].

Zitat- und Quellennachweise

1 Fritz Hartnagel an Elisabeth Scholl, 1944; Gespräch mit Elisabeth Hartnagel, 2003
2 Gespräch mit Elisabeth Hartnagel, 2003
3 Gespräch mit Fritz Hartnagel, 1979
4 Gespräch mit Elisabeth Hartnagel, 2003
5 Sophie Scholl an Fritz Hartnagel, 20. November 1937
6 Gespräch mit Inge Aicher-Scholl, 1979
7 Gespräch mit Elisabeth Hartnagel, 2003
8 Vgl. Silvester Lechner, Das KZ Oberer Kuhberg und die NS-Zeit in der Region Ulm/Neu-Ulm. Stuttgart 1988, S. 64; Oberschulamt Tübingen/DOK-Zentrum Oberer Kuhberg (Hg.), Württembergisches Schutzhaftlager Ulm. Ein frühes Konzentrationslager im Nationalsozialismus (1933–1935). Tübingen/Ulm 2004
9 Gespräch mit Inge Aicher-Scholl, 1979
10 Gespräch mit Fritz Hartnagel, 1979
11 Sophie Scholl an Fritz Hartnagel, 29. November 1937. Aus: Inge Jens (Hg.), Hans Scholl und Sophie Scholl, Briefe und Aufzeichnungen. Frankfurt a. M. 1984, S. 120
12 Gespräch mit Fritz Hartnagel, 1979
13 Gespräch mit Elisabeth Hartnagel, 2003
14 Gespräch mit Fritz Hartnagel, 1979
15 Fred Einstein an Jörg Hartnagel, 17. Januar 2003
16 Fritz Hartnagel, Einspruch gegen die Einstufung als »Mitläufer« durch die Spruchkammer der Stadt Neu-Ulm, 1947; gemeint ist Gehlberg/Thüringen.
17 Gespräch mit Inge Aicher-Scholl, 1979
18 Ebenda
19 Fred Breinersdorfer (Hg.), Sophie Scholl – Die letzten Tage. Frankfurt a. M. 2005, S. 114
20 Sophie Scholl an Lisa Remppis, 4. Juni 1938
21 Sophie Scholl an Fritz Hartnagel, 29. November 1937 (Jens, S. 120)
22 Hier und im folgenden: Sophie Scholl an Fritz Hartnagel, Januar 1938
23 Sophie Scholl an Fritz Hartnagel, 21. April 1938 (Jens, S. 122)
24 Ebenda
25 Hier und im folgenden: Sophie Scholl an Fritz Hartnagel, 28. August 1938 (Jens, S. 125)
26 Sophie Scholl an Fritz Hartnagel, 15. August 1938
27 Fritz Hartnagel an Sophie Scholl, 21. Oktober 1938

28 Sophie Scholl an Fritz Hartnagel, 31. Januar 1939
29 Gespräch mit Elisabeth Hartnagel, 2003
30 Sophie Scholl an Elisabeth Scholl, 19. Juni 1939
31 Sophie Scholl an Inge Scholl, 9. August 1939 (Jens, S. 159)
32 Fritz Hartnagel an Sophie Scholl, 3. September 1939
33 Hier und im folgenden: Sophie Scholl an Fritz Hartnagel, 5. September 1939
34 Sophie Scholl an Fritz Hartnagel, 7. November 1939
35 Hier und im folgenden: Sophie Scholl an Fritz Hartnagel, 19. September 1939 (Jens, S. 131)
36 Fritz Hartnagel an Sophie Scholl, 13. September 1939
37 Fritz Hartnagel an Sophie Scholl, 26. November 1939
38 Sophie Scholl an Fritz Hartnagel, 28. November 1939. Zuerst in: Hermann Vinke, Das kurze Leben der Sophie Scholl. Ravensburg 1980, S. 64
39 Fritz Hartnagel an Sophie Scholl, 14. Dezember 1939
40 Hier und im folgenden: Sophie Scholl an Fritz Hartnagel, 15. Januar 1940
41 Sophie Scholl an Fritz Hartnagel, 12. Januar 1940 (Jens, S. 136)
42 Sophie Scholl an Elisabeth Scholl, 8. März 1940 (Jens, S. 138); Gemstal- und Hochalppaß liegen südlich von Pfronten im Allgäu.
43 Sophie Scholl an Fritz Hartnagel, 8. März 1940
44 Fritz Hartnagel an Sophie Scholl, 9. März 1940
45 Sophie Scholl an Fritz Hartnagel, 21. März 1940
46 Hier und im folgenden: Sophie Scholl an Fritz Hartnagel, 9. April 1940
47 Sophie Scholl an Fritz Hartnagel, im April 1940 (Jens, S. 141)
48 Sophie Scholl an Fritz Hartnagel, 16. Mai 1940 (Jens, 142 f.)
49 Hier und im folgenden: Sophie Scholl an Fritz Hartnagel, 29. Mai 1940 (Vinke, S. 66)
50 Fritz Hartnagel an Sophie Scholl, 7. April 1940
51 Hier und im folgenden: Sophie Scholl an Fritz Hartnagel, 22. Juni 1940 (Vinke, S. 68; Jens, S. 147 f.)
52 Sophie Scholl an Fritz Hartnagel, 19. August 1940 (Jens, S. 159)
53 Gespräch mit Fritz Hartnagel, 1979
54 Sophie Scholl an Fritz Hartnagel, 17. Juni 1940 (Jens, S. 147)
55 Hier und im folgenden: Sophie Scholl an Fritz Hartnagel, 28. Juni 1940 (Jens, S. 149)
56 Fritz Hartnagel an Sophie Scholl, 3. September 1940
57 Sophie Scholl an Fritz Hartnagel, 23. September 1940 (Vinke, S. 69 f.; Jens, S. 152)
58 Gespräch mit Elisabeth Hartnagel, 2003
59 Hier und im folgenden: Fritz Hartnagel an Sophie Scholl, 19. September 1940
60 Sophie Scholl an Fritz Hartnagel, 26. September 1940
61 Sophie Scholl an Fritz Hartnagel, 21. Oktober 1940

62 Hier und im folgenden: Sophie Scholl an Fritz Hartnagel, 10. Oktober 1940
63 Sophie Scholl an Fritz Hartnagel, 12. November 1940
64 Fritz Hartnagel an Sophie Scholl, 18. November 1940
65 Fritz Hartnagel an Sophie Scholl, 20. November 1940
66 Hier und im folgenden: Sophie Scholl an Fritz Hartnagel, 25. November 1940
67 Hier und im folgenden: Fritz Hartnagel an Sophie Scholl, 10. Dezember 1940
68 Hier und im folgenden: Magdalene Scholl an Fritz Hartnagel, 1. Januar 1941
69 Hier und im folgenden: Sophie Scholl an Fritz Hartnagel, 22. Januar 1941
70 Hier und im folgenden: Sophie Scholl an Fritz Hartnagel, 21. Februar 1941
71 Sophie Scholl an Fritz Hartnagel, 28. Februar 1941 (Jens, S. 170)
72 Sophie Scholl an Fritz Hartnagel, 22. März 1941 (Jens, S. 170); Emma Kretschmer, Schwester des in Tübingen lehrenden Psychiaters Ernst Kretschmer, war Leiterin des Ulmer Fröbel-Seminars und hatte Sophie in ihr Herz geschlossen.
73 Sophie Scholl an Lisa Remppis, [April/Mai] 1941 (Vinke, S. 82)
74 Fritz Hartnagel an Sophie Scholl, 1. April 1941
75 Fritz Hartnagel an Sophie Scholl, 28. April 1941
76 Fritz Hartnagel an Sophie Scholl, 6. Mai 1941
77 Gespräch mit Elisabeth Hartnagel, 2003
78 Fritz Hartnagel an Sophie Scholl, 12. Mai 1941
79 Hartnagel, Einspruch
80 Gespräch mit Fritz Hartnagel, 1979
81 Ebenda
82 Hier und im folgenden: Fritz Hartnagel an Sophie Scholl, 1. August 1941
83 Brief der vorgesetzten Dienststelle, 2. September 1941
84 Hier und im folgenden: Gespräch mit Fritz Hartnagel, 1979
85 Sophie Scholl an Lisa Remppis, 17. November 1941
86 Hier und im folgenden: Fritz Hartnagel an Sophie Scholl, 1. November 1941
87 Fritz Hartnagel an Sophie Scholl, 10. November 1941
88 Gespräch mit Elisabeth Hartnagel, 2003
89 Sophie Scholl, Tagebuch, 5. November 1941 (Jens, S. 194)
90 Hier und im folgenden: Sophie Scholl, Tagebuch, 12. Dezember 1941 (Jens, S. 199)
91 Sophie Scholl an Lisa Remppis, 12. Dezember 1941 (Jens, S. 200)
92 Gespräch mit Elisabeth Hartnagel, 2003
93 Gespräch mit Fritz Hartnagel, 1979
94 Fritz Sauckel war Ministerpräsident von Thüringen und ab März 1942 Generalbevollmächtigter für den Arbeitseinsatz. Das bedeutet, Sauckel ließ

Millionen von »Fremdarbeitern« für die deutsche Kriegswirtschaft verschleppen.

95 Fritz Hartnagel an Sophie Scholl, 13. März 1942

96 Hier und im folgenden: Fritz Hartnagel an Sophie Scholl, 14. März 1942

97 Gerd von Rundstedt war im Polenfeldzug Oberbefehlshaber der Heeresgruppe Süd, dann in der gleichen Funktion in Rußland und Frankreich eingesetzt.

98 Gespräch mit Elisabeth Hartnagel, 2003

99 Zit. nach Breinersdorfer, S. 365

100 Hier und im folgenden: Gespräch mit Fritz Hartnagel, 1979

101 Zit. nach Vinke, S. 104

102 Zit. nach Vinke, S. 106

103 Sophie Scholl an Lisa Remppis, 27. Juli 1942

104 Gespräch mit Elisabeth Hartnagel, 2003

105 Fritz Hartnagel an Sophie Scholl, 7. Juli 1942

106 Sophie Scholl an Lisa Remppis, 30. Mai 1942 (Jens, S. 208)

107 Sophie Scholl an ihre Eltern, 6. Juni 1942 (Jens, S. 209)

108 Hier und im folgenden: Fritz Hartnagel an Sophie Scholl, 30. Mai 1942

109 Fritz Hartnagel an Sophie Scholl, 26. Juni 1942

110 Fritz Hartnagel an Sophie Scholl, 27. Juni 1942

111 Sophie Scholl an Robert Scholl, 7. September 1942 (Vinke, S. 112; Jens, S. 219)

112 Hier und im folgenden: Sophie Scholl an Otl Aicher, Ende August 1942

113 Fritz Hartnagel an Sophie Scholl, 1. August 1942; zuerst in: Süddeutsche Zeitung, 22. Februar 2003

114 Fritz Hartnagel an Sophie Scholl, 18. August 1942

115 Sophie Scholl, Tagebuch, 9. August 1942 (Vinke, S. 115 f.; Jens, S. 214)

116 Hier und im folgenden: Sophie Scholl an Fritz Hartnagel, 7. Oktober 1942 (Vinke, S. 118)

117 Fritz Hartnagel an Sophie Scholl, 7. September 1942

118 Hier und im folgenden: Fritz Hartnagel an Sophie Scholl, 14. September 1942

119 Gespräch mit Fritz Hartnagel, 1979

120 Zit. nach Vinke, S. 127

121 Sophie Scholl an Fritz Hartnagel, 19. November 1942 (Jens, S. 229)

122 Susanne Hirzel an Inge Aicher-Scholl, ohne Datum

123 S. auch: Ulrich Chaussy, Sophie Scholl, in: Breinersdorfer, S. 112–121

124 Sophie Scholl an Fritz Hartnagel, 6. November 1942 (Jens, S. 226)

125 Fritz Hartnagel an Sophie Scholl, 7. November 1942

126 Hier und im folgenden: Sophie Scholl an Fritz Hartnagel, 18. November 1942 (Jens, S. 227 f.)

127 Sophie Scholl an Fritz Hartnagel, 19. November 1942 (Jens, S. 229)

128 Fritz Hartnagel an Sophie Scholl, 9. Dezember 1942

129 Hier und im folgenden: Fritz Hartnagel an Sophie Scholl, 23. Dezember 1942
130 Hier und im folgenden: Sophie Scholl an Fritz Hartnagel, 30. Dezember 1942 (Jens, S. 229)
131 Hier und im folgenden: Fritz Hartnagel an Sophie Scholl, 17. Januar 1943
132 Gespräch mit Elisabeth Hartnagel, 2003
133 Hier und im folgenden: Fritz Hartnagel an Sophie Scholl, 12. Februar 1943
134 Fritz Hartnagel an Sophie Scholl, 12. Februar 1943
135 Hier und im folgenden: Sophie Scholl an Fritz Hartnagel, 1. und 3. Januar 1943 (Jens, S. 230 f.)
136 Hier und im folgenden: Sophie Scholl an Lisa Remppis, 2. Februar 1943 (Jens, S. 233 f.)
137 Hier und im folgenden: Sophie Scholl an Fritz Hartnagel, 7. Februar 1943 (Jens, S. 234 f.); Sophie rechnete mit einem weiteren Arbeitseinsatz in einem Rüstungsbetrieb.
138 Sophie Scholl an Fritz Hartnagel, 13. Februar 1943 (Jens, S. 236)
139 Sophie Scholl an Fritz Hartnagel, 16. Februar 1943 (Jens, S. 236); gemeint ist der Brief aus Lemberg.
140 Sophie Scholl an Fritz Hartnagel, 16. Februar 1943 (Jens, S. 237)
141 Fritz Hartnagel an Sophie Scholl, 22. Februar 1943
142 Zit. nach Breinersdorfer, S. 365
143 Diese Schilderung aus dem Jahre 1979 (vgl. Vinke, S. 131 ff.) hat Elisabeth Hartnagel am 11. April 2004 im Gespräch an einigen Stellen ergänzt.
144 Zit. nach Vinke, S. 138
145 Gespräch mit Elisabeth Hartnagel, 2003
146 Hier und im folgenden: zit. nach Breinersdorfer, S. 384
147 Vgl. Breinersdorfer, S. 144 ff.; Inge Scholl, Die Weiße Rose. Frankfurt a. M. 1952, S. 178/179
148 Verhörprotokolle. Aus: Breinersdorfer, S. 389
149 Vinke, S. 194 ff.
150 Hier und im folgenden: Gespräch mit Elisabeth Hartnagel, März 2003
151 Inge Scholl, Die Weiße Rose, S. 78 f.
152 Hier und im folgenden: Magdalene Scholl an Fritz Hartnagel, 23. Februar 1943; gemeint war vermutlich der Brief Hartnagels vom 17. Februar an Sophie Scholl.
153 L = Lina, steht für Magdalene
154 Hier und im folgenden: Gespräch mit Inge Aicher-Scholl, 1979 (Vinke, S. 170)
155 Gespräch mit Elisabeth Hartnagel, 2003
156 Magdalene Scholl an Fritz Hartnagel, 24. Februar 1943
157 Hier und im folgenden: Gespräch mit Elisabeth Hartnagel, 2003
158 Fritz Hartnagel an Sophie Scholl, 24. Februar 1943
159 Fritz Hartnagel, Bericht, ohne Datum

160 Hier und im folgenden: Inge Aicher-Scholl (Hg.), Sippenhaft, Nachrichten und Botschaften der Familie in der Gestapo-Haft nach der Hinrichtung von Hans und Sophie Scholl. Frankfurt a. M. 1993
161 Ebenda
162 Inge Scholl an Werner Scholl, 18. April 1943
163 Gespräch mit Fritz Hartnagel, 1979
164 Fritz Hartnagel an Werner Scholl, 16. April 1943
165 Gespräch mit Elisabeth Hartnagel, 2003
166 Gespräch mit Fritz Hartnagel, 1979
167 Fritz Hartnagel an Werner Scholl, 16. April 1943
168 Hier und im folgenden: Gespräch mit Elisabeth Hartnagel, 2003
169 Ebenda
170 Fritz Hartnagel an Elisabeth Scholl, 29. April 1943
171 Fritz Hartnagel an Elisabeth Scholl, 18. Juli 1943
172 Fritz Hartnagel an Magdalene, Robert und Inge Scholl, 1. Mai 1943
173 Magdalene Scholl an Fritz Hartnagel, 2. Mai 1943
174 Brief des Kommandeurs des Nachrichtenregiments 3 in Dresden an Fritz Hartnagel, 19. Mai 1943
175 Fritz Hartnagel an Elisabeth Scholl, 31. Mai 1943
176 Brief Gestapo München, Anfang Juli 1943
177 Fritz Hartnagel an Magdalene Scholl, 10. Juni 1943
178 Fritz Hartnagel an Elisabeth Scholl, 1. Juni 1943
179 Fritz Hartnagel an Magdalene Scholl, 10. Juni 1943
180 Fritz Hartnagel an Elisabeth Scholl, 9. Juni 1943
181 Fritz Hartnagel an Elisabeth Scholl, 14. Juli 1943
182 Gespräch mit Elisabeth Hartnagel, 2003
183 Hartnagel, Einspruch
184 Magdalene Scholl an Fritz Hartnagel, 21. Oktober 1943
185 Elisabeth Scholl an Fritz Hartnagel, 29. Juli 1943
186 Inge Scholl, Tagebuch, 26. September 1943; gemeint ist Lilli Holl, eine Freundin der Familie.
187 Elisabeth Scholl an Fritz Hartnagel, 16. Dezember 1943
188 Schreiben von NSDAP-Kreisleiter Wilhelm Maier, 6. Oktober 1943
189 Fritz Hartnagel an die Familie Scholl, 29. November 1943
190 Fritz Hartnagel an Elisabeth Scholl, 29. November 1943
191 Stellungnahme von Fritz Hartnagel, 3. Dezember 1943
192 Fritz Hartnagel an Elisabeth Scholl, 30. Oktober 1943
193 Fritz Hartnagel an Elisabeth Scholl, 18. November 1943
194 Fritz Hartnagel an Elisabeth Scholl, 22. November 1943
195 Fritz Hartnagel an Elisabeth Scholl, 26. Dezember 1943
196 Christoph Studt, Das Dritte Reich in Daten. München 2002, S. 224
197 Hier und im folgenden: Fritz Hartnagel an Elisabeth Scholl, 6. April 1944
198 Fritz Hartnagel an Elisabeth Scholl, 16. März 1944

199 Fritz Hartnagel an Elisabeth Scholl, 29. Februar 1944
200 Fritz Hartnagel an Elisabeth Scholl, März 1944
201 Fritz Hartnagel an Elisabeth Scholl, 14. März 1944
202 Gespräch mit Elisabeth Hartnagel, 2003
203 Magdalene Scholl an Fritz Hartnagel, 12. März 1944
204 Elisabeth Scholl an Fritz Hartnagel, 14. März 1944
205 Hier und im folgenden: Schreiben der vorgesetzten Dienststelle von Werner Scholl
206 Fritz Hartnagel an Elisabeth Scholl, 5. Juli 1944
207 Hier und im folgenden: Fritz Hartnagel an Elisabeth Scholl, 6. Juni 1944
208 Ebenda
209 Fritz Hartnagel an Elisabeth Scholl, 17. Juni 1944
210 Ebenda
211 Fritz Hartnagel an Elisabeth Scholl, 11. Juni 1944
212 Gespräch mit Elisabeth Hartnagel, 2003
213 Fritz Hartnagel an Elisabeth Scholl, 24. Juli 1944
214 Fritz Hartnagel an Elisabeth Scholl, Frühjahr 1944
215 Fritz Hartnagel an Elisabeth Scholl, 8. August 1944
216 Fritz Hartnagel an Elisabeth Scholl, 6. August 1944; die Save ist ein Nebenfluß der Donau.
217 Fritz Hartnagel an Elisabeth Scholl, 22. August 1944
218 Hier und im folgenden: Fritz Hartnagel an Elisabeth Scholl, 26. August 1944
219 Hier und im folgenden: Fritz Hartnagel an Elisabeth Scholl, 29. August 1944
220 Fritz Hartnagel an Elisabeth Scholl, 8. September 1944
221 Fritz Hartnagel an Elisabeth Scholl, 9. September 1944
222 Fritz Hartnagel an Elisabeth Scholl, 7. November 1944
223 Fritz Hartnagel an Elisabeth Scholl, 14. November 1944
224 Fritz Hartnagel an Elisabeth Scholl, 23. November 1944
225 Fritz Hartnagel an Magdalene und Robert Scholl, 19. November 1944
226 Fritz Hartnagel an Elisabeth Scholl, 27. Dezember 1944
227 Fritz Hartnagel an Elisabeth Scholl, 18. Januar 1945
228 Fritz Hartnagel an Elisabeth Scholl, 3. Februar 1945
229 Fritz Hartnagel an Elisabeth Scholl, 31. Januar 1945
230 Fritz Hartnagel an Elisabeth Scholl, 8. Februar 1945
231 Fritz Hartnagel an Elisabeth Scholl, 1. Februar 1945
232 Fritz Hartnagel an Elisabeth Scholl, 8. Februar 1945
233 Fritz Hartnagel an Elisabeth Scholl, 18. Februar 1945
234 Fritz Hartnagel an Elisabeth Scholl, 4. März 1945; der sowjetische General Andrej Wlassow war im Juli 1942 in deutsche Gefangenschaft geraten und stellte sich als Gegner Stalins der deutschen Propaganda zur Verfügung. Ab November 1944 durfte Wlassow auf Drängen Himmlers aus Kriegsgefan-

genen und Ostarbeitern zwei Infanteriedivisionen aufstellen, die zum Teil in Halle ausgebildet wurden. Nach Kriegsende lieferten die USA den General und seine Soldaten an die Sowjetunion aus. Die meisten wurden erschossen, auch Wlassow.

235 Fritz Hartnagel an Elisabeth Scholl, 1. März 1945
236 Gespräch mit Elisabeth Hartnagel, 2004
237 Fritz Hartnagel an Elisabeth Scholl, 10. März 1945
238 Hartnagel, Einspruch
239 Hier und im folgenden: Fritz Hartnagel an Elisabeth Scholl, 1. August 1945
240 Nach Angaben von Ralf Jacob, Leiter des Stadtarchivs Halle, ist Bauer am 22. April 1945 um 23.30 Uhr im Luftwaffenlazarett in Dölau verstorben. Die Kasernenanlage westlich der Saale war am 31. Juli 1935 den bis dahin in Jüterborg stationierten Truppen übergeben worden. Im Krieg wurde die Luft- und Heeresnachrichtenschule zwar bei Luftangriffen getroffen, die meisten Gebäude blieben jedoch unbeschädigt. Nach 1945 übernahmen sowjetische Truppen die Anlagen und nutzten sie bis zu ihrem Abzug im Juli 1991. Auch diese Informationen stammen aus dem Stadtarchiv Halle.
241 Hier und im folgenden: Magdalene Scholl an Elisabeth Scholl, 10. Mai 1945
242 Inge Aicher-Scholl, Der Bruderhof. 15. März 1989; ein Holzvergaser ist ein mit Holz betriebener Pkw.
243 Hier und im folgenden: Fritz Hartnagel an Elisabeth Scholl, 1. August 1945
244 Fritz Hartnagel an Elisabeth Hartnagel, 23. Juli 1946
245 Fritz Hartnagel, Das Vermächtnis der Weißen Rose. München 1947
246 Klaus Beer, Junger Sozialdemokrat in Ulm 1953–1960. Oktober 1995, S. 11
247 Fritz Hartnagel an die Angehörigen von Alfred Bauer, 28. Januar 1946
248 Fritz Hartnagel an Elisabeth Hartnagel, 31. Mai 1946
249 Hier und im folgenden: Hartnagel, Einspruch
250 Aus: Begründung der Spruchkammer Ulm-Stadt, 23. September 1947, Blatt 4
251 Gespräch mit Elisabeth Hartnagel, 2003
252 Gespräch mit Klaus Beer, 11. März 2003
253 Beer, a. a. O.
254 Gespräch mit Fritz Hartnagel, 1979
255 Gespräch mit Elisabeth Hartnagel, 2004
256 Hier und im folgenden: Gespräch Heinz Kopp, 25. November 2003
257 Hier und im folgenden: Holger Nehring, Die Anti-Atomwaffen-Proteste in der Bundesrepublik und in Großbritannien. Zur Entwicklung der Ostermarschbewegung 1957–1964. In: vorgänge, Heft 4 (Dezember 2003), S. 25
258 Beer, S. 17
259 Beer, S. 21
260 Gespräch mit Klaus Beer, 11. März 2003
261 Gespräch mit Jörg Hartnagel, 26. Mai 2003
262 Gespräch mit Thomas Hartnagel, 2. Juli 2003 und 22. Dezember 2003

263 Gespräch mit Jörg Hartnagel, 26. Mai 2003
264 Gespräch mit Martin Hartnagel, 27. Mai 2003
265 Gespräch mit Klaus Hartnagel, 9. September 2004
266 Gespräch mit Jörg Hartnagel, 26. Mai 2003
267 Hier und im folgenden: Gespräch mit Thomas Hartnagel, 2. Juli 2003 und 22. Dezember 2003
268 Gespräch mit Jörg Hartnagel, 26. Mai 2003
269 Hier und im folgenden: Gespräch mit Martin Hartnagel, 27. Mai 2003
270 Aus: Hanne und Klaus Vack (Hg.), Mutlangen – unser Mut wird langen. Sensbachtal 1986
271 Gespräch mit Elisabeth Hartnagel, 2003

Benutzte Literatur

Aicher, Otl, *Innenseiten des Krieges.* Frankfurt a. M. 1985

Aicher-Scholl, Inge, *Der Bruderhof.* 15. März 1989 (unveröffentl.)

Dies. (Hg.), *Sippenhaft, Nachrichten und Botschaften der Familie in der Gestapo-Haft nach der Hinrichtung von Hans und Sophie Scholl.* Frankfurt a. M. 1993

Beer, Klaus, *Junger Sozialdemokrat in Ulm 1953–1960. Aus dem Innenleben der Ulmer SPD jener Zeit* (unveröffentl.)

Benz, Wolfgang, *Geschichte des Dritten Reiches.* München 2003

Benz, Wolfgang, Graml, Hermann, u. Weiß, Hermann, *Enzyklopädie des Nationalsozialismus.* München 1991

Breinersdorfer, Fred (Hg.), *Sophie Scholl – Die letzten Tage.* Frankfurt a. M. 2005

Fest, Joachim C., *Das Gesicht des Dritten Reiches – Profile einer totalitären Herrschaft.* München 1963

Hanser, Richard, *Deutschland zuliebe – Das Leben und Sterben der Geschwister Scholl – Die Geschichte der Weißen Rose.* München 1980

Hartnagel, Fritz, *Das Vermächtnis der Weißen Rose.* München 1947 (unveröffentl.)

Ders., *Einspruch gegen die Einstufung als »Mitläufer« durch die Spruchkammer der Stadt Neu-Ulm,* 1947

Hirzel, Susanne, *Vom Ja zum Nein – eine schwäbische Jugend 1933–1945.* Tübingen 1998

Jens, Inge (Hg.): *Hans Scholl und Sophie Scholl, Briefe und Aufzeichnungen.* Frankfurt a. M. 1984

Knoop-Graf, Anneliese, u. Jens, Inge (Hg.): *Willi Graf, Briefe und Aufzeichnungen.* Frankfurt a. M. 1988

Lechner, Silvester, *Das KZ Oberer Kuhberg und die NS-Zeit in der Region Ulm/Neu-Ulm.* Stuttgart 1988

Leisner, Barbara, *»Ich würde es genauso wieder machen« – Sophie Scholl.* München 2000

Overy, Richard, *Rußlands Krieg 1941–1945.* Reinbek 2003

Scholl, Inge, *Die weiße Rose.* Frankfurt a. M. 1952

Scholl, Sophie, *Kleine und große Feste.* Hausarbeit für die Mädchen-Oberrealschule Ulm, 1937 (unveröffentl.)

Specker, Hans Eugen (Hg.), *Ulm im Zweiten Weltkrieg.* Stadtarchiv Ulm, Stuttgart 1996

Stern, Carola, u. Brodersen, Ingke (Hg.), *Eine Erdbeere für Hitler – Deutschland unterm Hakenkreuz.* Frankfurt a. M. 2005

Vack, Hanne u. Klaus (Hg.), *Mutlangen – unser Mut wird langen.* Sensbachtal 1986

Vinke, Hermann, *Das kurze Leben der Sophie Scholl.* Ravensburg 1980

Ders., *Das Dritte Reich.* Ravensburg 2005

Editorische Notiz

Für dieses Buch hat Elisabeth Hartnagel, Stuttgart, im Frühjahr 2003 den Briefwechsel ihres Mannes mit Sophie Scholl und mit ihr selbst zur Verfügung gestellt. Ferner überließ sie dem Autor Briefe ihrer Mutter Magdalene Scholl, bislang unveröffentlichte Briefe von Sophie Scholl sowie Aufsätze und schriftliche Zeugnisse aus ihrer Sammlung. Diese Unterlagen stammen überwiegend aus der Zeit von 1937 bis 1947.

Zur Vertiefung meiner Recherchen habe ich zudem folgende Gespräche geführt:

Elisabeth Hartnagel: 10. und 11. März 2003; 9., 10. und 11. April 2003; 26. und 27. Mai 2003; 28. Januar 2004; 9. September 2004 und 16. Februar 2005, jeweils in Ulm. Sie berichtete umfassend über die Kriegs- und Nachkriegszeit.

Fritz Hartnagel: Mit Fritz Hartnagel habe ich 1979 für das Buch *Das kurze Leben der Sophie Scholl* in Stuttgart ein längeres Gespräch geführt, an dem auch Elisabeth Hartnagel teilgenommen hat. Es handelt sich um das einzige Interview, in dem Hartnagel ausführlich zu seiner Beziehung zu Sophie Scholl, seinem Werdegang als Offizier und zur eigenen Entwicklung Stellung nimmt. Für das Sophie-Scholl-Buch wurden daraus nur wenige Passagen übernommen. Für dieses Buch habe ich das Gespräch neu ausgewertet und daraus mehrere Zitate übernommen.

Inge Aicher-Scholl: Mit Inge Aicher-Scholl habe ich 1978 und 1979 eine Reihe von Interviews über ihre Schwester Sophie Scholl und die »Weiße Rose« geführt. Auch sie hatte mir umfangreiches Material für das Buch *Das kurze Leben der Sophie Scholl* zur Verfügung gestellt, das zum Teil, ebenso wie die Gespräche, auch für dieses Buch weiter ausgewertet wurde.

Thomas Hartnagel: 20. Mai 2003 und 2. Juli 2003, jeweils in Hamburg. Von Thomas Hartnagel wie von seinen drei Brüdern Klaus, Jörg und Martin habe ich wichtige Angaben über die Nachkriegszeit erhalten, insbesondere über die Friedensbewegung und die Einstellung von Fritz Hartnagel zu Natur und Umwelt.

Klaus Hartnagel: 9. September 2004 in Stuttgart.

Jörg Hartnagel: 26. Mai 2003 in Stuttgart.

Martin Hartnagel: 27. Mai 2003 in Heilbronn.

Friedel Daub, geborene Hartnagel: 11. März 2003 in Ulm. Frau Daub hat zusammen mit ihrem Mann Rudl Daub Auskünfte über ihre Eltern Friedrich und Barbara Hartnagel gegeben, ferner über ihren Bruder Fritz und Sophie Scholl.

Klaus Beer: 11. März 2003 in Stuttgart. Wie Heinz Kopp so zählte auch Klaus Beer zu den politischen Weggefährten von Fritz Hartnagel. Beer schilderte in erster Linie die Auseinandersetzungen in der Ulmer SPD in den 1950er und 1960er Jahren.

Heinz Kopp: 25. November 2003 in Konstanz. Kopp berichtete, wie Fritz Hartnagel in Ulm die Beratung für Kriegsdienstverweigerer aufbaute und welche Bedeutung Hartnagel für die Bewegung gegen die Wiederaufrüstung der Bundesrepublik Deutschland hatte.

Danksagung

Ich danke allen, die am Zustandekommen dieses Buches mitgewirkt haben, insbesondere Elisabeth Hartnagel, die dieses Buch dadurch erst ermöglichte, daß sie mir zahlreiche Briefe, Aufsätze, Unterlagen und Fotos zur Verfügung gestellt hat. In mehreren Gesprächen hat sie geduldig meine Fragen beantwortet und meine Recherchen in vielfältiger Weise unterstützt.

Ferner danke ich ihren vier Söhnen Thomas, Klaus, Jörg und Martin Hartnagel für ihre Bereitschaft, Auskunft über ihren Vater zu geben; für Informationen und Einschätzungen bin ich außerdem Klaus Beer und Heinz Kopp, den politischen Weggefährten von Fritz Hartnagel in Ulm, zu Dank verpflichtet.

Das gleiche gilt für Dr. Johannes Tuchel, den Leiter der Gedenkstätte Deutscher Widerstand in Berlin, dessen Kenntnisse und Erfahrungen ich ebenfalls in Anspruch nehmen durfte und der mich wie bei dem Buch *Cato Bontjes van Beek. »Ich habe nicht um mein Leben gebettelt«* auch diesmal unterstützt hat. Bei der Übertragung der Briefe aus der Sütterlinschrift haben mir Roseli Bontjes van Beek (Fischerhude) sowie Ursula und Werner Lange (Bremen) geholfen. Auch ihnen gebührt mein Dank. Für das Abschreiben der Tonbänder danke ich Heidi Trutzel (Bremen).

Bildnachweis

© Manuel Aicher, Dietikon/Schweiz Umschlag (re.), S. 39 u., 97 u.
© Privatbesitz Hartnagel Umschlag (li.), Seite 11, 39 o., 97 o., 161, 223
© Jürgen Wittenstein, Santa Barbara Seite 143

Hermann Vinke, geb. 1940 in Rhede-Ems, Niedersachsen. Studium der Geschichte und Soziologie in Hamburg. Redakteur bei verschiedenen Tageszeitungen und beim Norddeutschen Rundfunk in Hamburg. 1981–1986 Fernostkorrespondent der ARD in Japan; 1986–1990 USA-Korrespondent des NDR und des WDR. 1991–1992 Leiter des ARD-Studios Berlin/Ostdeutschland. 1992–2000 Programmdirektor Hörfunk Radio Bremen. 2000–2002 ARD-Korrespondent Osteuropa/Baltikum. Lebt als freier Autor in Bremen und Berlin. Mehrere Auszeichnungen, darunter Deutscher Jugendbuchpreis 1981 für *Das kurze Leben der Sophie Scholl.* Bei Arche erschien: *Cato Bontjes van Beek. »Ich habe nicht um mein Leben gebettelt«.* Ein Porträt (2003).

Hermann Vinke
Cato Bontjes van Beek
»Ich habe nicht um mein Leben gebettelt«
Ein Porträt
224 Seiten. Gebunden
27 Abbildungen

In einem bewegenden Porträt schildert Hermann Vinke das Leben von Cato Bontjes van Beek, die der Widerstandsgruppe Schulze-Boysen, der »Roten Kapelle«, angehört hat, und weshalb sie bislang zu Unrecht vergessen wurde.
»Hermann Vinkes Porträt stellt Cato Bontjes van Beek zu Recht neben Sophie Scholl... Für mich besteht das große Verdienst dieses Buches darin, daß es die liebenswerte Cato 60 Jahre nach ihrer Ermordung öffentlich vorstellt. Hoffentlich wird sie davor bewahrt, vergessen zu werden.«
Helmut Schmidt, DIE ZEIT
»Ein wichtiges Buch, das gerade auch jüngeren Lesern die Bedeutung von Menschlichkeit und Zivilcourage vor Augen führt.« Barbara von der Lühe, *Das Parlament*

Geneviève de Gaulle Anthonioz
Durch die Nacht
Aus dem Französischen von
Andrea Spingler
96 Seiten. Gebunden
2 Fotos

Nach mehr als 50 Jahren aufgezeichnet: Der Bericht von Geneviève de Gaulle Anthonioz, der Nichte de Gaulles, über ihre Haft im »Bunker« des Frauenkonzentrationslagers Ravensbrück, 1944/1945. Erschütternd in seiner Unmittelbarkeit, ist dieser schmale Band ein zeitloses Zeugnis der Unmenschlichkeit.

»Auf die rhetorische Frage, ob nach Jorge Semprun, Elie Wiesel und anderen Zeugen der Vernichtungslager ›nicht schon alles gesagt‹ sei, liefert Geneviève de Gaulles Bericht über ihre Erlebnisse in einem deutschen KZ den Gegenbeweis.«
Hansjörg Graf, *Süddeutsche Zeitung*

»Eines der intensivsten Bücher, die je über ein KZ erschienen sind.« Dorothea Hahn, *tageszeitung*

Stéphane Hessel
Tanz mit dem Jahrhundert
Erinnerungen
Aus dem Französischen von
Roseli und Saskia Bontjes van Beek
388 Seiten. Gebunden
Mit 16seitigem Booklet

Stéphane Hessel, einst ein Berliner Junge, heute »Ambassadeur de France«, Sohn des Schriftstellers Franz Hessel, Wahlfranzose und Widerstandskämpfer an der Seite General de Gaulles, Überlebender von Buchenwald und nach dem Zweiten Weltkrieg Diplomat in französischen Diensten bei der UNO, Kosmopolit und Europäer, hat seine Erinnerungen geschrieben. Der Bericht über ein ungewöhnliches Leben.
»Das Fazit dieser Memoiren liegt in der Äquilibristik zwischen den bestandenen Abenteuern und den gewonnenen Überzeugungen. Die eindrucksvolle Symmetrie, die Stéphane Hessel zwischen den beiden Hälften seines Lebens erzeugt hat, verbannt den Schmerz und die Angst, die diese Leistung gekostet hat, ins Reich des Ungesagten.«
Wilfried F. Schoeller, *Frankfurter Rundschau*
»Ein wortwörtlich humanes Leben, befeuert von literarischer Liebe.« Petra Kammann, *Focus*